ESOTERISCHES
WISSEN

Carol Adrienne

Numerologie
der Jahrtausendwende

Aus dem Englischen von
Susanne G. Seiler

Deutsche Erstausgabe

WILHELM HEYNE VERLAG
MÜNCHEN

HEYNE ESOTERISCHES WISSEN
Nr. 13/9770
Herausgegeben von Michael Görden

Titel der amerikanischen Originalausgabe:
THE NUMEROLOGY KIT
Published by Plume, an imprint of Dutton Signet,
a division of Penguin Books USA Inc.

Besuchen Sie uns im Internet:
http://www.heyne.de

Umwelthinweis:
Dieses Buch wurde auf
chlor- und säurefreiem Papier gedruckt.

Inhalt

KAPITEL 1

Einführung

Obschon ich seit elf Jahren als Numerologin tätig bin und während dieser Zeit buchstäblich Tausende hinsichtlich ihrer persönlichen Zahlen beraten habe, erstaunt es mich immer wieder, wie viele individuelle Kombinationen es gibt und was die Zahlen alles über den Charakter und den Verlauf des Lebens eines Menschen enthüllen können.

Haben sie einmal erkannt, was die Zahlen über sie selbst aussagen, sind viele Menschen neugierig auf die ihres Partners, ihrer Kinder, ihres Chefs oder ihres besten Freundes. Sie bitten mich oft, ihnen zu erklären, wie man ein Numeroskop anlegt und die daraus hervorgehenden Zahlenkombinationen interpretiert.

Numerologie der Jahrtausendwende möchte eine Antwort geben auf die vielen Fragen, die mir immer wieder gestellt werden, und dem Leser eine Einführung in die Numerologie anbieten. Diejenigen unter Ihnen, die mehr Einsicht in ihr Leben erlangen möchten, werden in diesem Buch eine Methode finden, die ihnen einen einfachen Einstieg in die Numerologie ermöglicht. Wenn Sie den Anweisungen in den nachstehenden Kapiteln folgen, können Sie die verschiedenen Zahlenkombinationen ausarbeiten und deren Bedeutung für sich selbst und jeden beliebigen anderen Menschen ergründen.

Kurz gesagt, kann ich Ihnen, sofern Sie es lernen möchten und addieren können, die alte Kunst der Numerologie näherbringen.

Was ist Numerologie?

Numerologie ist das Studium der Zahlen und ihrer Bedeutung. Sie geht von der Annahme aus, daß der Name, der Ihnen anläßlich Ihrer Geburt gegeben wurde, sowie der Tag, der Monat und das Jahr, in dem Sie geboren wurden, einen Einfluß darauf ausüben, wer Sie sind und was Ihnen während Ihres Lebens widerfahren wird.

Die Numerologie, die heute wieder sehr beliebt ist, ist eine alte Tradition, die seit jeher das Interesse vieler großer Geister genossen hat. Es gibt Beweise dafür, daß sie bereits vor Jahrtausenden in China, Griechenland, Rom und Ägypten verwendet worden ist – lang vor Pythagoras, von dem allgemein angenommen wird, er sei der »Vater« der Numerologie. Weil dieses Wissen als sehr mächtig und heilig galt, wurden die meisten frühen Zahlenlehren mündlich überliefert und nur an Eingeweihte weitergegeben.

Der Philosoph und Mathematiker Pythagoras lehrte und lebte im sechsten vorchristlichen Jahrhundert in Süditalien. Auch wenn wir nur wenig über seine Person wissen, hinterließen seine Lehren eine philosophische und religiöse Bewegung, die sich im gesamten Römischen Reich ausbreitete. Der Lehrsatz des Pythagoras wurde Ihnen in der Schule im Geometrieunterricht beigebracht.

Pythagoras' Ansicht, daß die Wirklichkeit mathematisch sei – daß aus Chaos durch Zahlen Ordnung entstehe – ist das Prinzip, auf dem die Numerologie basiert. Numerologen glauben, daß alles, auch abstrakte Konzepte, in Zahlen umgesetzt werden kann und daß diese Zahlen eine spezifische Bedeutung haben. Weiß man den numerischen Wert eines Worts oder Namens, kann man seine versteckte Bedeutung erkennen.

Die Lehren des Pythagoras wurden von Plato aufgegriffen und in der jüdischen Kabbala vertieft. Da auch frühe christliche Gelehrte wie der hl. Augustinus sich für die Zahlen und ihre Bedeutung interessierten, hatte die Numerologie in der Renaissance ihren festen Platz. Zu jener Zeit wurde sie von allen akzeptiert und sowohl gelehrte Akademiker als auch gewöhnliche Laien wußten sie anzuwenden.

Wie auch die Astrologie, der Tarot, das I Ging und andere okkulte Wissenschaften, ist der Numerologie in den letzten Jahren eine Wiedergeburt beschieden, wobei moderne Numerologen für ihre Deutungen vom ursprünglichen pythagoreischen System ausgehen. Wie Sie bald feststellen werden, ist es ein einfaches System, das jedem Buchstaben des Alphabets einen Zahlenwert (von eins bis neun) zuschreibt: A ist 1, B ist 2 und so fort.

Anläßlich einer Deutung werden die Zahlenwerte der Buchstaben, die Ihren Namen ausmachen, und die Ihres Geburtstags zusammengezählt und verschiedentlich kombiniert, um wichtige Informationen über Sie und Ihr Leben aufzudecken. Um auswerten zu können, was

Ihre Zahlen bedeuten, faßt der Numerologe seine Berechnungen anschließend in einem Numeroskop zusammen.

Ich habe für dieses Buch ein einfaches Numeroskop entworfen, das es Ihnen ermöglichen wird, Ihre eigenen numerologischen Deutungen vorzunehmen. Schritt für Schritt werden Sie lernen, wie Sie dieses Numeroskop ausfüllen und für jede Deutung die entsprechende Textstelle finden können.

Wir befassen uns mit Numerologie, um uns unseres Selbst und unseres Potentials bewußt zu werden, um zu bestätigen, wer wir sind, uns selbst zu akzeptieren und aufgrund der erhaltenen Hinweise Anpassungen vorzunehmen.

Ihr komplettes Numeroskop gibt Ihnen einerseits einen allgemeinen Überblick über Ihre angeborenen Fähigkeiten und klärt Sie über den Zweck Ihres Daseins, Ihre Beweggründe und Ihre gewohnheitsmäßigen Reaktionen auf und zeigt andererseits, wie Sie auf andere wirken, an welchen Talenten es Ihnen mangelt und mit welchen grundsätzlichen Wesenszügen Sie ausgestattet sind. Wenn Sie der alten Maxime »Erkenne dich selbst« nachleben wollen, bietet Ihnen die Numerologie dazu einen ebenso einfachen wie wirksamen Schlüssel.

In dem Maß, wie Sie sich besser kennenlernen werden, erlaubt Ihnen diese Methode, sich selbst mit unvoreingenommenen Augen zu betrachten. Sie kann Ihnen ebenfalls dabei helfen, den Gesamtplan oder Weg zu erkennen, den Sie für sich gewählt haben. Beim Lesen der Beschreibungen Ihrer Zahlen werden Sie sich den Einsichten, die Sie Ihnen liefern, mehr und mehr öffnen. Entspricht die Erkenntnis dessen, was Ihr Numeroskop Ihnen mitteilt, dem, was Sie bereits über sich selbst wissen, werden Sie sich in dem Verständnis bestätigt fühlen, daß Sie Teil eines größeren Plans sind und Ihr Leben einen Sinn hat.

Um sich selbst respektieren zu können, müssen Sie sich erst einmal akzeptieren, was Ihnen ein Gefühl von Ruhe und Gelassenheit vermitteln wird. Sobald Sie beginnen, Ihre Zahlen mit denen Ihrer Familie und Freunde zu vergleichen, werden Sie feststellen, wie verschieden (oder ähnlich) deren Lebensziele, Talente, Wünsche und Lektionen von Ihren eigenen sind. Dieses Wissen macht es Ihnen leicht, sie so zu akzeptieren, wie sie sind – und nicht nur so, wie Sie sie gerne hätten.

Ihr vollständiges Numeroskop kann auch auf die Jahre und Monate hinweisen, in denen in Ihrem Leben Veränderungen anstehen, und Ihnen zeigen, welche Zeiten sich am besten dazu eignen, wichtige

Anpassungen vorzunehmen wie zum Beispiel, wann zu heiraten, umzuziehen, sich bei Schwierigkeiten beharrlich zu zeigen oder aber loszulassen und den Dingen ihren Lauf zu lassen.

Der Vorteil einer jeden esoterischen Lehre liegt darin, daß sie Ihnen ein Perspektive verleihen kann – ein Gefühl für den Sinn oder die Ausrichtung Ihres Lebens. Esoterische Schulen lehren uns, das ganze Bild zu betrachten (und so die versteckten oder »okkulten« Teile zu erfassen). Wenn sich diese verstecken Teile offenbaren, können wir von unseren Erfahrungen lernen, wo wir herkommen, wie wir auch Einsicht darin erlangen, wohin unser Weg uns führt.

So benutzen Sie dieses Buch

Numerologie der Jahrtausendwende ist in übersichtliche Abschnitte unterteilt, die Ihnen ein schnelles Nachschlagen erlauben. Wir fangen mit dem Grundsätzlichen an und arbeiten uns schrittweise zu den fortgeschrittenen und subtileren Lektionen vor, wobei jeder Abschnitt von spezifischen Stellungen und Aspekten Ihres Numeroskops handelt.

- Ihr *Geburtstag* – ein erster, kurzer Blick auf Ihren Charakter – Ihre natürlichen Tendenzen, Fähigkeiten und Einstellungen
- Ihr *Lebensweg* – Ihre natürlichen Tendenzen, Fähigkeiten und Einstellungen
- Ihr *Schicksal* – der Zweck, das Ziel und die Richtung Ihres Lebens; was Sie anpacken und erreichen werden
- Die *Verwirklichung* – die Gesamtzahl Ihres Lebenswegs und Ihrer Schicksalszahl; was Sie in diesem Leben erreichen können
- Ihr *Herzenswunsch* – Ihre inneren Beweggründe und die Werte, an denen Ihnen am meisten liegt; was Sie erreichen möchten
- ihre *Persönlichkeitszahl* – Ihr äußeres Erscheinungsbild und wie andere Sie sehen; wie man Sie definiert
- *Gewohnheiten als Chancen* – was Ihnen zu schaffen macht; was Sie übertreiben oder unterlassen
- *Stärken und fehlende Zahlen* – die Komponenten Ihres Namens. Einzelne oder fehlende Buchstaben Ihres Namens lassen sich addieren, um individuelle Eigenschaften und Gaben aufzuzeigen

- Ein *ausgewogenes Gemüt* – wie Sie auf der körperlichen, geistigen, emotionalen und intuitiven Ebene abschneiden
- Die *Höhepunkte* – wie Umgebung, Menschen und Gelegenheiten auf die vier Phasen Ihres Lebens einwirken
- Ihre *Herausforderungen* – Gefährten der Höhepunkte, definieren diese die Lehren und die Verpflichtungen, mit denen Sie sich auseinandersetzen werden
- Ihre *persönliche Jahreszahl* – was Sie im Verlauf dieses Jahres anpacken sollen
- Ihr *persönlicher Monat* – was Sie erwarten und unternehmen können
- Ihr *persönlicher Tag* – Aussichten für die besonderen Tage in Ihrem Leben
- *Zahlenkombinationen* – ein praktischer Abschnitt darüber, was Ihre Zahlen in Kombination mit denen Ihres Partners (Gattens, Wohnpartners, Chefs, Mitarbeiters, Geschäftspartners) bedeuten.

Ich habe diese Abschnitte so dargestellt, daß Sie sich beliebig darin vertiefen können, doch sollten Sie Ihre Berechnungen in einem größtmöglichen Zusammenhang sehen, wenn Sie wirklich davon profitieren wollen, und das über eine gewisse Zeit hinweg. Deshalb empfehle ich Ihnen, wie folgt vorzugehen:

1. Schneiden Sie eine Kopie der Numeroskope am Ende dieses Buchs aus, und tragen Sie Ihren vollständigen ursprünglichen Namen sowie Ihr Geburtsdatum in die dafür vorgesehenen Felder ein.
2. Arbeiten Sie sich kapitelweise durch das Buch. Am Anfang eines jeden Kapitels werde ich Ihnen zeigen, wie Sie die einzelnen Positionen berechnen können. Wenn Sie diese Berechnungen erstellt haben, können Sie die entsprechenden Beschreibungen der für Sie gültigen Zahlen nachlesen. Schreiben Sie die Passagen, die Ihnen am wichtigsten sind, unter »Notizen« in Ihr Numeroskop.

Haben Sie sämtliche Positionen ausgerechnet und Ihre Notizen dazu angefertigt, verfügen Sie über ein komplettes Numeroskop, auf das Sie jederzeit zurückgreifen können. Halten Sie es griffbereit, denn Sie werden bald anfangen, die Auswirkungen der von Ihnen errechneten Zahlen auf Ihren Alltag zu bemerken.

Während Sie im Bereich der Numerologie dazulernen und weitere wichtige Hinweise erhalten, werden Sie diese Notizen sehr nützlich finden. Benutzen Sie sie, um Entscheidungen zu treffen oder falls Sie spüren, daß sich Veränderungen anbahnen. Interessanterweise werden Ihnen von Zeit zu Zeit neue Einsichten zu Ihren Zahlen zuteil, die Sie ebenfalls schriftlich festhalten sollten.

Die Einsichten, die Ihnen die Numerologie vermitteln kann, hören nicht bei Ihrem Geburtsdatum oder Ihrem Namen auf. Sie können auch Worte analysieren, die Ihnen zu denken geben oder für die Sie sich besonders interessieren. Gehen Sie bei Ihren Berechnungen gemäß der für Eigennamen gegebenen Richtlinien vor und konsultieren Sie anschließend das Kapitel über das Schicksal (da jedem Wort sein eigenes »Schicksal« hat). Hier ein paar Beispiele:

Liebe (6)
Geld (1)
Frieden (7)
Unterstützung (6)
Glaube (3)

Oder addieren Sie Ihre Adresse, indem Sie entweder nur die Zahlen in Ihrer Hausnummer zusammenzählen oder aber den gesamten Straßennamen mit einbeziehen. Jedes Wort und jede Zahl – ein Nummernschild, eine Telefon- oder Versicherungsnummer – kann eine Botschaft für Sie enthalten!

Numerologie der Jahrtausendwende ist so angelegt, daß es Sie dazu führt, mit dem Zahlenstudium zu beginnen. Über die kommenden Monate und Jahre hinweg werden Sie sich immer besser mit numerologischen Methoden und Deutungen auskennen. Ist es einmal soweit, werden Sie feststellen, daß Sie nicht nur einen tieferen Einblick in diese Materie gewonnen haben, sondern auch sich selbst und Ihre Mitmenschen besser kennen.

Jedes Numeroskop ist so einmalig wie der Mensch, den es darstellt. Um ein leichtes und einfaches Verständnis zu ermöglichen, habe ich jedoch für *Numerologie der Jahrtausendwende* eine einheitliche grafische Darstellung entworfen.

· Beim Erstellen eines Numeroskops besteht der wahre Sinn darin, die

Totalität der von Ihnen errechneten Summen zueinander in Beziehung zu setzen. Diese ganzheitliche Betrachtungsweise wird Ihnen erlauben, wichtige Zusammenhänge zwischen den Zahlen zu erkennen.

Da wir allgemeine Muster und Konturen eher auszumachen vermögen, als wir Einzelheiten erkennen, stelle ich gleich zu Anfang dieses Buchs die gesamte Numeroskopstruktur vor. So können Sie ein Gefühl für das angestrebte Resultat entwickeln, während Sie individuelle Abschnitte studieren. Das ist etwa so, als würden Sie, bevor Sie eine Reise unternehmen, eine Landkarte konsultieren, um ein Gefühl für Entfernungen und Richtung zu bekommen.

Wenn wir lernen, das ganze Numeroskop auf einmal zu sehen und alle Zahlen miteinander in Beziehung zu bringen, sollten wir nicht den Fehler begehen, einen Menschen lediglich aufgrund von ein oder zwei Berechnungen charakterisieren zu wollen. Der wahre Vorteil eines Numeroskops besteht darin, ein Gespür für das Gleichgewicht zu entwickeln, in dem die Zahlen sich zueinander verhalten. Natürlich haben viele Menschen stark vertretene Zahlen, die sich häufig wiederholen, und scheinen dadurch eindeutige Wesenszüge aufzuweisen, doch sollte man solche Schlüsse erst ziehen, wenn man das ganze Numeroskop mit einbezogen hat. Machen Sie nicht den Fehler, aufgrund von ein oder zwei Positionen anzunehmen, jemand sei eine Fünf, eine Sieben oder eine Drei.

Nehmen Sie diese Zahlen, um Einsicht in Ihr Leben zu erlangen, ist das etwa so, als würden Sie eine gewundene Unterwasserhöhle mit einem einzigen Lichtstrahl ausloten wollen. Nicht alle Schlupfwinkel werden Ihnen auf diese Weise ihre Geheimnisse enthüllen. Die Verwirklichung Ihres spirituellen Wegs findet über Jahre hinweg statt und kann nur allmählich verstanden werden.

So füllen Sie Ihr Numeroskop aus

Grundberechnungen: Wie Sie die einstellige Summe jeder beliebigen Position eines Numeroskops ermitteln können

Die in der Numerologie angewandten Grundberechnungen sind buchstäblich so einfach wie $1 + 2 = 3$. Lassen Sie mich Ihnen das anhand der Zahlen Ihres Geburtsdatums zeigen. Ein einfacheres Beispiel gibt es nicht, da Ihr Geburtsdatum ja bereits aus Zahlen besteht.

Schreiben Sie die Zahlen Ihres Geburtstags, -monats und -jahrs wie im folgenden Beispiel auf:

11. Oktober 1942 (schreiben Sie statt Oktober 10, da es sich um den zehnten Monat des Jahrs handelt). Zählen Sie alle Zahlen einzeln zusammen (Tag, Monat, Jahr) und addieren Sie die drei Summen. (Wichtig: Numerologische Berechnungen müssen das komplette Geburtsjahr enthalten, hier also 1942, und nicht bloß 42.)

Die Grundregel der Reduktion oder des Zusammenziehens aller Zwischensummen, bis man eine einstellige Zahl hat, wird bei der Berechnung aller Positionszahlen eines Numeroskops angewandt. Einzige Ausnahmen sind die sogenannten karmischen Zahlen (13, 14, 16, 19) oder die Meisterzahlen (11, 22, 33). Erklärungen dazu finden Sie weiter unten im Absatz auf dieser Seite.

Die Summe der Zahlen Ihres Geburtsdatums wird Ihr Lebensweg genannt. Er gibt Auskunft über die Anlagen, mit denen Sie auf die Welt kamen. Zählen Sie als Übung die Zahlen Ihres Lebenswegs wie in nachstehendem Beispiel zusammen:

Wenn Sie die Gesamtsumme errechnet haben, unternehmen Sie die nächsten zwei Schritte.

1. Schneiden Sie hinten aus dem Buch ein Numeroskop aus, und tragen Sie die Zahl Ihres Lebenswegs an der entsprechenden Stelle ein.
2. Wenden Sie sich, wenn Sie möchten, dem Kapitel über den Lebensweg zu, und lesen Sie dort die Beschreibung Ihrer Zahl.

11 + 10 + 1942			
1 + 1 = 2	1 + 0 = 1	1 + 9 + 4 + 2 = 16	= 1 + 6 = 7
	2 + 1 + 7 = 10	= 1 + 0 = 1	

Ausnahmen bestätigen die Regel

Die karmischen Zahlen: Die erste von zwei Ausnahmen von der Regel, daß alle Summen auf eine einstellige Zahl zu reduzieren sind, trifft auf die karmischen Zahlen 13, 14, 16 und 19 zu. Diese Zahlen weisen darauf hin, daß die Position (zum Beispiel Schicksalszahl, Schwächen oder Lebensweg), bei der sie auftreten, eine besondere Bedeutung hinsichtlich Ihrer Lebensaufgabe beinhaltet. In Übereinstimmung mit der Reinkarnationslehre deutet eine karmische Zahl auf eine unausgelebte Erfahrung, Verantwortung oder Neigung, die Sie in diesem Leben bewältigen sollen. Schließen Sie diese Aufgabe nicht ab, werden Sie immer wieder damit konfrontiert, bis Sie sie erledigt haben. Es ist wichtig, die karmischen Zahlen zusammen mit ihrem reduzierten Wert festzuhalten, damit Sie sich jederzeit an ihre besondere Bedeutung erinnern. Ich schreibe sie meistens 13/4, 14/5, 16/7 und 19/1.

Meisterzahlen: Die zweite Ausnahme von der Regel, alle Summen auf eine einstellige Regel zu reduzieren, gilt, wenn diese einer der Meisterzahlen 11, 22 oder 33 entsprechen. In diesem Buch beschreibe ich in den Abschnitten, in denen sie auftreten können, nur die 11 und die 22. Höhere Werte kommen noch seltener vor, doch da diese Doppelzahlen eine intensive Version ihrer reduzierten Summen darstellen (11 = 2 und 22 = 4), möchte ich dennoch auf ihre Bedeutung hinweisen.

Die Meisterzahlen deuten auf ein erhöhtes Lern- und Integrationspotential spiritueller Informationen hin. Dieses Lernen findet oft unter erschwerten Umständen statt und ist nicht etwas, das man sich aussucht. Kreisen Ihre Gedanken und Handlungen vornehmlich um universelle, philosophische oder esoterische Themen, operieren Sie auf der Ebene Ihrer Meisterzahl.

Wählen Sie jedoch vielmehr, auf der materiellen Ebene zu funktionieren und konzentrieren sich Ihre Energien auf die Triebe Ihres Ichs, arbeiten Sie innerhalb der Grenzen der reduzierten Zahl, die sich aus der Summe Ihrer Meisterzahl ergibt (zum Beispiel mit der 4 statt der 22). Die Meisterzahlen werden auch Prüfungszahlen genannt.

So erhalten Sie den Zahlenwert der Buchstaben Ihres Namens

Der zweite Grundschritt besteht darin, den Buchstaben, aus denen Ihr Name sich zusammensetzt, einen Zahlenwert zuzuschreiben, damit Sie diese addieren können. Schließlich reduzieren Sie deren Summe auf eine einstellige Zahl, wie Sie das bereits für Ihr Geburtsdatum unternommen haben. Nachstehend finden Sie die Umwandlungstabelle mit den Zahlenwerten für jeden Buchstaben, die derjenigen auf Ihrem Numeroskop entspricht.

1	2	3	4	5	6	7	8	9
A	B	C	D	E	F	G	H	I
J	K	L	M	N	O	P	Q	R
S	T	U	V	W	X	Y	Z	

Wie Sie sehen, bestehen die Buchstaben nach dem I aus zweistelligen Zahlen, die auf eine Stelle reduziert wurden. Zum Beispiel:

J	=	10	=	1	+	0	=	1
K	=	11	=	1	+	1	=	2
V	=	22	=	2	+	2	=	4

In dem Maß, wie Sie mit diesen Werten arbeiten, werden Sie sie mit der Zeit auswendig wissen und sich nicht mehr so häufig an die Tabelle halten müssen.

So arbeiten Sie mit Ihrem Namen

Welchen Namen sollen Sie nehmen? Ihren gegenwärtigen, Ihren Ehenamen, Ihren Geburtsnamen oder Ihren Kosenamen?

Gehen Sie immer von Ihrem vollständigen ursprünglichen Namen aus, wie er auf Ihrer Geburtsurkunde steht.
    Die Absicht des oder der Menschen, die diesen Namen gewählt haben, ist das, was Sie in erster Linie definiert. Zwischen den Eltern, die den Namen ausgesucht haben, und ihren Kindern besteht eine psychische Verbindung, die beim »Aufspüren«, welcher Name am besten zum Neugeborenen paßt, eine große Rolle spielt.
    Die Leute sagen oft: »Aber ich habe mich nie so genannt, wie meine Eltern mich nannten.« Sogar wenn Sie nie bei diesem Namen gerufen wurden, wie zum Beispiel, wenn Sie adoptiert wurden, bleibt

das Schicksal, das in Ihrem ursprünglichen Namen liegt, für Sie wirksam.

Ihr Ehename, ein Kosename oder ein angenommener Name können dazu benutzt werden, Vergleiche mit dem ursprünglichen Namen anzustellen. Es kann von Vorteil für Sie sein, wenn Sie zum Beispiel den Zahlenwert Ihres Ehenamens ausrechnen, um zu sehen, welche Aspekte auf Sie übergingen, als Sie diesen Namen annahmen. In numerologischen Ausdrücken sind Sie allerdings der Mensch, der Sie im Augenblick Ihrer Geburt waren, als Ihnen Ihr ursprünglicher Name gegeben wurde. Spätere Änderungen dieses Einflusses zeigen lediglich auf Wege, die Sie begehen und an denen Sie arbeiten sollen. Es handelt sich aber nicht um Ihr wahres Ich. Sie können nicht ändern, wer Sie sind, aber Sie können wählen, gewisse Aspekte Ihres Wesens zu entwickeln.

Es gibt auch viele Menschen, die einen ihrer Namen nicht mögen (oft handelt es sich dabei um den zweiten Vornamen). Möglicherweise leugnen oder verzichten sie auf die Fähigkeiten, die mit diesem Namen verbunden sind. Indem sie ihn ablehnen, lehnen sie einen Teil ihres Selbsts ab, das sie aufgrund ihrer Geburt entwickeln sollten.

Wurde Ihr Name auf Ihrer Geburtsurkunde falsch geschrieben, versuchen Sie festzustellen, wer den Fehler gemacht hat. War es derjenige, der den Namen wählte, benutzen Sie dessen Schreibweise. Es gab dafür einen psychischen Grund.

Wurde Ihr Name jedoch von einem Angestellten des Krankenhauses aus Gleichgültigkeit falsch angegeben, sollten Sie sich an die beabsichtigte Schreibweise halten.

Fremdländische Namen sollten so buchstabiert werden, wie sie ursprünglich auf dem Geburtsschein standen.

Widersprüche in Ihren Zahlen

Vielleicht hilft es Ihnen, wenn Sie sich die Zahlen als verschiedene innere »Stimmen« vorstellen. Einzelne Zahlen scheinen sich oft zu widersprechen. Erstens einmal sind Widersprüche Teil der menschlichen Natur, und außerdem unterliegen wir Zeit unseres Lebens vielerlei Einflüssen. Deshalb kann eine einzige Zahl uns niemals ein komplettes und genaues Bild von uns selbst vermitteln. Es kann auch vorkommen, daß eine an hervorragender Stelle in Ihrem Numeroskop auftretende Zahl Ihrem Selbstverständnis fremd ist. Vielleicht ist Ihre

Schicksalszahl die Sieben, doch haben Sie nicht das Gefühl, einen spirituellen Weg zu beschreiten. Sind Sie verhältnismäßig jung, haben Sie vielleicht noch nicht die Gelegenheit gehabt, diese Seite Ihrer Persönlichkeit zu entwickeln, oder aber eine andere Zahl hat Sie bislang beeinflußt und andere Erfahrungen begünstigt.

Mit der Zeit werden Sie mit gewissen Teilen Ihres Selbsts näher bekannt werden, manche davon sogar richtig ins Herz schließen, haben Sie sie einmal erkannt. Dennoch werden Sie vielleicht feststellen, daß ungewöhnliche oder stressige Situationen andere Seiten in Ihnen hervorrufen, die Sie überraschen. Deshalb müssen Sie immer Ihr gesamtes Numeroskop in Betracht ziehen, wenn Sie zu einer wahren Deutung gelangen wollen.

Um diesen Abschnitt abzuschließen, sollten Sie jetzt alle Zahlen in Ihrem Geburtsnamen errechnen, wodurch Sie zu Ihrer Schicksalszahl gelangen. Um Sie bei Ihren Additionen anzuleiten, verweise ich Sie auf die Berechnungen für die Schauspielerin Shirley MacLaine. (Bitte beachten Sie, daß deren ursprünglicher Nachname nur mit einem t geschrieben wird, ihr Bruder Warren Beatty jedoch ein zweites t hinzufügte.)

S	H	I	R	L	E	Y	M	A	C	L	A	I	N	E	B	E	A	T	Y
1	8	9	9	3	5	7	4	1	3	3	1	9	5	5	2	5	1	2	7
42 = 4 + 2 = 6							31 = 3 + 1 = 4								17 = 1 + 7 = 8				
6 + 4 + 8 = 18																			
1 + 8 = 9																			

Shirley MacLaine Beatys Schicksalszahl ist die Neun – die Zahl der Multitalente, mit einem Nachdruck auf der Schauspielerei und einer Begabung für das Vermitteln der höheren Lebensgrundsätze. Sie hat Zugang zu einer großen Vielfalt an Erfahrungen, worunter auch Reisen in fremde Länder gehören. Darüber hinaus interessiert Shirley sich für den spirituellen Weg, was für jede Neun gilt.

Versuchen Sie nachstehend, Ihre eigene Schicksalszahl zu berechnen.

Ihr kompletter Geburtsname																	

So tragen Sie Ihre Ergebnisse
in Ihr Numeroskop ein

Jetzt, da Sie Ihre Schicksalszahl ausgerechnet haben, können Sie dazu übergehen, Ihr eigenes Numeroskop auszufüllen.

Tragen Sie die Summe rechts von der Schicksalsposition ein.

Tragen Sie die Gesamtsumme von jedem Namen in den Klammern gegenüber der Schicksalszahl ein. Das wird Ihnen eine detaillierte Übersicht über die einzelnen Komponenten geben, aus denen Ihre Schicksalszahl besteht.

Gehen Sie zu Kapitel 4, und lesen Sie dort die Bedeutung Ihrer individuellen Zahl nach.

Ich empfehle Ihnen, die Schlüsselbedeutung Ihrer Zahlen unter »Notizen« auf dem Numeroskop festzuhalten. So verfügen Sie über ein komplettes schriftlichen Diagramm, mit dem Sie über längere Zeit hinweg arbeiten können. Benutzen Sie das Diagramm Shirley MacLaines sowie andere Beispiele in diesem Buch als Anhaltspunkte bei der Berechnung Ihres eigenen Numeroskops.

Das Numeroskop

SHIRLEY MACLAINE BEATY

Name (Ihr vollständiger Name, wie auf Ihrer Geburtsurkunde)

24. 4. 1934

Geburtsdatum

Wichtig: Alle zweistelligen Summen müssen auf eine einstellige
Zahl reduziert werden (z. B. 15 = 1 + 5 = 6)

Umrechnungstabelle

1	2	3	4	5	6	7	8	9
A	B	C	D	E	F	G	H	I
J	K	L	M	N	O	P	Q	R
S	T	U	V	W	X	Y	Z	-

Lebensweg Addieren Sie die Zahlen Ihres Geburtstags (Tag + Monat + Jahr)	$4+2+4+1+9+3+4$ $4+6+17$ $4+6+1+7$ $\qquad$ $4+6+8=18$ $1+8=9$	9
Schicksalszahl Benutzen Sie obige Umrechnungstabelle, um jedem Buchstaben Ihres Namens einen Zahlenwert zuzuschreiben. Addieren	**S H I R L E Y M A C L A I N E B E A T Y** 1899357 41331955 25127 $1+8+9+9+3+5+7=42$ $\quad$ $2+5+1+2+7=17$ $4+1+3+3+1+9+5+5=31$ $4+2=6$ $\quad$ $3+1=4$ $\qquad$ $1+7=8$ $6+4+8=18$ $1+8=$	9
Herzenswunsch Addieren Sie die Zahlenwerte der Vokale in Ihrem Geburtsnamen	I(9) E(5) A(1) A(1) I(9) E(5) E(5) A(1) Y(7) $9+5$ $+1$ $+1+9+5$ $+5+1+7=43=4+3=$	7
Persönlichkeitszahl Addieren Sie die Zahlenwerte der Konsonanten in Ihrem Namen	S(1) H(8) R(9) L(3) Y(7) M(4) C(3) L(3) N(5) B(2) T(2) $1+8+9+3+7+4+3+3+5+2+2=47=4+7=11=1+1=$	11 / 2
Verwirklichung Addieren Sie Ihre Schicksals- und Lebenswegzahlen	$9+9=18$ $\quad$ $1+8=9$	9
Gewohnheiten als Chancen Zählen Sie die Anzahl der Buchstaben in Ihrem vollständigen Namen, und reduzieren Sie sie auf eine einstellige Zahl	$20=2+0=2$	2

Körperliche Ebene
Zählen Sie die Anzahl der 4 und 5 in Ihrem Namen

1899357 41331955 25127

			1			1				1 1			1		5

Verstandesebene
Zählen Sie die Anzahl der 1 und 8 in Ihrem Namen

1 1					1		1			1	5

Gefühlsebene
Zählen Sie die Anzahl der 2, 3 und 6 in Ihrem Namen

		1				1 1			1	1	5

Intuitive Ebene
Zählen Sie die Anzahl der 7 und 9 in Ihrem Namen

	1 1		1				1			1	5

Verteilung der Zahlen in Ihrem Namen
Zählen Sie, wie oft jede Zahl in Ihrem Namen erscheint

1	2	3	4	5	6	7	8	9	Karmische Lektion Zahlen, die in Ihrem Namen nicht vorkommen	
4	2	3	1	4	0	2	1	3		6

Höhepunkte
(Benutzen Sie die reduzierten Summen Ihres Geburtsdatums)

$$\frac{6}{\text{Tag}} + \frac{4}{\text{Monat}} + \frac{8}{\text{Jahr}}$$

1. Addieren Sie $\quad\quad \dfrac{6}{\text{Tag}} + \dfrac{4}{\text{Monat}} \quad\quad = 10 = 1$

2. Addieren Sie $\quad\quad \dfrac{6}{\text{Tag}} + \dfrac{8}{\text{Jahr}} \quad\quad = 14 = 5$

3. Addieren Sie Zeile 1 + Zeile 2 $\quad\quad = 6$

4. Addieren Sie $\quad\quad \dfrac{4}{\text{Monat}} + \dfrac{8}{\text{Jahr}} \quad\quad = 12 = 3$

Herausforderungen
(Benutzen Sie die reduzierten Summen Ihres Geburtsdatums. Beim Subtrahieren ziehen Sie immer die kleinere Zahl von der größeren ab.

$$\frac{6}{\text{Tag}} + \frac{4}{\text{Monat}} + \frac{8}{\text{Jahr}}$$

1. Subtrahieren Sie $\quad\quad \dfrac{6}{\text{Tag}} - \dfrac{4}{\text{Monat}} \quad\quad = 2$

2. Subtrahieren Sie $\quad\quad \dfrac{6}{\text{Tag}} - \dfrac{8}{\text{Jahr}} \quad\quad = 2$

3. Subtrahieren Sie Zeile 1 – Zeile 2 $\quad\quad = 0$

4. Subtrahieren Sie $\dfrac{4}{\text{Monat}} - \dfrac{8}{\text{Jahr}} \quad\quad = 4$

Übergangsphasen
(Die Dauer der Höhepunkte und Herausforderungen)

$$36 \text{ minus Lebensweg} = \frac{36 - 9 = 27}{\text{Ende 1. Lebensphase}}$$

1. Geburt bis $\dfrac{27}{\text{Ende 1. Lebensphase}} + 1 \quad\quad = 28$

2. $\dfrac{28}{\text{Anfang 2. Lebensphase}} + 8 = \dfrac{36}{\text{Ende der 2. Lebensphase}} + 1 = 37$

3. $\dfrac{37}{\text{Anfang 3. Lebensphase}} + 8 = \dfrac{45}{\text{Ende 3. Lebensphase}} + 1 = 46$

4. $\dfrac{46}{\text{Beginn 4.Lebensphase}}$ bis zum Tod

	Höhepunkte	Herausforderungen	Lebensphasen
Erste	1	2	Geburt bis 27
Zweite	5	2	28–36
Dritte	6	0	37–45
Vierte	3	4	46–Tod

Notizen:

KAPITEL 2

Ihr Geburtstag

Ihr Geburtstag

Beginnen Sie die Untersuchung Ihrer Zahlen mit dem Monatstag, an dem Sie geboren wurden, der eigentlichen Zahl zwischen 1 und 31, die Sie auf eine einstellige Zahl reduzieren. Diese einfache Zahl können Sie in etwa so wie ein Phantombild einsetzen. Wie bei einer Polizeifahndung mögen wir Sie auf diesem Bild zwar erkennen, aber wir können Sie damit nicht eindeutig identifizieren. Dennoch kann der Tag, an dem Sie geboren wurden, viel über Sie aussagen.

Der Geburtstag ist die erste persönliche Zahl, derer wir uns bewußt sind und mit der wir uns bald zu identifizieren lernen. Ist Ihnen aufgefallen, daß Sie, wenn es sich um diesen Tag handelt, unweigerlich denken: »Dann habe ich Geburtstag«? Diese Zahl ist ein wichtiger Hinweis auf Ihren Standpunkt und Ihre allgemeine Einstellung der Welt gegenüber. Wenn ich ein Numeroskop lese, schaue ich immer zuerst auf den Geburtstag, um einen ersten Anhaltspunkt zu haben. (Und natürlich ist es immer einfach, jemanden, für den Sie sich interessieren, im Gespräch danach zu fragen.) Falls Ihr Vorname zufällig zu derselben reduzierten Zahl führt, liegt auf der Bedeutung dieser Zahl ein starker Nachdruck.

Nehmen Sie den Geburtstag, um eine allgemeine Tendenz bei einem Menschen festzustellen und um zu sehen, wie andere wichtige Zahlen diesen Eindruck bestätigen und abschwächen. Das wird Ihnen einen eindeutigen Hinweis darauf geben, wie dieser Mensch funktioniert. Wenn sein Geburtstag (gemäß Ihren Beobachtungen) nicht zu ihm zu passen scheint, kann es sein, daß wichtige Gesamtzahlen ihn auf unerwartete Weise beeinflussen. Zum Beispiel kann jemand, der an einem Ersten geboren wurde, dann keine starken Führungsqualitäten aufweisen, wenn sein Lebensweg oder sein Herzenswunsch von der Zwei regiert werden.

So berechnen Sie Ihre Geburtszahl

1. Basiert Ihr Geburtstag auf einer einstelligen Zahl, gehen Sie zu den Beschreibungen über, die auf diese Einführung folgen.
2. Ist Ihre Geburtszahl zweistellig, zählen Sie diese beiden Stellen zusammen und lesen danach die Beschreibung für deren Summe.

Beispiel: Sie wurden an einem 27. geboren. Addieren Sie 2 + 7 = 9.

Wichtig: Die Regel, zweistellige auf einstellige Zahlen zu reduzieren, gilt für jede Berechnung, die Ihnen in diesem Buch begegnet. Die einzige Ausnahmen, auf die Sie achten müssen, sind die Meister- und die karmischen Zahlen (siehe dazu Kapitel 1 unter »Ausnahmen bestätigen die Regel«).

Numerologen sind der Meinung, daß die Zahl Ihres Geburtstags den stärksten Einfluß auf Sie ausübt, während Sie etwa im Alter von 26 bis 56 sind. Vielleicht schauen Sie sich dieses Kapitel noch einmal an, wenn Sie Ihre Höhepunkte berechnet haben (Kapitel 10), um zu sehen, ob es sich dabei um ergänzende Zahlen handelt (die Sie ähnlichen Zielen entgegenführen) oder ob sie Ihrer Geburtszahl vielmehr widersprechen (und Sie dadurch in eine andere Richtung drängen).

Wenden Sie sich bitte den nun folgenden Seiten zu, um die Beschreibung Ihrer Geburtszahl nachzulesen.

Die Einser

1., 10., 19. und 28. eines jeden Monats

Allgemein gesprochen, sind Einser Führungspersönlichkeiten – unabhängig, aktiv, schnell, abenteuerlich, originell und leicht gelangweilt. Einser nehmen im Leben einen heroischen Standpunkt ein und lieben Hindernisse, die sie gerne als Herausforderungen sehen. Sie sind deprimiert, wenn sie ihre Ideale nicht erreichen (die stark, positiv und nur selten unrealistisch sind). Einser lieben alles Modische und sind stolz darauf, ihrer Zeit voraus und immer auf dem neuesten Stand zu sein. Sie identifizieren sich mit Bahnbrechern, Pionieren, Leistungsmenschen, sind dominant und verfügen über viel Flair. Ehrgeizig und entschlossen, ist ihnen oft ein ironischer Humor zu eigen.

Ihr Geburtstag fällt auf den

1. – Sie streben danach, sich von der Masse abzuheben. Als natürliche Führungspersönlichkeit verfügen Sie über einen starken Willen und brauchen ein Ziel, auf das Sie hinarbeiten können. »Nein« ist für Sie keine Antwort, aber Sie müssen sich zwingen, Dinge zu Ende zu führen (da Sie dazu neigen, sie vor sich hinzuschieben). Sie planen lieber, anstatt etwas auszuführen (und zeigen Talent als Diagnostiker und Problemlöser. Sie sind sehr idealistisch, doch sehen Sie sich selbst eher als praktischen denn als Gefühlsmenschen. Vielleicht können Sie Ihre Gefühle nicht so gut zeigen, aber Sie sind zu tiefer Liebe fähig und manchmal recht romantisch. Loyalität ist für Sie kein leeres Wort. Sie möchten, daß alles seinen korrekten Lauf nimmt.

10. – Sie sind ein sehr vitaler Mensch und erholen sich leicht von jeder Art Rückschlag. Kreativ und vielseitig interessiert, richten sich Ihre Gedanken immer auf die Zukunft. Es kann sein, daß Ihnen nur wenig Hilfe von anderen zuteil wird, weil Sie Situationen so strukturieren, daß Sie unentbehrlich sind. Sie haben Talent zum Designer.

19. – Beachten Sie bitte, daß es sich hierbei um eine der vier karmischen Zahlen handelt, was bedeutet, daß Sie gewählt haben, Ihrem Leben eine besondere Richtung zu geben oder auf ein besonderes Ziel hinzuarbeiten, das Sie ständig vor Augen haben. Wegen der Kombination aus der Eins (dem Wunsch hervorzuragen) und der Neun (dem Bedürfnis, vielen Menschen zu dienen oder sie zu beeinflussen) ist Ihr Wesen äußerst komplex. Da Ihr Unterscheidungsvermögen groß ist und Sie sehr scharfsichtig sind, geben Sie sich möglicherweise distanziert oder formell und benutzen Ihren Intellekt als Schild, bis Sie Ihr Gegenüber besser kennen. Wortgefechte und ein feiner Sinn für Humor – meistens der trockenen Art – charakterisieren Ihren gesellschaftlichen Austausch. Herzensbande sind tief, doch trachten Sie danach, jederzeit die Selbstkontrolle zu bewahren. Negativ an Ihnen ist häufig Ihr Zynismus, Ihre Rigidität und Ihr Mißtrauen gegenüber allem Neuen oder Fremden.

26. – Sie sind unabhängigkeits- und freiheitsliebend und dennoch liebevoller und zärtlicher als andere Einser. Sie stehen gerne im Mittelpunkt bei Menschen, die Sie bewundern und respektieren. In

Ihren Freundschaften achten Sie auf Qualität. Ihr Lebensgefährte wird selbst ein starker Mensch sein müssen, denn Sie werden sich nie mit weniger als Ihrem Ideal zufriedengeben. Wie alle Einser sind auch Sie eine Führernatur und fähig, sich für Ihren (beachtlichen) Ehrgeiz aufzuopfern. Sie können in jedem Beruf Erfolg haben, vor allem aber als Lehrer, Rechtsanwalt, Ingenieur, Architekt oder Designer. Bei allem, was Sie unternehmen, beweisen Sie einen Sinn für Dramatik, weshalb Sie einen Lebensgefährten wählen dürften, der ebenfalls über diese Eigenschaft verfügt.

Die Zweier

2., 11., 20. und 29. eines jeden Monats
Im allgemeinen sind Zweier sehr sensibel und gefühlvoll. Ihnen geht der wütende Ehrgeiz der Einser ab, weshalb sie zufrieden sind, wenn sie im Hintergrund tätig sein können, von wo sie oft dominierendere Menschen unterstützen. Zweier analysieren die Lage und sind sich der Dynamik gefühlsbetonter Beziehungen bewußt, seien diese nun privater oder geschäftlicher Natur. Sie haben einen Hang zur Perfektion (und gar zur Kleinkariertheit) und funktionieren am besten, wenn man ihnen ihren eigenen Rhythmus läßt. Dann unternehmen sie alles, um Harmonie zu verbreiten, und werden sich oft länger mit einer unangenehmen Situation zufriedengeben als nötig. Zweier machen sich gerne Sorgen aufgrund ihrer allgemeinen Angst vor dem Unbekannten.

Ihr Geburtstag fällt auf den
2. – Ihr Gesellschaftsleben und Ihr Lebensgefährte sind für Ihr Wohlbefinden von äußerstem Belang. Möglicherweise beziehen Sie mehr Befriedigung aus guten Freundschaften als aus Ihrer Arbeit. Sie lassen sich leicht durch Ihre Umgebung beeinflussen und sollten daher nur mit Menschen arbeiten, die zu Ihnen passen. In Konfliktsituationen treten Sie als Vermittler auf und halten gerne mit Ihren wahren Gefühlen hinter dem Berg. Sie machen oft Überstunden, um anderen gefällig zu sein, auch sehnen Sie sich nach Zärtlichkeit und erinnern sich meistens an die Geburtstage der anderen. Gespräche gehen Sie im Geist nochmals durch, um zu überprüfen, was Sie hätten sagen können oder ob jemand Hintergedanken hegte. Sie sind schnell überreizt und

sollten Ihre Nerven nicht durch Schlafmangel strapazieren. Kultivieren Sie Ihr Talent für Musik und Kunst. Sie lieben die schönen Dinge des Lebens, doch scheuen Sie oft die Anstrengung, die es braucht, um sie zu erlangen. Sie sind geduldig und gut mit Details, doch sollten Sie Ihre Fähigkeiten und Errungenschaften nicht mit denen von Menschen vergleichen, die von durchsetzungs- und konkurrenzorientierten Zahlen beherrscht werden.

11. – Ihr Geburtstag steht unter dem Zeichen der Meisterzahl der Inspiration. Alle Zweier sind sensibel, doch für Sie gilt das ganz besonders. Dies ist die Zahl der Lehrer oder von Menschen, die anderen als Beispiel dienen. Sind Sie eine Frau, dürften Sie ungewöhnlich hübsch sein. Als Mann verfügen Sie über eine verfeinerte Wesensart und interessieren sich für schöne Dinge. Vielleicht stehen Sie im Rampenlicht. Erfolgsversprechende Bereiche sind Fernsehen, Dichtung, Esoterik, Kunst, Psychologie und Bewußtseinsarbeit. Sie neigen dazu, sich in Menschen und Ideen zu »verlieben«. Es kann sein, daß Sie immer kurz vor dem Durchbruch stehen – während Sie sich danach sehnen, das Unmögliche zu erreichen. Elfer können sich untergeordneten Arbeiten zuwenden und dabei das starke Gefühl haben, sie könnten etwas Besseres machen. Versuchen Sie ein Talent zu entdecken, das Sie zum Ausdruck bringen können.

20. – Sie sind ein sehr gewissenhafter Mensch, freundlich, mitfühlend und hilfsbereit. Ein kleines Geschäft können Sie durchaus selbst führen, doch bei größeren Projekten bedürfen Sie der Hilfe anderer. Spirituelle Fragen üben eine große Anziehungskraft auf Sie aus, was Sie Ihr Leben lang immer wieder auf die Suche führen wird. Sie haben das Zeug dazu, ein einfühlsamer Therapeut, Künstler oder Fotograf (vor allem von Mensch und Natur) oder Schriftsteller (Schwerpunkt weibliche Themen) zu werden. Da Sie auf Details achten, arbeiten Sie langsam. Sie brauchen Ordnung in Ihrem Leben, damit Sie keine Angst haben.

29. – Ihr geistiges Interesse ist stark erhöht, denn die Summe Ihrer Geburtszahl ist 11 (siehe oben), die Meisterzahl der mystischen und spirituellen Inspiration. Wie die Elf müssen Sie sich durch Tätigkeiten in der Wirklichkeit verankern, die Disziplin und unmittelbare Resultate beinhalten (wie Gartenarbeit, Kochen, Nähen, Bauen). Achten Sie auf Ihre Launen, damit Sie etwas dagegen unternehmen können, ehe Sie überborden. Sie können anderen eine Inspiration sein und durch Ihre Lehrtätigkeit oder Ihre Kunst das Rampenlicht auf sich ziehen. Auch Berufe wie Buchhalter und das Gastgewerbe versprechen Erfolg, während Sie Ihren künstlerischen Neigungen nachgehen. Sind Sie eine Frau, dürften Sie sehr hübsch sein; als Mann wirken Sie von Ihrem Aussehen her wie ein Gentleman.

Die Dreier

3., 12., 21. und 30. eines jeden Monats
Unbeschwert, umgänglich, ewig optimistisch, lebhaft, schwatzhaft, zerstreut – alle diese Eigenschaften beschreiben die Drei, die das Gesellschaftsleben und ihre Freiheit genießt. Dreier mögen keine harte körperliche Arbeit, sondern sind gut Verkäufer, die gerne mehrere Eisen im Feuer haben. Damit sie darin aufgehen, muß eine Arbeit sich kreativ anfühlen. Sie machen sich nicht allzuviele Gedanken wegen des Geldes oder der Zukunft, sind spontan und impulsiv. Allerdings müssen sie lernen, sich zu konzentrieren und es mit der Genußsucht nicht zu übertreiben. Mit ihrer positiven Einstellung bringen sie Freude und Licht in jede Lebenslage. Krankheiten überwindet die Drei leicht.

Ihr Geburtstag fällt auf den
3. – Sie sind charmant und sehen schnell den Humor einer Situation. Dennoch können Sie leicht unzuverlässig sein und begeben sich gerne aufs Glatteis, indem Sie, nur weil Sie so gerne beschäftigt sind, mehrere Projekte gleichzeitig verfolgen. Sie sind energisch, doch leicht abzulenken, wobei Ihr Gesellschaftsleben für Sie eine große Rolle spielt. Sie haben viele Freunde und müssen größere Beträge für Geschenke einplanen, da Sie äußerst freigebig sind. Spontane Zusammenkünfte machen Ihnen Spaß, wobei Sie oft derjenige im Büro sind, der vorschlägt, man wolle nach der Arbeit noch »einen heben«, oder der Beiträge für ein Geburtstagsgeschenk sammelt. Geschichten und Begebenheiten schmücken Sie gerne aus. Ihre Jugendlichkeit ist sprichwörtlich, denn Sie kultivieren eine gewisse Intensität. Während Ihre

Freunde Ihre »Zerstreutheit« belächeln mögen, sind sie Ihnen doch sehr zugetan. Sie wiederum brauchen ein Publikum, und auch kreative Hobbys sind Ihnen ein Bedürfnis.

12. – Sie wurden unter einer sehr magnetischen Zahl geboren und verfügen über ein außergewöhnliches Ausdrucksvermögen, das Sie sehr überzeugend wirken läßt. Mit Ihrem scharfen Verstand dringen Sie direkt zum Kern einer Sache vor. Sie sind idealistisch, denken dabei logisch und können brillant sein. Leicht gelangweilt, werden Sie der Menschen oft überdrüssig, wenn Sie sie einmal durchschaut haben. Ihr Bedürfnis zu flirten und charmant zu sein ist sehr ausgeprägt. Sie haben ein ausgezeichnetes Auge für Farbe und Design, vor allem in der Fotografie, und lieben die Medien – Filme, Zeitschriften, Fernsehen –, wobei Sie wissen, wer wer ist. Sie sind selbst auch so etwas wie eine Berühmtheit.

21. – Sie sind vielleicht etwas ruhiger und weniger impulsiv als andere Dreier, sehr empfindsam und eher geneigt, die Dinge zu überdenken, bevor Sie sie zur Sprache bringen. Sie haben viel Phantasie und neigen zu Träumerei und Poesie. Vielleicht verfassen Sie auch Gedichte, singen oder schreiben Songs. Im Gegensatz zu anderen Dreiern geben Sie sich mit wenigen intimen Freunden zufrieden. Sie sind nervös und sollten die Dinge nicht allzusehr analysieren. Vielleicht neigen Sie dazu, sich blenden zu lassen (weil Sie die Menschen wegen Ihrer Phantasie und Ihres Sinns für Dramatik gerne in einem rosigen Licht sehen). Möglicherweise sind Sie zu leichtgläubig. Vergnügungen und künstlerischer Genuß liegen Ihnen am Herzen. Wenn es sich nur irgendwie vermeiden läßt, gehen Sie körperlicher Arbeit aus dem Weg.

30. – Sie sind ein Ausbund an Energie und stecken andere mit Ihrer Begeisterungsfähigkeit an, wodurch Sie sie zu motivieren und zu überzeugen wissen. Sie sind direkt und finden immer das passende Wort oder die richtigen Tatsachen, um bei einer Auseinandersetzung die Überhand zu gewinnen. Sie könnten ein gutes Medium sein, aber auch ein ausgezeichneter Lehrer, Redner, Rechtsanwalt, Schauspieler oder Pfarrer. Sie setzen sich seriös und intensiv für ihre Interessen ein, doch fällt es Ihnen schwer, alte Versprechen einzulösen. Wie alle Dreier flirten Sie gern. Hüten Sie sich davor, Ihrer Tendenz nachzugeben, zu viel zu trinken oder für Ihr Gesellschaftsleben auszugeben.

Die Vierer

4., 13., 22. und 31. eines Monats

Im allgemeinen nennt man Menschen, die unter dem Zeichen der Vier geboren wurden, das »Salz der Erde«. Loyal, produktiv, aufrichtig, lieben Vierer ihr Zuhause, ihre Familie und ihre Heimat. Sie wünschen sich eine sichere Umgebung und stabile Verhältnisse, gehen vorsichtig an die Dinge heran und arbeiten gerne mit ihren Händen, wodurch sie sich in der Baubranche und in der Geschäftswelt wohl fühlen. Während Vierer von Haus aus konservativ sind, unterstützen sie dennoch alle Maßnahmen, die zu Reformen, Verbesserungen und gesteigerter Effizienz führen.

Ihr Geburtstag fällt auf den

4. – Sie haben Erfolg im Geschäftsleben, als Unternehmer, in der Herstellung und mit allem, was mit Bauen und Erde zusammenhängt. Sie werden durch Schaden klug und vertrauen darauf, alles lernen zu können, wenn man Ihnen nur das Prinzip zeigt. Es kann Ihnen schwerfallen, größere Zusammenhänge zu sehen, wobei Sie generell sehr vorsichtig und mitunter sogar zögerlich auf Leben und Arbeit zugehen. Es kostet Sie Mühe, auf der Höhe zu bleiben. Dank Ihrer fundamentalen, gradlinigen Denkweise haben Sie eine sehr betonte Meinung dazu, wie die Dinge anzupacken sind. Es kann sein, daß Sie Ihre berufliche Laufbahn als Arbeiter beginnen, ehe Sie sich zu einer Position hocharbeiten, wo man Ihre Erfahrung respektiert.

13. – Sie haben Erfolg als Hersteller, Händler, Grundstücksmakler und in der Baubranche (vor allem mit Renovierungen).

Sie können sich besser mündlich ausdrücken als andere Menschen, die unter dem Zeichen der Vier stehen, und verfügen über kreative Fähigkeiten, die Sie ausfüllen. Sie würden gerne ein erfolgreiches Gesellschaftsleben führen, sind jedoch zu sehr von Ihrer Arbeit in Anspruch genommen. Sie verfügen über die außerordentliche Begabung, jede Situation oder Bedingung verbessern zu können. Da Sie Ihre Gefühle gerne unterdrücken, sollten Sie sich davor hüten, plötzlich aufzubrausen.

22. – Diese Meisterzahl verlangt, daß Sie sich für das Gemeinwohl einsetzen, anstatt Ihren persönlichen Ehrgeiz zu erfüllen, was heißt, daß geistige Studien einen großen Teil Ihrer Erziehung ausmachen sollten. Sie sind gut in fast allem, was Sie unternehmen und werden feststellen, daß Ihre vielseitige Erfahrung eines Tages einem sehr anspruchsvollen Projekt zugeführt wird. Ihre Arbeit muß Ihren Idealen entsprechen, und es kann sein, daß Sie einem Hobby nur deshalb nachgehen, weil es sich eines Tages auszahlen soll. Ihnen geht es nicht um Status oder Luxus an und für sich, sondern Sie möchten einen wichtigen Beitrag leisten und ein bedeutungsvolles Leben führen. Von Ihren Freunden wurden wahrscheinlich viele im Zeichen des Wassermanns geboren. Andere Zweiundzwanziger erkennen Sie an ihren besonderen Eigenschaften, denn sie sind genauso originell, kompetent und reformfreudig wie Sie. Sie können zielgerichtet und ernsthaft vorgehen und brauchen das Gefühl, die Kontrolle auszuüben. Dabei muß Ihnen bewußt sein, daß Ihre Macht Ihnen von oben zufließt. Sie sind sensibel und analytisch und neigen dazu, andere zu verurteilen.

31. – Sie arbeiten gerne mit Ihren Händen und könnten Bildhauer oder Maler sein. Ob Sie nun ehrgeizig sind oder nicht, auf alle Fälle sind Sie traditionsbewußt, lieben Ihre Freunde und denken an deren Geburtstag. Wahrscheinlich können Sie gut kochen, reisen gern und sind gesellig, aber Sie können auch stundenlang hart arbeiten, wenn Sie es für nötig erachten. Sie leben nicht gern allein und kümmern sich rührend um Ihren Partner. Sie reden mit Vorliebe über sich selbst und Ihre Pläne und erwarten, daß das die anderen interessiert.

Die Fünfer

5., 14. und 23. eines jeden Monats

Im allgemeinen sind Fünfer aktive, anpassungsfähige und neugierige Menschen, die auf ihre Unabhängigkeit pochen. Sie ziehen einen flexiblen Stundenplan vor und fügen allem, was sie unternehmen, eine neue Dimension hinzu. Fünfer sind großartige Verkäufer – umgänglich und überzeugend. Sie lieben ein gutes Geschäft und sind erfolgsorientiert. Weil sie spontan sind, wissen sie sich eine gute Gelegenheit zunutze zu machen. Sie bewegen sich schnell und grübeln nicht über Verluste. Charmant und nicht immer allzu ernsthaft, spielen sie gerne des Teufels Advokat. Fünfer eröffnen Neuland, unterstützen die Geschäftswelt und ihre guten Gelegenheiten und huldigen der Machbarkeit.

Ihr Geburtstag fällt auf den
5. – Sie reisen gern und heiraten vielleicht spät, weil Sie das Leben erst kennenlernen wollen. Als abenteuerlustiger Mensch benötigen Sie eine Arbeit, die Sie herausfordert, Risikos beinhaltet und anders ist. Da Sie selbst über schauspielerisches Talent verfügen, gäben Sie einen guten Impressario ab. Man kennt Sie als guten Geschichtenerzähler und Witzbold. Sie werden viel durch Ihre Liebesaffären lernen. Sie neigen dazu, die Dinge schnell zu verbrauchen und neue Anreize zu suchen. Sie sind immer hellwach, neugierig und hinterfragen die Dinge gern, ohne Rücksicht auf Verluste. Sie werden verschiedene Berufe ausüben und schon früh von zu Hause wegziehen, um Ihr Glück zu machen, das Ihrer Meinung nach auf der Straße liegt. Sie sehen sich als eine Art Glückspilz.

14. – Ihr Leben dürfte ganz schön spannend sein, versehen mit Rückschlägen, von denen Sie sich nicht unterkriegen lassen. Passen Sie auf, daß Sie sich nicht überschätzen und Ihre Grenzen kennen. Sie werden Ihr ganzes Leben lang Menschen kennenlernen, zu denen Sie eine »karmische« Verbindung haben. Sie sind gesund, wettbewerbsorientiert und kennen sehr diszipliniert vorgehen, wenn das Ziel in nächster Nähe liegt. Sie experimentieren gerne und suchen nach Stimulation. Sie sollten unabhängig arbeiten, wobei alles, was mit Reisen, Werbung, Öffentlichkeit, Schauspielerei oder der Unterhaltungsbranche zu tun hat, große Anziehungskraft auf Sie ausübt. Sie wollen leben und nicht nur dahinvegetieren. Es kann sein, daß Sie viele Vorurteile haben aufgrund dessen, was Sie »in der Vergangenheit erfahren« haben. Sie verhalten sich sexuell aggressiv und könnten sehr exzentrisch sein.

23. – Sie sind sehr unabhängig und selbstgenügsam und dürften als Exzentriker gelten. Kunst und Musik sowie das Gedankengut des New Age sind für Sie von Interesse. Sie haben eine ungewöhnliche Weitsicht und wissen die Ereignisse zu Ihrem Vorteil zu wenden, Sie können sich gut ausdrücken, sind witzig und manchmal auch trotzig, wobei Sie unter Druck kleinlich und kritisch reagieren. Im allgemeinen ist jedoch Ihre Überzeugungskraft Ihre Stärke, da Sie wissen, was andere Menschen Ihnen abkaufen werden. Sie wirken bis ins hohe Alter jugendlich.

Die Sechser

6., 15. und 24. eines jeden Monats
Im allgemeinen sind Menschen, deren Geburtstag unter dem Zeichen der Sechs steht, verantwortungsbewußt und ziehen ein traditionelles Leben und häuslichen Komfort vor. Es sind Eltern, Lehrer, Kunsthandwerker und Heiler. Sie arbeiten mit Hand und Herz. Sechser machen sich oft Sorgen und verkümmern, wenn sie nichts Nützliches tun können. Sie setzen sich gerne für ihre Gemeinde ein und verteidigen die moralische Gerechtigkeit, gehen jedoch auch Kompromisse ein und suchen immer nach einer Lösung, die den meisten Interessen gerecht wird. Sie sind stur, wenn es darum geht, was ihrer Meinung nach »richtig« ist.

Ihr Geburtstag fällt auf den
6. – Sie sind ein sehr liebevoller, doch besitzergreifender Mensch. Mit einem angeborenen Talent als Lehrer, haben Sie sehr eindeutig Ideen dazu, was es bedeutet, Vater oder Mutter zu sein. Ihr Zuhause ist für Sie von überragender Wichtigkeit und Sie sind sehr verantwortungsbewußt. Sie lieben den Luxus und sehnen sich nach romantischer Aufmerksamkeit. Es kann sein, daß Sie sich unnötigerweise sorgen, »pleite« zu gehen, etwas, das Ihnen nur selten passiert, da es Ihnen gelingt, finanzielle Unterstützung für Ihre geschäftlichen Ideen zu finden. Ihre gesellschaftliche Stellung und Kontakte sind Ihnen wichtig. Sie kennen den Wert der Gegenseitigkeit. Familie und Freunde stehen immer an erster Stelle. Kaufen Sie sich einen guten Rucksack und/oder ein Wohnmobil.

15. – Ihr Zuhause ist Ihnen heilig. Sie genießen guten finanziellen Schutz (wie alle Sechser), und die Leute wenden sich an Sie um Rat. Sie sind offener, gewitzter, unabhängiger und weitgereister als andere Sechser. Sind Sie eine Frau, möchten Sie eine Karriere außerhalb Ihres Heims machen (obschon Sie Ihr Zuhause an und für sich als Errungenschaft ansehen). Aus Ihnen könnte eine großartige Modedesignerin oder Innendekorateurin werden, aber auch eine Notfallkrankenschwester oder Lehrerin. Sie brauchen einen großen Kreis gebildeter Menschen als Freunde um sich herum. Ihre Familie steht für Sie an erster Stelle, doch gehören auch Ihre Freunde bald zur »Familie«. Sie können sehr kreativ sein. Möglicherweise haben Sie Talent zum Singen, auf jeden Fall wird man Ihre melodiöse Stimme rühmen.

24. – Sie möchten ein Familienimperium aufbauen und wären allein oder ohne häusliche Pflichten sehr unglücklich. Sie lieben es, für sich selbst und andere Reichtum anzuhäufen, und haben Erfolg in traditionellen Berufen wie Buchhalter, Bankangestellter oder Grundstücksmakler. Ihre Vorstellungen haben sich schon früh in Ihrem Leben herausgebildet und werden sich kaum mehr ändern. Sie bewundern kreative und spontane Menschen und dürften dazu neigen, so jemanden zu heiraten (weil Ihnen mit Ihren eigenen Fähigkeiten sehr wohl ist). Sie halten sich für einen liberalen und offenen Menschen; andere sind vielleicht nicht dieser Meinung. Es kann sein, daß Sie sehr gefühlsbetont sind und zur Eifersucht neigen. Sie sind vorsichtig, umsichtig und produktiv. Die meisten von Ihren Plänen lassen sich realisieren.

Die Siebener

7., 16. und 25. jeden Monats
Im allgemeinen sind Menschen, die unter dem Zeichen der Sieben geboren wurden, ungewöhnlich und verfügen über besondere Talente. Intellektuell und selbstversunken, findet man unter ihnen viele Einzelgänger und Personen, die gerne allein sind. Normalerweise lieben sie die Natur, Tiere und ruhige Umgebungen. Materieller Erfolg bedeutet ihnen weniger als ein unabhängiges Leben gemäß den eigenen Vorstellungen. Es sind von Natur aus tiefsinnige, intuitive und beobachtende Leute, die über geistige und technische Fähigkeiten verfügen. Siebener sind ungewöhnlich vorsichtig und kommen nur langsam zu einer Entscheidung. Manchmal neigen sie zur Trunksucht. Sie lassen sich nicht gerne raten.

Ihr Geburtstag fällt auf den
7. – Wenn Sie lernen, sich nur auf eine Sache auf einmal zu konzentrieren, werden Sie Erfolg haben. Ihre Intuition wird Sie zu den richtigen Gelegenheiten führen. Es kann sein, daß Sie dann eine Ausbildung auf dem gewählten Gebiet auf sich nehmen wollen. Sie verfügen über gute

technische Fähigkeiten. Entweder wählen Sie eine Arbeit auf dem Gebiet der Forschung oder aber Sie sind Bauer oder Gartenarchitekt und halten sich an die Landschaft und die Erde. Sie sollten immer auf Ihre Eingebungen hören und nicht auf den Rat anderer. Seien Sie sich bewußt, daß Sie ausgeprägte Meinungen haben, von denen Sie nicht abweichen wollen, und daß Ihre Beziehungen unter Ihrer Kompromiß-losigkeit leiden können. Gute Gelegenheiten ergeben sich durch geduldiges Warten; gehen Sie zu aggressiv vor, wird die Geschwindigkeit der Entwicklungen Sie frustrieren. Vermeiden Sie Glücksspiele aller Art. Ihre vorsichtige Einstellung in Gelddingen ist korrekt. Vielleicht spielen Sie ein ausgefallenes Musikinstrument oder haben ungewöhnliche Hobbys oder Freunde. Sie fühlen sich vom Land und von Tieren angezogen, und Meditation und Einsamkeit sind Ihnen ein absolutes Bedürfnis. Vielleicht sind Sie ein eher stiller Mensch mit nur wenigen Freunden statt einem großen (und lauten) Freundeskreis.

16. – Ihre Geburtszahl ist außergewöhnlich, denn sie bringt allerlei Turbulenzen mit sich, aus denen Wendepunkte Ihres Lebens werden. Sie haben äußerst ungewöhnliche Freunde. Es kann sein, daß Sie sich für einen exzentrischen Lebensstil entschließen und sich immer irgendwie anders als andere Menschen fühlen. Die 16 ist eine karmische Zahl (siehe Kapitel 1). Das kann bedeuten, daß Sie Verbindungen mit anderen Menschen haben, die auf frühere Leben zurückgehen, und Sie ein besonderes Gefühl verspüren, sobald Sie Ihnen begegnen – oder durch die Art, wie Sie ihnen begegnen. Für den Sechzehner ist das Leben nie langweilig, doch vieles muß auf die harte Tour gelernt werden. Gehen Sie keine unnötigen Risiken ein. Ihre Einstellung kann Ihre Arbeit oder Ehe komplizieren. Da alle Sieben von Natur aus langsam sind, mögen Sie dazu neigen, die Dinge zu verschleppen. Sie haben einen analytischen Verstand und interessieren sich für Technik und Geschichte. Es kann sein, daß Sie bedeutende Fakten entdecken oder etwas vollkommen Neues erfinden. Es liegt Ihnen viel an guten, wahren Freunden. Vielleicht mögen Sie Antiquitäten und Briefmarkensammlungen.

25. – Sie sind sehr intuitiv und leicht zu beeindrucken, weshalb Sie sich vor der Labilität Ihrer Gefühle hüten sollten, die durch deren Intensität entsteht. Es könnte anderen Menschen schwerfallen, Sie zu verstehen. Sie sind sehr künstlerisch veranlagt, könnten als bildender Künstler oder Musiker Erfolg haben und wissen gut mit Tieren umzugehen. Vielleicht wollen Sie sogar Tierarzt werden. Schwere Zeiten können vor allem rund um Ihren 27. und 28. Geburtstag auftreten, weshalb Ihnen eine therapeutische Beratung bei Ihrem persönlichen Wachstum helfen könnte. Vielleicht sind Sie von Natur aus bisexuell. Sie sollten sich nicht von Freunden und Verwandten fernhalten, wenn Sie traurig sind. Finden Sie die Essensgewohnheiten und Körperübungen, die zu Ihnen passen.

Die Achter

8., 17. und 26. eines jeden Monats
Im allgemeinen sind Achter hart arbeitende, praktische Menschen. Immer wollen sie sich verbessern, und sie wissen auch, wie sie es anpacken müssen. Sie verfügen über viel Selbstvertrauen und ordnen sich nur ungern unter. Es sind Führernaturen und Unternehmer, doch bewundert man sie nicht nur, sondern fürchtet sie auch ein bißchen. Meistens sind sie nicht damit zufrieden, einfach nur dazuzugehören. Frauen, die unter dieser Zahl geboren wurden, müssen sich eingestehen, daß sie führen und arbeiten können. Achter haben ein angeborenes Talent, mit Geld umzugehen, dessen Macht, Wert und Mechanik sie gut kennen. Vielleicht neigen sie zur Strenge, aber sie sind immer fair und loyal gegenüber denen, die ihnen dienen. Sie sind zuverlässig, objektiv und dominant.

Ihr Geburtstag fällt auf den
8. – Sie sind ein äußerst ehrgeiziger und erfolgsorientierter Mensch und machen vor nichts halt, um mit der gewählten Arbeit voranzukommen. Sie brauchen einen Beruf oder ein Geschäft, das Herausforderungen an Sie stellt. Da Sie sich nicht mit einer untergeordneten Rolle zufriedengeben, werden Sie bald zum leitenden Beamten, Geschäftsführer, Vorarbeiter, Abteilungsleiter oder auch zum Akademiker aufsteigen – meistens durch harte Arbeit. Ihnen fällt nichts in den Schoß.
Frauen, die unter dem Zeichen der Acht geboren wurden, brauchen eine Beschäftigung außer Haus. Achter haben Erfolg in jeder großen und durchstrukturierten Organisation wie etwa in einer Fabrik oder Advokatur, im Justizapparat oder Militär, auf einer Bank, im Kranken-

haus oder in der Verwaltung. Im Geschäftsleben sollten Sie Ihr eigener Chef sein. Sie können gut mit Geld umgehen und werden es im Leben weit bringen. Bleibt der Erfolg jedoch aus, neigen Sie zu Bitterkeit und Zynismus. Sie sind ernsthaft, reif, diszipliniert und kompetent. Vielleicht fällt es Ihnen schwer, dem anderen Geschlecht Ihre Gefühle mitzuteilen. Als Frau dürften Sie auf Männer sehr unabhängig und dominierend wirken. Achter brauchen einen Partner, der bereit ist, sich ihnen unterzuordnen. Sie kaufen nur Markenartikel.

17. – Sie sind ein dynamischer Erfolgsmensch und haben den nötigen Mut und die Voraussicht, um sich an größere Projekte heranzuwagen, wobei Sie über die Führungseigenschaft verfügen, die anstehenden Arbeiten an die richtigen Leute delegieren zu können. Ihre geschäftlichen und finanziellen Perspektiven sind sehr vielversprechend. Ihr Geschäft ist an vorderster Front mit dabei. Sie besitzen Vision und Ausdauer – unschlagbare Eigenschaften. Sind Sie ein Mann, werden Frauen sich sehr von Ihrer Macht angezogen fühlen. Als Frau werden Sie in anderen Bewunderung hervorrufen, doch müssen Sie Ihre weiblichen Eigenschaften betonen, um Männer anzuziehen.

Mit dieser Zahl dürften Sie es zu großen Leistungen bringen: Integrität ist das Schlüsselwort. Ihr Urteilsvermögen ist praktisch unfehlbar, und Sie finden für alles eine Lösung. Verlieren Sie sich nicht in Einzelheiten, sondern delegieren Sie! Sie bewundern Gelehrte und Historiker und können technische und sachliche Dinge gut schriftlich darstellen. Sie beziehen immer Position.

26. – Sie sind weitaus weniger intensiv als die am 17. Geborenen, aber auch gefühlsbetonter, und Sie lieben die Natur. Harmonie ist Ihnen sehr wichtig, wobei Sie Ihre Energien gleichmäßig auf Ihre Arbeits- und Privatwelt verteilen. Sie kleiden sich gerne gut, haben ein gepflegtes Zuhause und wohlerzogene Kinder (auf die Sie sehr stolz sind). Sie gehören zu den großzügigen Achtern. Sie neigen dazu, über die Vergangenheit zu grübeln und hängen alten Streitigkeiten und Meinungen nach. Sie haben gute Ideen, doch möchten Sie, daß andere Ihnen bei deren Verwirklichung zu Hand gehen, da Sie nicht so selbstbewußt wie andere Achter sind. Sie sind mehr in sich gekehrt und haben einen analytischen Verstand. Berufliche Möglichkeiten ergeben sich im Gastgewerbe sowie im diplomatischen oder sozialen Dienst.

Die Neuner

9., 18. und 27. eines jeden Monats

Im allgemeinen sind Neuner tolerant, idealistisch und großzügig. Als liebevolle und vielseitige Menschen interessieren sie sich für übergeordnete Ziele und wenden sich gerne Aufgaben zu, die ihnen einen großen Wirkungskreis eröffnen. Musik, Kunst und ganz besonders das Theater sowie helfende und heilende Berufe, Theologie, Esoterik, gesellschaftliche Reformen – alle diese Gebiete stehen ihnen offen. Es ist ihnen ein großes Bedürfnis, vor sich selbst gut dazustehen, doch nicht auf dieselbe egozentrische Art wie die Eins oder die Acht.

Neuner können sehr unklar und vage sein. Sie reagieren sehr sensibel auf äußere Einflüsse und finden es oft schwer, zu entscheiden, was sie tun wollen, wie sie oft überhaupt Mühe haben, sich zu einem Entschluß durchzuringen.

Junge Neuner wählen gerne einen exzentrischen Lebensstil, um sich gegen das Althergebrachte aufzulehnen. Ob sie diesen Weg auch später weiterverfolgen, hängt von ihren Begegnungen und den sie beeinflussenden Erfahrungen ab. Neuner müssen lernen, nicht alles persönlich zu nehmen. Wenn sie sich einer guten Sache verschreiben, fragen sie sich, warum andere nicht ebenso engagiert sind wie sie. Erfolgsversprechend ist die Arbeit in Gruppen, die sich Reform und Erziehung verschreiben. Alle Neuner pflegen einen dramatischen Stil, ob es sich dabei nun um ihre Kleidung, Sprache, Art oder Lebenseinstellung handelt. Sie können distanziert und kühl wirken.

Ihr Geburtstag fällt auf den

9. – Sie haben Erfolg auf jedem künstlerischen, heilenden, lehrenden, philantropischen oder musikalischen Arbeitsgebiet. Sie sind idealistisch, lassen sich von Ihren Gefühlen leiten, nehmen das Leben ernst und haben das Bedürfnis, sich nützlich zu machen, weshalb es Ihnen schwerfällt, sich für einen Beruf zu entscheiden. Sie sind sehr begabt, kommen jedoch nicht so gut mit alltäglichen Einzelheiten klar. Alles, was Sie interessiert, fesselt Sie, und Sie haben vielerlei Interessen. Vielleicht pflegen Sie eine esoterische Einstellung gegenüber den Nöten der Welt. Im mittleren Lebensabschnitt werden Sie viel mit Gruppen zu tun haben. Sie dürften viel reisen und ein Leben voller

Überraschungen führen. Eine Therapie könnte bewirken, daß Sie sich der Bewußtseinsarbeit zuwenden.

18. – Wenn Sie sich etwas vornehmen, können Sie sich ohne weiteres durchsetzen und Großes leisten. Sie verfügen über den Antrieb und den Ehrgeiz der Eins, gepaart mit den unternehmerischen Fähigkeiten der Acht, doch werden Sie sich anstrengen müssen, um an den Hindernissen vorbeizukommen, die Sie dazu zwingen werden, ein tieferes Verständnis und mehr Wissen zu erlangen. Als Kind waren Sie wahrscheinlich frühreif. Sie nehmen nicht gerne fremden Rat an. Ihre eigenen kritischen Fähigkeiten sind gut ausgeprägt und könnten beruflich eingesetzt werden (vor allem im Theater, in der Kunst oder der Musik). Sie sind eindeutig dazu ausersehen, sich für das Gemeinwohl einzusetzen.

27. – Sie sind ruhiger als andere Neuner, doch ein genauer Beobachter. Sie haben musikalisches oder künstlerisches Talent und sehnen sich nach Reisen und fremden Kulturen. Sie lieben östliche Dichtung und schließen sich möglicherweise einer östlichen religiösen Gemeinschaft an. Aus Ihnen könnte ein ausgezeichneter Journalist, Schriftenmaler, Naturfotograf oder Antiquar werden. Die Neun ist vielseitig talentiert und interessiert und braucht Zeit, um diese Facetten ihres Wesens zu entdecken. Sie sind großzügig und verzeihen Ihren Freunden (fast) alles. Um glücklich und erfüllt zu sein, brauchen Sie ein Ideal, dem Sie folgen können. Loslassen ist für Sie ein lebenslanges Thema.

KAPITEL 3

Ihr Lebensweg

Wer bin ich?
Was kann ich am besten?
Wo liegen meine natürlichen Begabungen?

Die Antworten auf diese Fragen finden Sie in Ihrer Lebenszahl. Diese Zahl zeigt Sie so, wie Sie auf die Welt gekommen sind – Ihre natürlichen Tendenzen, Ihre Fähigkeiten, Ihre Lebenseinstellung. Es ist der unveränderliche Teil Ihres Numeroskops, der von Ihren grundsätzlichen und bleibenden Eigenschaften handelt.

So berechnen Sie Ihren Lebensweg

Der Lebensweg ist die Summe aller Zahlen in Ihrem Geburtstag.
1. Falls Sie das noch nicht getan haben, tragen Sie jetzt an der dafür vorhergesehenen Stelle in Ihrem Numeroskop Ihren Geburtstag, -monat und Ihr Geburtsjahr ein (zum Beispiel 12. Oktober 1947 = 12 + 10 + 1947).
2. Zahlen Sie sämtliche Zahlen zusammen (1 + 2 + 1 + 0 + 1 + 9 + 4 + 7), und reduzieren Sie das Resultat auf eine einstellige Zahl (außer bei den karmischen Zahlen 14, 16, 17 und 19 oder den Meisterzahlen 11 und 22. Siehe dazu Kapitel 1, »Ausnahmen bestätigen die Regel«).
3. Lesen Sie die Beschreibung Ihrer Lebenszahl auf den folgenden Seiten.
   Lassen Sie uns als Beispiel den Lebensweg des schweizerischen Psychiaters Carl Gustav Jung nehmen, der am 26. Juli 1875 geboren wurde.

26.	Juli	1875
2 + 6 = 8	7	1 + 8 + 7 + 5 = 3
8 + 7 + 3 = 9		

C. G. Jung hatte die Zahl Neun als Lebensweg, die für Weisheit, Reife, Mitgefühl und Heilen steht. Hier setzt die Neun sich zusammen aus der Acht (gemäß dem 26.), die seine angeborene Autorität zeigt, der Sieben (Juli), die auf ein erfinderisches und neugieriges Wesen deutet, und der Drei (der reduzierten Summe von 1875), die ihm eine außergewöhnliche Sprachgewalt und die Fähigkeit zum schriftlichen Ausdruck verlieh.

Daran sollten Sie sich im Zusammenhang mit dem Lebensweg erinnern:
1. Auch wenn Ihre Lebenszahl der von jemand anderem entspricht, erklären Unterschiede in Tag, Monat oder Jahr Abweichungen zwischen dessen und Ihrer eigenen Einstellung.
2. Die Lehren Ihrer Monatzahl neigen dazu, Ihr Leben bis zu Ihrem 26. Lebensjahr zu beeinflussen, während die Lehren Ihrer Geburtstagszahl Sie etwa bis zum Alter von 56 Jahren beherrschen. Danach stehen Sie unter dem Zeichen Ihrer Jahreszahl.

Eins als Lebensweg

Schlüsselbegriffe

entschlossen	dynamisch
mutig	witzig
Führernatur	ungeduldig
ehrlich	innovativ
aktiv	

Als Eins werden Sie danach streben, sich selbst und Ihre Fähigkeiten zu entfalten. Sie sind ehrgeizig, was Sie dazu führt, sich zu behaupten und die Führung zu übernehmen. Ihr Erfolg rührt daher, daß Sie sich auf Ihre feine Intuition verlassen können. Sie reagieren empfindlich, wo es um Ihre Ehre geht, und haben wenig Geduld für Regeln. Sie erwarten von anderen, daß sie nach ihren eigenen Verhaltensregeln leben, wie Sie es schließlich auch tun. Sie warten nicht, sondern finden einen Weg, um anfangen zu können.

Wählerisch in Ihren Freundschaften, ziehen Sie die Gesellschaft von Menschen vor, die im Leben etwas erreicht haben oder außergewöhnliche Fähigkeiten aufweisen. Sie mögen schöne Dinge und kaufen Qualitätsprodukte. Der Status quo stellt Sie nur selten zufrieden, und Sie wissen, wie man Hindernisse überwindet. Für einen Einser ist nichts »unmöglich«.

Sie sind von Natur aus schlau. Hat man Sie ein oder zweimal übervorteilt, hinterläßt das bei Ihnen eine etwas skeptische, wenn nicht gar zynische Einstellung. Man rühmt Ihren trockenen Humor, der jedoch auch verletzend sein kann. Da Sie oft in eine Familie mit dominierenden Eltern hineingeboren wurden, ist Ihnen viel an Unabhängigkeit gelegen. Machtkämpfe mit Autoritätspersonen kommen häufig vor, solange Sie sich Ihres Wunsches zu dominieren nicht bewußt sind. Sie bewundern starke Menschen und bilden sich etwas auf Ihre Selbstgenügsamkeit ein. Sie fürchten sich nicht davor, sich dem Ungewöhnlichen zu verschreiben (sofern es Ihren Qualitätsansprüchen gerecht wird).

In die Enge getrieben oder bedroht, tendieren Sie zu Halsstarrigkeit (»So mache ich das nun einmal«), Arroganz (»Ich weiß schließlich, wovon ich rede«) oder Rechtfertigungen (»Was? Das habe ich nie gesagt«). Ihre schlechteste Eigenschaft ist wahrscheinlich Ihr Widerstand gegenüber allen neuen (besseren?) Ideen. Darüber hinaus wird Ihre Sucht nach Heldentum Ihnen viel unnötiges Leid bescheren. Ihr Leben *mag* Ihnen dramatisch und intensiv vorkommen, aber Sie machen es zweifelsohne so, um sich von einem positiveren Ausdruck abzuhalten.

Sie sind eine Führernatur, ein Beispiel für andere. Die Eltern von Kindern mit einer Eins als Lebenszahl sollten diese dazu anhalten, ihre eigenen Entscheidungen zu treffen und sich auf sich selbst zu verlassen, vor allem, wenn die im Januar oder im Oktober geboren wurden. Selbständige Arbeit ist für Einser schon fast eine Notwendigkeit.

Zwei als Lebensweg

Schlüsselbegriffe

kooperativ	Sammler
künstlerisch	Perfektionist
taktvoll	verständnisvoll
geduldig	scheu
selbstverleugnend	unentschlossen

Als Zwei sind Sie von Haus aus sensibel, analytisch und psychologisch veranlagt. Es liegt Ihnen sehr daran, wenigstens einen guten Freund zu haben, dem Sie Ihre Gefühle mitteilen können. Sie brauchen eine ruhige Atmosphäre, in der Schönheit und Geist herrschen. Es ist lebenswichtig für Sie, daß Sie einen Ehepartner finden, der sensibel ist und Ihre Gefühle teilt. Sie sind am glücklichsten, wenn Sie verheiratet oder einer Sache verschrieben sind, die in Ihrem Leben den Platz eines Ehepartners einnehmen kann.

Dementsprechend fällt Ihnen die unterstützende Rolle zu, in der Sie anderen zum Erfolg verhelfen. Sie neigen dazu, erst an andere und dann an sich selbst zu denken. Sie warten lieber, als einen Schritt zu wagen, und ziehen es vor, sich ruhig zu verhalten, bis die Umständen Sie zu einer Reaktion zwingen. Vielleicht kommt ein Teil Ihrer Schüchternheit daher, da Sie sich fürchten, etwas falsch zu machen und Aufmerksamkeit auf sich zu ziehen. Sie unternehmen die Dinge lieber gemeinsam mit anderen. Vielleicht hören Sie in sich eine starke innere Stimme (übernommen von einem dominierenden Erwachsenen aus Ihrer Kindheit), die Sie geißelt, Ihnen Dinge verbietet und Sie kritisiert. Es kann sein, daß Sie ängstlich und gehemmt sind und nicht auf eigenen Füßen stehen wollen. Wie oft haben Sie sich schon gewünscht, Sie hätten sich dazu verleiten lassen, der Stimme Ihrer Intuition gefolgt zu sein, wenn diese den richtigen Schritt gezeigt hatte, anstatt anzunehmen, die Meinung anderer sei der Ihren überlegen?

Andere bewundern Sie wegen Ihre Freundlichkeit, Zuverlässigkeit und Bereitschaft, sich um die Dinge zu kümmern. Sie können eher überzeugen als sich durchsetzen. Passen Sie auf, Ihre Neigung zu Pingeligkeit und Kritik nicht zu übertreiben. Falls Sie das Opfer kleinlicher Streitigkeiten und Sorgen sind, sollten Sie sich vielleicht fragen, ob Sie versuchen, die Kontrolle über eine Situation an sich zu reißen, der Sie sich ausgeliefert fühlen. Zweier müssen lernen mitzuteilen, was Sie brauchen, um nicht eine Opferrolle anzunehmen. Da Sie Angst davor haben, die Gefühle anderer Menschen zu verletzen (und so vielleicht ihren Zorn zu wecken), neigen Sie dazu, ihnen das zu sagen, was sie hören möchten.

Ihr Leben ist auf Gefühle ausgerichtet, und Sie werden viel Zeit in Beziehungen investieren. Als Kind werden Sie (vor allem, wenn Sie im Februar geboren wurden) oft unter mangelndem Selbstbewußtsein zu leiden haben, weil Sie sich selbst mit anderen vergleichen oder sich bescheiden, um so ein Geschwister oder einen Freund in Schutz zu nehmen.

Sie sind ein Vermittler und Friedensstifter und bringen Kontinuität, Zusammenarbeit, Wärme und Bestätigung in diese Welt.

Drei als Lebensweg

Schlüsselbegriffe

ausdrucksstark	fröhlich
gesellig	zerstreut
charmant	umgänglich
visionär	Spaßvogel
freundlich	vergnügungssüchtig

Sie können gut visualisieren und andere auf Möglichkeiten hinweisen. Sie haben ein offenes Herz und möchten, daß andere glücklich sind. Ein großer Freundeskreis sowie das Gefühl dazuzugehören sind ausschlaggebend für Ihr Wohlbefinden.

Sie lieben das Leben – Spaß und Spontaneität – und tragen dazu bei durch Ihnen Sinn fürs Dekorative und Lustige, durch Geschenke, Kreationen, Witze, Blumen, Farben, Spielsachen und Luxusartikel. Der Lebensstil und das Tempo der Unterhaltungsindustrie wären Ihr natürliches Umfeld.

Sie tendieren dazu, praktischen Dingen aus dem Weg zu gehen, es sei denn, Sie sähen darin einen direkten Nutzen für sich selbst oder andere. Möglicherweise schieben Sie die Dinge gerne vor sich hin, um im Augenblick zu leben. Sie haben die Gabe, andere überzeugen zu können und können sogar auf Ihre eigenen Argumente hereinfallen. Sie verschenken Ihren Besitz leicht, weil Sie wissen, daß mehr nachkommen wird. Im Geschäftsleben könnten Sie mit Ihrer sorglosen Art ernsthaftere Typen abschrecken. Das Pflegen gesellschaftlicher Kontakte trägt wesentlich zu Ihrem Erfolg bei. Vergessen Sie also nicht, die Beiträge für die Vereine und Netzwerke zu bezahlen, denen Sie angehören möchten.

Eltern eines Kindes mit einer Drei als Lebenszahl tun gut daran, seine Kreativität anzuerkennen und es für zu Ende geführte Projekte zu loben (besonders wenn das Kind im März oder im September Geburtstag hat). Eine feste, doch einfühlsame Hand trägt dazu bei, es zur Disziplin anzuhalten, während sie gleichzeitig die nötige Zeit für Tagträume und Spiele einräumt. Die lebhafte Phantasie der Drei kann zur Erfindung unsichtbarer Freunde und »Lügengeschichten« führen. Sie verfügt über viel Energie, ist äußerst lebendig und braucht Abwechslung und Anregung. Das erfolgreiche Beenden ist für eine Drei nicht der wichtigste Teil eines Projekts.

Im allgemeinen führt die Drei als Lebensweg zu einer positiven Ausdrucksweise und nimmt nur dort zur Negativität Zuflucht, wo der Humor verlorengeht oder Gelegenheiten durch mangelnde Beharrlichkeit nicht zustande gekommen sind. Befinden sich Dreier nicht im Lot, neigen sie dazu, zu viel zu reden, vergnügungssüchtig, wirklichkeitsfremd, unvorsichtig und liederlich zu sein. Sie reagieren überraschend empfindlich auf Kritik und neigen zu impulsiven Antworten, die ihnen später leid tun, aber gerne rationalisiert werden. Passen Sie auf, daß Sie nicht wegen Ihrer Eitelkeit oder Ihrem Egoismus in eine schlechte Position gelangen.

Als Naturtalent beim Flirten und als Romantiker genießen Sie es mehr, jemanden den Hof zu machen, als Sie die Verantwortung einer Ehe auf sich nehmen wollen. Sie sind großzügiger mit Ihrem Besitz als mit sich selbst. Es fällt Ihnen leicht, »mit dem Fluß« zu gehen, weil Ihre angeborene Medialität Sie meistens aus brenzligen Situationen herausführt, ohne Sie dabei Schaden leiden zu lassen.

Vier als Lebensweg

Schlüsselbegriffe

traditionsbewußt	bereit zu warten
konservativ	ruhig
verläßlich	aufrichtig
Organisationstalent	routiniert
diszipliniert	dickköpfig

Sie sind dafür bekannt, organisiert, praktisch und engagiert zu sein. Geduldig und aufopfernd, sind Sie ein treuer Freund. Wenn Sie anderen Menschen gerne helfen, so geschieht dies mehr aus einem Gefühl für Gerechtigkeit als aus Gefühlsduselei. Da Sie gut für andere sorgen können, sehen Sie nicht ein, warum jemand etwas missen sollte, was Sie mit ihm teilen könnten. Dennoch ist es Ihnen kaum ein Bedürfnis, Menschen zu unterstützen, die Ihnen nicht wichtig sind. Sie neigen dazu, einige wenige gute Freunde zu haben und nicht sehr viele Bekannte. Außenstehende mögen Sie für einen sehr ernsten Menschen halten, der sich nicht leicht öffnet.

Sie sind derjenige, auf den die anderen sich verlassen, und beziehen viel Befriedigung aus einer korrekt ausgeführten Arbeit, auch wenn Sie sich dabei auf Tätigkeiten einlassen, die nicht viel hergeben. Sie möchten die Kontrolle über Ihr Umfeld behalten und fühlen sich wohler bei der Arbeit, als Zeit für gesellschaftliche Anlässe zu »verschwenden«. Bei Ihrer Arbeit geben Sie sich mit weniger als idealen Umständen zufrieden, wenn Sie das Gefühl haben, daß Ihnen dadurch später Aufstiegsmöglichkeiten offenstehen werden, aber seien Sie nicht überrascht, wenn man Ihnen jemand Neuen als Vorgesetzten vor die Nase setzt.

Rigides Denken und Starrhalsigkeit sind Ihre schlimmsten Feinde. Es wäre ratsam, die Dinge gleich beim ersten Mal richtig zu lernen, weil Sie es nicht mögen, wenn man Ihnen später einen anderen oder besseren Weg beibringen will. Sie geben einen guten Angestellten ab und neigen dazu, ein strenger Vorgesetzter zu sein. Sie sind methodisch in Ihrer Arbeit und funktionieren am besten, wenn man Ihnen Ihr eigenes Tempo läßt. Es wird Ihnen oft gelingen, ein System oder einen Ablauf zu entwickeln, die es Ihnen erlauben, schneller mit der Arbeit fertig zu sein. Sie sind körperlich stark, verfügen über einen gesunden Menschenverstand und können logisch denken. Sie sind aufrichtig, pflichtbewußt und leben Ihr Leben entsprechend wohldefinierten Werten. Sie wollen das bekommen, was Sie wert sind, und ziehen Qualität vor. Ihre Kraft liegt in Ihrer Beharrlichkeit und Ihrer Fähigkeit, Probleme zu lösen.

Fünf als Lebensweg

Schlüsselbegriffe

unkonventionell	leutselig
aktiv	begeisterungsfähig
vielseitig	anziehend
kokett	impulsiv
getrieben	wettbewerbsorientiert
schlau	zärtlich

Sie sind fasziniert von den vielen verschiedenen Erfahrungen, die das Leben zu bieten hat. Neugierig und risikobereit (weil Sie Ihrer Fähigkeit vertrauen, sich an beinahe alles anpassen zu können) fühlen Sie sich von allem Neuen angezogen. Sie wollen nichts verpassen oder in Routinearbeit gefangen sein. Sie sind beweglich, ändern Ihre Meinung häufig und engagieren sich, solange Ihre Neugier nicht befriedigt ist. Diese Wankelmütigkeit wird Ihre Freunde dazu führen, sich kopfschüttelnd zu fragen, was Ihnen wohl als nächstes einfallen wird. Ernste und praktisch orientierte Menschen dürften Ihr Verhalten als oberflächlich einstufen, aber Ihr Charme und Ihre Begeisterungsfähigkeit bewahren Sie vor möglichen schlimmen Folgen. Effektiv sind Ihre Freunde froh, Sie zu kennen, und können es kaum abwarten, alles über Ihr jüngstes Abenteuer zu erfahren.

Sie lernen durch den Kontakt mit einer Vielfalt Menschen und dürfen damit rechnen, auch ungewöhnlichen Typen zu begegnen. Wenn Sie älter sind, werden Sie merken, welch merkurische Muster Ihr Leben beherrschten, wodurch Sie lernten, sich auf sich selbst zu verlassen und auch unter erschwerten Umständen auf beiden Füßen zu landen.

Sie sind von Natur aus auf Konkurrenz aus und packen die Gelegenheiten beim Schopf, die von vorsichtigeren Menschen übersehen werden. Eine Tendenz, von Ihrem Schicksal gelangweilt, ungeduldig oder
unzufrieden zu sein, verleitet Sie dazu, weiterzuziehen, die Vergangenheit hinter sich zu lassen und neu anzufangen. Andererseits kann Ihre
Intensität Sie dazu führen, sich so sehr für etwas zu engagieren, daß Sie
nicht mehr davon loskommen, sogar wenn es Ihnen schadet (daher die
Suchtneigung, die der Fünf oft nachgesagt wird). Sie haben einen Hang
zum Extremismus. Aktivität, Sport und gesundes Essen helfen Ihnen,
Ihrem unbewußten Hang zum Übertreiben entgegenzuwirken.

Es scheint nicht ratsam, jemanden zu heiraten, der sehr konventionelle Ziele verfolgt, es sei denn, Sie können viel Freiraum und Zeit für
sich selbst beanspruchen. Während die Vier sich in der Arbeit zu
verwirklichen sucht, sucht die Fünf oft in der Sexualität nach emotionaler Intensität. Sie sind nicht schüchtern und haben keine Mühe, Ihre
Meinung zu äußern. Im Gegenteil: Oft führen Ihre offenherzige
Bemerkungen zu Konfliktsituationen. Wahrscheinlich werden Sie noch
lange jugendlich aussehen.

Sechs als Lebensweg

Schlüsselbegriffe

häuslich	verläßlich
nährend	großzügig
Lehrer/Berater	treu
konventionell	entschlossen
moralistisch	kompromißbereit
sicherheitsorientiert	

Sie sind ein Idealist und müssen sich nützlich fühlen, um glücklich zu
sein. Ihre größten Beiträge sind Ihr Rat, Ihre Unterstützung und Ihre
Dienstfertigkeit. Ihre Entschlüsse sind von Ihren Gefühlen gefärbt. Sie
möchten, daß alle Menschen glücklich sind, und haben es nicht auf
egoistische Ziele abgesehen. Ihre Fähigkeit, für andere zu sorgen und
Ihnen Loyalität und Sicherheit zu bieten, führt zu einem verantwor-

tungsvollen und häuslichen Leben. (Es ist gut möglich, daß Sie anderen schon über mehrere Leben hinweg zu Diensten sind.) Es besteht eine gute Chance, daß Sie sich schon früh in Ihrem Leben um Ihre Geschwister oder später um Ihre Eltern kümmern müssen. Kommt in Ihrem Namen kein F, O oder X vor, heiraten Sie wahrscheinlich mehr als einmal.

Sie reisen gerne, kehren aber auch gerne wieder nach Hause zurück.

Im allgemeinen schaffen Sie sich Ihre Sicherheit und Ihren Komfort durch Ihre eigene harte Arbeit und indem Sie einen Partner aussuchen, der ebenso fleißig ist. Andererseits können Sie aber auch Beziehungen eingehen, in denen Sie der Retter sind oder die Verantwortung tragen für jemanden des anderen Geschlechts. Während die Vier Erfüllung in der Arbeit sucht und die Fünf es auf Abwechslung und Abenteuer abgesehen hat, liegt das unbewußte Ziel der Sechs darin, gebraucht zu werden. Dieses Gebrauchtwerden kann jedoch zu einer erschöpfenden Erfahrung ausufern, die Sie in der Rolle des Opfers gefangenhält. Nehmen wir zum Beispiel eine Frau, die ihren Mann oder ihre Kinder immer an erster Stelle setzt, oder den »guten Ehemann«, der sich sicht- und hörbar bis auf die Knochen schindet für das Wohl seiner Familie. Der Vorteil, ein Retter zu sein und sich zu »kümmern«, liegt jedoch darin, daß man ein Gefühl von Kontrolle hat. Sechser tun sich in der Gemeinschaft als Lehrer oder Trainer hervor. Das Leben ist ihnen gut, wenn es sich um das Heim, die Familie, den Garten, künstlerische Tätigkeiten, Komfort und Sicherheit dreht. Sie werden aufblühen in einer guten Ehe und leiden in einer solchen, in der ihre Ideale nicht zum Ausdruck kommen. Die Falle, in die sie gerne gehen, ist ihre Bereitschaft zu verurteilen. Oft sagen Sechser anderen, was sie ihrer Meinung nach tun »sollten«. Ihre Laufbahn dürfte sich im Dienstleistungssektor abspielen. Sechser ziehen es vor, konkurrierendes Verhalten den anderen zu überlassen.

Sechser arbeiten oft als Therapeuten und geben sich gerne mit künstlerischen oder musikalischen Hobbys ab.

Sieben als Lebensweg

Schlüsselbegriffe

ernsthaft	distanziert
spezialisiert	einsam
perfektionistisch	exzentrisch
elegant	geheimnisvoll
überlegen	gläubig
gut informiert	skeptisch
Denker	

Sie werden immer auf der Suche nach einem tieferen Lebensverständnis sein, wobei Sie sich meistens auf ein oder mehrere Spezialgebiete konzentrieren. Sie analysieren gerne und suchen nach dem versteckten Sinn. Sie können die Dinge nicht so akzeptieren, wie sie sich Ihnen offenbaren, und müssen sie dauernd hinterfragen, auch wenn es Ihnen persönlich gar nicht gefällt, wenn man Sie hinterfragt. Sie können gut beobachten, sind gerissen und manchmal zynisch; anderen erscheinen Sie gedankenvoll, wählerisch und außergewöhnlich. Sie verfügen über ein natürliches Talent, Tatsachen zu vermitteln und die Lage einzuschätzen.

Sie durchdenken die Dinge gut und lassen sich nicht von Ihren Gefühlen bestimmen (es sei denn, Sie verfügten an anderer Stelle in Ihrem Numeroskop über wichtige Dreier, Fünfer oder Sechser). Es kann sogar sein, daß Sie kalt, distanziert oder abwesend auf andere wirken. Vielleicht sind Sie wie ein zerstreuter Professor oder erscheinen wie ein distinguierter Gentleman oder eine elegante Dame, ganz der Kenner oder die Kennerin.

Es kann auch sein, daß Sie ein Techniker sind, der sich der Forschung verschreibt und im stillen Kämmerlein auf seinem Spezialgebiet tätig ist. Andererseits könnten Sie Ihre Energien auch in die Entwicklung einer spirituellen Tätigkeit wie Naturarzt, Astrologe oder Lehrer stecken. Gleich, welches Gebiet es Ihnen angetan hat, Sie werden ein Experte sein. Sie interessieren sich weniger für Produkte als für Konzepte.

Ihr Leben wird sich nicht um materiellen Gewinn drehen, obschon Siebener durch ihr Expertentum Geld anziehen. Wenn dieses Geld sich nur langsam einstellt, kann es sein, daß Sie eine egoistische oder elitäre Haltung zeigen, die den Wünschen und Bedürfnissen anderer nicht Rechnung trägt. Es kann aber auch sein, daß Ihr Produkt noch nicht ausgereift ist. Die Resultate Ihrer Bemühungen zeigen sich meistens erst nach einiger Zeit. Schlußendlich kann Ihr erklärtes Ziel oder Ihre Sache nicht so viel hergeben als irgendein überraschender Nebeneffekt.

Das Zweitbeste oder eine Imitation wird von Ihnen nicht akzeptiert (vor allem, wenn ihre Schicksalszahl eine Eins, Sieben, Acht oder Neun ist). Sie passen sich nicht leicht der Masse an und werden es vielmehr vorziehen, relativ isoliert zu arbeiten, wo Sie Ihr Umfeld unter Kontrolle haben. Sie wissen sich auf sich selbst zu verlassen, fühlen sich in Ihrer eigenen Gesellschaft wohl und leben vielleicht lieber allein. Für jemanden, der sich viel Gesellschaft wünscht, könnten Sie ein schwieriger Partner sein. Sie leben gerne an einem ruhigen Ort und lieben die Natur und die Tierwelt. Es besteht die Neigung, peinlichst auf Nahrung und Gesundheit zu achten. Sie akzeptieren das, was das Leben Ihnen zu bieten hat, mit Gleichmut und können sogar ziemlich stoisch sein. Ihr Selbstwertgefühl wurzelt mehr in der erfolgreichen Entwicklung Ihrer Ideen als in gefühlsmäßigen Bindungen.

Acht als Lebensweg

Schlüsselbegriffe

stark	professionell
Führungskraft	direkt
Geld	meisterhaft
entschlossen	gutes Urteilsvermögen
Autorität	Problemlöser

Der Lebensweg der Acht verleiht Ihnen eine betonte Fähigkeit, die Umstände zu beherrschen und im Leben wichtige Dinge zu erreichen. Ihr Erfolg stammt von der Arbeit an einem Ziel oder für eine Sache und von Ihrer ausgezeichneten Fähigkeit, Hindernisse zu überwinden. Sie erfassen intuitiv den Gesamtplan, wissen instinktiv, wie er zu verwirklichen ist, und delegieren die Aufgaben an diejenigen, die sie am besten ausführen können. Ihr Lebensweg führt Sie auf den Weg der materiellen Welt der Errungenschaften und des Gewinns (im Gegensatz, zum Beispiel, zum ätherischen Lebensweg der Siebener). Sie wissen, wo der Schuh drückt, wobei Sie direkt, heftig und zielgerichtet an die Lösung herangehen. Wahrheit und Gerechtigkeit sind Ihre Anliegen. Da Sie sich mit dem Charakter anderer gut auskennen, wissen Sie jeden Menschen praktisch sofort richtig einzuschätzen. Weil Sie über ein angeborenes Talent für Psychologie verfügen, neigen Sie dazu, Menschen objektiv zu sehen und sich nicht durch persönliche Gefühle ablenken zu lassen.

Haben Sie als Frau die Acht als Lebensweg, wird es Ihnen ein Bedürfnis sein, sich durch eine Karriere oder freiwillige Arbeit auszudrücken. Sogar zu Hause führen Sie den Haushalt mit viel Autorität. Vielleicht wünschten sich Ihre Eltern einen Jungen, und Sie wuchsen deshalb mit dem unbewußten Wunsch auf, ihre männliche Seite unter Beweis zu stellen. Sie sind stark, durchsetzungsfähig und wettbewerbsorientiert.

Als Acht haben Sie es auf die Führungsrolle abgesehen und werden immer Wege finden, Machtstrukturen zu manipulieren. Aus diesem Grund ziehen Sie Organisationen, Institutionen, Großfirmen und die Verwaltung an. Sie sind da, um – gleich in welcher Lage – für Ausgleich, die richtige Verwendung von Geldern und für wichtige Bereiche zu sorgen, wo objektive Entscheidungen anstehen. Sie können erwarten, an führender Stelle oder als Unternehmer gebraucht zu werden.

Als junger Mensch waren Sie wahrscheinlich wegen Ihrer unbändigen Energie oder Ihrer Zielstrebigkeit bekannt (vor allem, falls Sie im August, Oktober oder Januar geboren wurden). Vielleicht wurden Ihnen wichtige Pflichten übertragen, die Ihren Charakter entwickelten, und dadurch schufen Sie ein Selbstbild von sich als einen Menschen, der nie jemanden im Stich läßt. Gleich auf welchem Gebiet, Ihnen wird Verantwortung übertragen, und Sie sollten damit so weit wie möglich vorangehen. Achter sind oft Akademiker, doch auch ohne Titel sind sie Meister in allem, was sie unternehmen.

Neun als Lebensweg

Schlüsselbegriffe

nachdenklich	tolerant
weise	mitfühlend
intuitiv	dramatisch
religiös	glücklich
Liebhaber	alles oder nichts

Befinden Sie sich auf dem Lebensweg der Neun, haben Sie sich durch alle Erfahrungen der anderen Zahlen hindurchentwickelt – entlang dem materiellen Erfolg der Acht zum Beispiel –, bis Sie zu der spirituellen Einsicht gelangten, daß dieses Leben lediglich Teil eines größeren Ganzen ist. Der Lebensweg der Neun deutet auf Vollendung, Integration, Wissen und Verständnis. Das Ziel Ihres Lebens besteht darin, seinen Sinn zu ergründen und Ihr Verständnis an andere weiterzugeben – sofern diese willens sind zu lernen. Ihnen liegt allerdings nicht daran, ob sie hören wollen oder nicht (im Gegenteil zur Sechs). Dieser Weg wird Sie zu einer vollständigen Erfahrung führen und von Ihnen verlangen, daß Sie sämtlichen Gesellschaftsschichten begegnen und sich einer Vielfalt von Gebieten zuwenden.

Mit dem Lebensweg der Neun verfügen Sie über eine reife Seele, die alle Lehren vergangener Leben integriert hat. Sie wissen bereits, was Weisheit und Toleranz bedeuten, und sind ein aufgeschlossener Mensch. Ihr Weg ist der des Heilers; Engstirnigkeit und Heuchelei sind Ihre Schatten.

Wahrscheinlich werden Sie ein äußerst dramatisches Leben führen, das voller Leidenschaft ist. Ihre Intensität stammt von der Macht der Neun. Die Macht, die von der »breiten Masse« oder einer Menschenmenge ausgeht, kann von Ihnen kanalisiert werden. Die allgemeine Richtung Ihres Lebens ist dazu angelegt, Sie von Ihren persönlichen und intimen Verpflichtungen zu lösen, daher könnten Sie Probleme mit Ehen haben, die Sie zu sehr einengen oder Ihrer Leidenschaft für das Leben im Weg stehen. Vielleicht sind Sie die Art Mensch, der eine Runde ausgibt, dabei vergißt, wie spät es ist, und erst um vier Uhr morgens nach Hause kommt, oder aber Sie finden den Heimweg nicht, weil Sie einem Freund in Not beistehen müssen. Sie sind zu allen gleich großzügig. Obwohl Sie also der geborene Menschenfreund sind, ist Ihre Gattin oder Ihr Gatte damit vielleicht nicht so einverstanden.

Die alltägliche Wirklichkeit wird Ihren Idealismus auf die Probe stellen, und Sie werden dadurch vielleicht zynisch oder bitter. Ihre Lehre besteht darin, über die Kleinlichkeiten des Lebens hinwegzusehen. Wie mit einer Sieben als Lebensweg haben Sie es mit höheren Einsichten zu tun – in sich selbst, in andere und in die gütige Fülle des Kosmos. Wenn das Leben Sie zwingt, etwas »loszulassen«, stehen Sie wieder auf, erholen sich und machen weiter. Sie haben Glück. Die expansive Neun ermöglicht Ihnen, Extreme zu erfahren, sei es nun im Gefühlsleben oder in punkto Glück. Himmelhoch jauchzend, zu Tode betrübt, könnte man von Ihnen manchmal sagen. Je größer Ihre Weisheit, desto weniger werden Sie von diesen Stürmen erschüttert.

Eine Neun als Lebensweg deutet auf Macht, doch spricht sie auch von Loslassen, und es kann deshalb sein, daß Sie sich nur wenig aus materiellen Errungenschaften machen. Dieser Lebensweg findet sich in allen Berufen und Gesellschaftsschichten. Viele Neuner leiden an Unentschlossenheit und einem Gefühl von Verwirrung, das vielleicht dem unbewußten Wunsch zu verdanken ist, sich nicht durch eine bestimmte Wahl einzuschränken. Im Zustand der Unentschlossenheit ist eben alles möglich.

Elf als Lebensweg

Schlüsselbegriffe

inspirierend	berühmt
poetisch	weiblich
romantisch	passiv
verfeinert	intensiv
schöngeistig	exzentrisch

Eine Elf als Lebensweg wird nicht einfach auf eine einstellige Zahl reduziert, da es sich dabei um eine Meisterzahl handelt, die auf die Notwendigkeit hinweist, ein spirituelles Verständnis des Lebens zu entwickeln. Deshalb wird eine Elf nicht so sehr *produzieren* als *übermit-*

teln, sei es durch Kunst, Dichtung, Theater, Religion, Esoterik oder Psychologie. Ihre innere Wirklichkeit kann Ihnen mehr bedeuten als das, was in der »wirklichen Welt« vor sich geht. Als Elf werden Sie die offenbarenden und exzentrischen Aspekte Ihres Wesens pflegen, die den Beschränkungen der Wirklichkeit unterliegen (was nicht unbedingt schlecht sein muß). Wird ein innerer Archetyp ignoriert (wie zum Beispiel Idealismus, höheres Bewußtsein, Dichtung oder Phantasie) begehrt dieser auf und kann die Kontrolle über einen Menschen erlangen (daher der Aspekt des Fanatismus). Manchmal werden Sie eine ungewöhnlich intensive Energie zu Ihrer Verfügung haben.

Die Meisterzahlen sind Prüfungszahlen, die oft eine besondere Angst hervorrufen, immer sein Bestes zu tun oder eine Mission erfüllen zu müssen.

Das Bedürfnis, das, was Ihnen geschieht, zu verstehen, führt Sie dazu, Ereignisse zu analysieren und Verbindungen auf der psychischen Ebene festzustellen. Die Interpretation dieser Botschaften kann Ihnen das Gefühl verleihen, daß Sie gleichzeitig auf zwei Ebenen leben – der abstrakten (wo Einzelheiten als Vorzeichen eine folgenschwere Bedeutung haben) und der normalen (wo Einzelheiten trivial und behindernd scheinen).

Es ist kein leichter Weg, was das emotionale Gleichgewicht anbelangt. Vielleicht schwanken Sie oft zwischen Unsicherheit, Angst, Sensibilität und einer Tendenz, die Eigenschaften der reduzierten Zwei oder aber der eifrigen, leidenschaftlichen Elf zu übernehmen. Ihre Aufgabe ist es, anderen ein Beispiel zu sein und gemäß Ihren Idealen zu leben. Deshalb stehen Sie häufig im Rampenlicht. Sie sind der Visionär, der Erneuerer. Vertrauen Sie Ihrer Intuition und seien Sie sich einem Hang zum Elitären bewußt. Es ist sehr wichtig für Sie, daß Sie in einem ästhetisch ausgerichteten Umfeld arbeiten, wo Sie gemäß Ihrem eigenen Tempo arbeiten können. Beziehungen dürften Ihnen nicht leicht fallen, da Sie sehr viel von Ihrem Partner erwarten. Elfer sind weniger kompromißbereit als Zweier. Da Sie so viel von sich selbst erwarten, könnten Sie zur Depression neigen, wenn Sie nichts »Besonderes« erreichen. Seien Sie sich Ihrer Stimmungsschwankungen von Hoch zu Tief bewußt.

Zweiundzwanzig als Lebensweg

Schlüsselbegriffe

meisterhaft	Experte
kompetent	ehrlich
visionär	strebsam
praktisch	rational
effizient	Führer

Mit der Zweiundzwanzig als Lebensweg werden Sie immer einen Weg finden, Ihre Ideale in die Praxis umzusetzen. Sie verfügen über alle Kompetenz, Zuverlässigkeit und Beharrlichkeit der Vier (Ihrer reduzierten Zahl), doch funktionieren Sie am besten von einer inspirierten Warte aus. Sie genießen die Gelegenheit, überholte Systeme zu erneuern, sie zu verbessern, zu erweitern und zu entwickeln. Da die Meisterzahlen (11, 22 und 33) Prüfungszahlen sind, werden Sie wahrscheinlich vielen Hindernissen begegnen, bis Sie Ihr Ziel erreichen. Dennoch führen diese Sie dazu, tiefer zu forschen und nachzudenken, bis Sie den Vorteil einer anderen Annäherungsweise gefunden haben.

Sie sind seriös und loyal und unterstützen Ihre Nächsten sowie Ihre Gemeinschaft. Sie spüren, daß der einzelne Großes bewirken kann, und könnten sich demnach der Politik oder einer anderen Funktion des öffentlichen Lebens verschreiben (zum Beispiel Filme- oder Dokumentarfilmemacher, Redner). Wie der Lebensweg der Elf empfinden Sie tief, doch lassen Sie sich nicht auf Träume ein, die Sie von Ihrer Umwelt isolieren.

Statt dessen konzentrieren Sie sich darauf, die Fakten zu sammeln und die Fähigkeiten zu erlangen, die Sie für Ihre Aufgabe brauchen. Sie wissen, daß Sie viel erreichen können, und es fehlt Ihnen nur selten an Antrieb und Energie. Für weniger fähige Menschen bringen Sie nicht so viel Geduld auf, denn Sie jagen Ihrem Traum von dem nach, was Sie wollen und können. Sie sind der geborene Planer und Macher. Ihre beste Arbeit leisten Sie, wenn Sie viele verschiedene Elemente in einem großen Projekt vereinen können.

Genau wie die Elf haben Sie manchmal das Gefühl, Sie würden auf zwei Ebenen gleichzeitig operieren – der langsamen, alltäglichen und der inspirierten, wo alles möglich scheint. Eine Zweiundzwanzig kann schon früh gezwungen sein, viele verschiedene Aufgaben zu übernehmen. Dabei kommt es Ihnen zunächst so vor, als kämen Sie nirgends hin, was Sie entmutigt. Die vor Ihnen liegenden Hindernisse erscheinen Ihnen unüberwindlich, doch mit der Zeit entwickeln Sie ein Gefühl für Ihre eigene Kompetenz und erlangen durch die gemachten Erfahrungen auch Selbstvertrauen. Als Zweiundzwanzig haben Sie die Gelegenheit zu zeigen, was in Ihnen steckt.

Ihre reduzierte Vier (2 + 2) macht Sie sehr naturverbunden. Es kann auch sein, daß Sie gerne mit Ihren Händen arbeiten oder bauen. Sie geben einen guten Ehepartner, Freund oder Chef ab, auch wenn Sie als letzterer nur schwer zufriedenzustellen sein dürften. Sie sind eine ausgezeichnete Führungskraft und sollten kompetente Leute um sich versammeln, damit Sie Ihre großen Ziele erreichen. (Niemand schafft es ganz allein, nicht einmal Sie.) Sie gehen nur nach eingehender Betrachtung Risiken ein. Versuchen Sie, keine Abkürzungen zu nehmen, und lassen Sie sich nicht auf Betrüger ein.

Es ist Ihre Aufgabe zu reformieren, zu verbessern und zu leisten. Sie sind anderen ein Vorbild.

KAPITEL 4

Schicksal und Verwirklichung

> Was ist mein Lebensziel?
> Welche Tätigkeit bringt mir den größsten Erfolg?
> Welche Richtung schlage ich am besten ein?
> Was wird meine größte Errungenschaft sein?

Ihre Schicksalszahl beschreibt, zu welcher Leistung Sie geboren wurden – Ihre Aufgabe oder das Ziel, das Sie erreichen sollen. Ihre Möglichkeiten, Ihre Umgebung und Ihre inneren Ressourcen stehen in direktem Zusammenhang mit Ihrer Schicksalszahl. Sie zeigt Ihnen, was Sie zu tun haben.

Die Schicksalszahl wird von den reduzierten Summen Ihrer Namen abgeleitet. Es ist wichtig, sich daran zu erinnern, daß Ihr Schicksal der Bereich ist, der untersucht, ausgeschöpft und entwickelt werden muß, damit Ihre Seele fortschreiten kann. Ihr Vorname enthält Ihre persönliche Lehre, Ihr zweiter oder mittlerer Name spricht von versteckten Fähigkeiten, die Sie nicht bewußt zu entwickeln trachten (oder die Ihnen nicht passen) und ihr Nachname enthält die Eigenschaften, die Ihrer ganzen Familie zu eigen sind.

So berechnen Sie Ihre Schicksalszahl

1. Falls Sie das nicht bereits getan haben, tragen Sie jetzt Ihren vollständigen Geburtsnamen in den dafür vorgesehenen Platz auf Ihrem Numeroskop ein, das Sie hinten im Buch heraustrennen können. (Fragen zur Schreibweise Ihres Namens oder dazu, welchen Namen Sie verwenden sollen, werden in Kapitel 1 besprochen.)
2. Setzen Sie unter jeden Buchstaben dessen Zahlenwert, wie in der Umrechnungstabelle angegeben.

3. Zählen Sie die Zahlenwerte jedes Buchstabens zusammen, um zu der Summe für jeden Namen zu gelangen. Dann addieren Sie diese Summe.
4. Reduzieren Sie diese Summe auf eine Zahl.
Zum Beispiel: Mutter Teresas ursprünglicher Name lautet Gonxha Agnes Bojaxhiu.

MUTTER TERESA
GONXHA AGNES BOJAXHIU
33 = 6   19 = 1   36 = 9
6 + 1 + 9 = 16 = 7
1 + 6 = 7

Ihre Schicksalszahl ist die Sieben, die Zahl der Spiritualität, des tiefen Lebensverständnisses und des Engagements für eine religiöse Suche.

Die Verwirklichungszahl

Die Frage: »Was wird meine größte Errungenschaft sein?« wird von Ihrer Verwirklichungszahl beantwortet. Sie unterscheidet sich von Ihrer Schicksalszahl, weil sie beschreibt, was Sie erreichen werden in bezug auf *wer Sie sind* (Lebensweg) und *welche Gelegenheiten sich Ihnen bieten werden* (Schicksal). Der Einfluß der Verwirklichungszahl macht sich mit zunehmendem Alter geltend.

So berechnen Sie Ihre Verwirklichungszahl

Um Ihre Verwirklichungszahl zu finden, brauchen Sie nur Ihre Lebenszahl und Ihre Schicksalszahl zu addieren und die Summe auf eine einstellige Zahl zu reduzieren (mit Ausnahme der karmischen und der Meisterzahlen – siehe Kapitel 1). Tragen Sie diese Zahl in Ihr Numeroskop ein.
Zum Beispiel: Mutter Teresas ursprünglicher Name verlieh ihr die Sieben als Schicksalszahl.

Ihr Geburtsdatum, der 26. August, 1910, verlieh ihr die Neun als Lebensweg.

7 + 9 = 16
1 + 6 = 7 als Verwirklichung

Die Verwirklichungszahl Mutter Teresas ist die Sieben, die ihre geistige Suche begünstigte. Das heißt, je mehr eine Persönlichkeit wie Mutter Teresa reift, desto mehr wird sie auf das innere Wesen eines Menschen schauen statt auf seine äußere Erscheinung.

Die Beziehung zwischen Schicksal und Lebensweg ist so wichtig, daß unmittelbar auf die Beschreibung der Schicksalszahl eine Beschreibung jeder möglichen Kombination folgt. Zum Beispiel ergibt eine Eins als Schicksalszahl zusammen mit einer Zwei als Lebensweg eine Drei als Verwirklichungszahl und so weiter. Wenn Ihre Lebens- und Ihre Schicksalszahl übereinstimmen, sind Sie offensichtlich ideal dazu ausgerüstet, Ihr Lebensziel zu erreichen, und der Erfolg dürfte leicht zu Ihnen kommen.

Unterstützung Ihrer Schicksalszahl durch individuelle Buchstaben (Ihre Stärken)

Die einzelnen Buchstaben Ihres Namens helfen Ihnen dabei, Ihre gesamthafte Schicksalszahl zu verwirklichen. Das Vorhandensein oder Fehlen einzelner Buchstaben in einem gewissen Bereich zeigt Ihnen, über welche Stärken Sie verfügen oder welche Fähigkeiten Sie sich bewußt aneignen müssen.

Der Name Laurie Simons ergibt zum Beispiel die Zwei als Schicksalszahl, doch sind durch die fehlenden B, K oder T keine Zweier unter den einzelnen Buchstaben. Deshalb ist es Lauries Aufgabe, als Friedensstifterin und Vermittlerin aufzutreten, doch könnte sie ohne Zweier-Buchstaben das Gefühl haben, daß ihr die Fähigkeit fehlt, geduldig zuhören zu können. Vielleicht ist es ihr möglich, in einer Arbeitssituation bewußt mit anderen zusammenzuarbeiten, aber dürfte es ihr zu Hause schwerfallen, eine harmonische Stimmung aufrechtzuerhalten.

Ein weiteres Beispiel wäre jemand mit einer Acht als Schicksalszahl, dem es an den Buchstaben H, Q und Z mangelt (alles Achter). Dieser Mensch wird irgendwann in seinem Leben anderen vorstehen, Entscheidungen treffen und mit Geld umgehen müssen, doch könnte es ihm an Selbstvertrauen mangeln. Deshalb wird es ihm auf die eine oder andere Art an dem für eine Acht als Schicksalszahl sprichwörtlichen Urteilsvermögen fehlen. (Für weitere Informationen hierzu verweise ich Sie auf Kapitel 8, »Die Bestandteile Ihres Namens«.)

Unterstützung durch den Einfluß der Höhepunkte
Weitere Unterstützung für Ihre Schicksalszahl ergibt sich möglicherweise aus dem einen oder anderen Ihrer Höhepunkte, den vier Zahlen, die über die vier Phasen Ihres Lebens herrschen. Entspricht einer dieser Höhepunkte Ihrer Schicksalszahl, wird die entsprechende Zeitspanne sehr günstig verlaufen, und Sie werden hinsichtlich Ihrer Lebensaufgabe bestimmt einiges erreichen und wichtige Fortschritte machen. (Für weitere Informationen siehe Kapitel 10, »Die Höhepunkte«.)

Eins als Schicksalszahl

Beträgt die Summe der Zahlen in Ihrem Namen eins, läßt sich Ihre Lebensart wie folgt beschreiben:

unabhängig	erfinderisch
bestimmt	kopflastig
originell	stark
schnell	grundsätzlich

Ihre Lebensaufgabe dreht sich um die Anleitung anderer, um Richtungsgebung und das Schaffen von Ordnung. Sie dienen als Vorbild für andere und wissen instinktiv, daß Sie sich anstrengen müssen, da Sie durch Ihre eigenen Bemühungen zum Erfolg gelangen.

Sie arbeiten am besten allein, genießen jedoch das Zusammenspiel Ihrer Ideen mit denen von Menschen, die Sie als Gleichgestellte betrachten. Haben Sie das Gefühl, andere seien nicht so qualifiziert oder so schnell wie Sie, übergehen Sie deren Entscheidungen und machen alles, um Ihre eigenen Ideen durchzusetzen. Sie möchten, daß andere Ihre Originalität anerkennen und sich Ihnen unterordnen. In einer Beziehung sind Sie der stärkere von beiden, es sei denn, Sie fänden jemand, der genauso stark und talentiert ist wie Sie, in welchem Fall Sie gerne zuhören und lernen. Während Sie sich sehr für Gerechtigkeit interessieren, erwarten Sie nicht viel von gewöhnlichen Menschen oder konventionellen Einrichtungen.

Wenn Sie unter Druck stehen, neigen Sie dazu, kritisch zu sein und die Nachteile vor den Vorteilen zu sehen. Es kann Ihnen eine etwas zynische Einstellung anhaften; Ihr Humor reicht von witzig bis sarkastisch.

Sie schreiben Ihre Ideen gerne auf, skizzieren sie und kommen zum Punkt. Ihre Methode geht dahin, anzuleiten und zu delegieren, weil Ihnen Einzelheiten nicht zusagen und Sie mehr erreichen können, wenn andere für Sie arbeiten. Ausschüsse mögen Sie nicht, da Sie sie als Zeitverschwendung empfinden, die Energie verwässern. Da Sie nicht wettbewerbsorientiert denken, ziehen Sie es vor, sich selbst zu Ihren eigenen Bedingungen zu verbessern. Ihre Integrität, Ihr Ehrgefühl und Ihr Stolz könnten kaum größer sein.

Es ist Ihr Schicksal, die bestehende Ordnung aufzubrechen und ein Bilderstürmer zu sein. Sie rebellieren von Natur aus gegen alles Überlieferte.

Sie identifizieren sich mit Anfängen, Zukunftsplänen, modernen Entwürfen, sauberen Linien, Einfachheit und allem Hochtechnischen. Sie hassen Verzögerungen und kreieren oft Hindernisse, um Ihre Grenzen und Ihre Erholungsfähigkeit auszuloten.

Unausgeglichen, verspannt oder im Widerstand: Sie sind stur, faul, egoistisch, dominierend, ungeduldig, kritisch und rücksichtslos, wobei Sie Ihren selbstgeschaffenen, hochtrabenden Weg bis zum bitteren Ende gehen.

Karriere/Berufung/Geschäft/Talent: Für Sie kommt eine selbständige Tätigkeit in Frage. Müssen Sie für andere arbeiten, werden Sie eine Kaderposition anstreben, in der Sie Einfluß auf andere ausüben, planen und anleiten. Gute Gelegenheiten bieten sich Ihnen als Designer, in der Literatur (Verlagswesen, Werbung, Öffentlichkeitsarbeit), als Lehrer (neue Konzepte für die Zukunft), Erfinder, Forscher oder Pionier. Sie sind risikofreudig und mutig und verfügen über einen starken Gerechtigkeitssinn. Jeder Beruf, in dem Voraussicht geschätzt wird, kommt für Sie in Frage, zum Beispiel Architekt (vor allem, wenn die Vier in Ihrem Numeroskop prominent vertreten ist), Rechtsanwalt, Politiker, Psychiater, Chirurg, Hersteller, Lieferant, Inspektor, Personalchef, Direktor, Modeschöpfer, Koch, Geschäftsführer, Stylist, Unterhalter (der Star). In Ihrem Bereich geht es um die Avantgarde, die vorderste Front, neue Ideen, Forschung oder praktische Macht und Befehlsgewalt.

Ängste und Hoffnungen: Sie hoffen und erwarten, der Erste, Beste, Größte und Schnellste zu sein. Manchmal möchten Sie, daß man Sie in Ruhe läßt. Der Eindruck, den Sie auf die Welt machen, ist Ihnen sehr wichtig.

Sie haben davor Angst, einsam zu sein, an zweiter Stelle zu kommen, überrundet zu werden oder in Routinearbeit steckenzubleiben. Nichts wäre Ihnen mehr zuwider, als würde man Sie für einen Faulpelz, Aufschneider oder Lügner halten.

Sie können alles stehenlassen aus Angst, eine gute Gelegenheit zu verpassen, und fürchten sich davor, die Kontrolle zu verlieren.

Eheleben: Sie brauchen das Gefühl, der Stärkere zu sein oder mit jemandem zusammenzusein, der eindeutig mit Ihrer Energie und Ihrem Schwung mithalten kann. Sie sind meistens in Ihrer Arbeit versunken und nicht pingelig in häuslichen Angelegenheiten. Sie dürften ein gleichgültiger Vater sein – es sei denn, Ihr Kind zeigt eine besondere Begabung oder viel Talent. Gefühlsduselei liegt Ihnen nicht, doch sind Sie manchmal außergewöhnlich romantisch, weil Sie einfach alles perfekt machen müssen. Ihre abrupten Manieren, Ihr Sarkasmus und Ihre Tendenz, des Teufels Advokat zu spielen (Teil Ihrer Lebensaufgabe) kann andere irritieren. Sie verfügen über ein sicheres Stilgefühl und sind äußerst loyal. Auf den leisesten Vorwurf oder andere Beanstandungen Ihres Partners reagieren Sie überempfindlich.

Die Verwirklichungszahl

Ihre Verwirklichungszahl sagt etwas über Ihre Leistungen aus. Sie kommt zustande durch das Addieren Ihrer Lebens- und Ihrer Schicksalzahl. Am besten stellen Sie sich Ihre Verwirklichungszahl als eine

Kombination aus Ihrem Wesen (Lebensweg) und Ihrer Lebensaufgabe (Schicksalszahl) vor, wobei diese beiden Einflüsse einander ergänzen. Die Auswirkungen Ihrer Verwirklichungszahl machen sich erst im mittleren Alter oder im späteren Leben bemerkbar.

Eins als Schicksalszahl + Eins als Lebensweg = Zwei als Verwirklichung

Eine äußerst starke Kombination, um auf einem beruflichen Gebiet intensive Anstrengungen zu unternehmen. Sie mögen künstlerisches Talent haben, doch können Sie auf jedem Gebiet glänzen, wo Intuition, schnelle Entscheidungen, hohe Qualitätsansprüche und/oder Innovation gefragt sind. Der Erfolg ist Ihnen beinahe garantiert sicher, doch wird Ihr blinder Fleck sein zu wissen, wann Sie aufhören und auf die wertvollen Beiträge anderer hören müssen. Ihr Leben gleicht einer Bergbesteigung – entschlossen überwinden Sie ein Hindernis nach dem anderen, damit Sie den Gipfel erreichen und sich in exklusiver Gesellschaft aufhalten können. Ihr Beruf ist Ihre Berufung. Zwei Partnerschaften mit starken Menschen sind angesagt. Mit zunehmender Reife lernen Sie Bescheidenheit und Geduld.

Eins als Schicksalszahl + Zwei als Lebensweg = Drei als Verwirklichung

Offensichtlich besteht hier ein Konflikt zwischen zwei Richtungen, der in den Zahlen selbst angelegt ist. Die Ansprüche, die die Eins an Ihre ruhige und wenig konfrontationsbereite Seite stellt, sorgen für mehr Streß, da das Leben Sie vor Probleme stellt, die Sie zu lösen haben, wodurch Sie aus Ihrer Reserve gelockt werden. Sie werden sich vielleicht oft fragen: »Warum ich?« Dennoch sind Sie dazu ausersehen, sich dem Leben auf sensible und einsichtsvolle Art zu nähern und dabei einige faszinierende Erfahrungen zu machen. Dabei steht Ihre Person im Vordergrund, und Sie müssen Risiken auf sich nehmen, denen Sie sich nicht so leicht entziehen können. Ihre Herzenswunschzahl (siehe Kapitel 5) wird viel damit zu tun haben, wie Sie mit den Herausforderung der Eins als Schicksalszahl umgehen. Vielleicht entscheiden Sie sich für eine Karriere (Karriere trifft viel mehr zu als Arbeit), die es Ihnen erlaubt, als Teil eines Teams zu glänzen; Architektur wäre passend. Als Frau könnten Sie Chirurgin oder Designerin werden. Ihr Nachdruck liegt auf Qualität und Zeitgefühl. Ihre Arbeit hält sich im

Bereich des Analytischen und Untersuchenden. Das mittlere Alter bringt ein Nachlassen finanzieller Schwierigkeiten mit sich sowie eine größere Ausdrucksfreiheit, wobei Sie sich weniger Gedanken darüber machen, was andere von Ihnen denken. Vielleicht werden Sie mit Ihrem künstlerischen Hobby doch noch Geld verdienen!

Eins als Schicksalszahl + Drei als Lebensweg = Vier als Verwirklichung
Mit einer Eins all Schicksalszahl wird diese Kombination ziemlich sicher das Rampenlicht suchen und im Mittelpunkt stehen wollen. Sie kann sehr erfolgreich sein im Verkauf oder in verwandten Gebieten, wo es um Öffentlichkeitsarbeit oder Unterhaltung geht. Es gibt nichts, von dem Sie das Gefühl hätten, Sie könnten es nicht erreichen. Was Sie tun, tun Sie richtig und wird Ihnen auch Geld bringen. Sie können sehr ehrgeizig sein und sogar zu dem Gefühl neigen, daß das Ziel die Mittel heiligt. Ihr Sinn für Humor ist sehr ausgeprägt, kann allerdings sehr verletzend sein. Auch wenn Sie offensichtlich auf die Welt gekommen sind, um Kapitän eines Luxusdampfers zu sein, können Sie sich von Tätigkeiten angezogen fühlen wie Buschpilot, Puppenmacher, die Frau eines reichen Mannes zu sein, Kantinenwirtin, Grafiker, Bühnenbildner, Farbtherapeut, Schauspieler, Unterhaltungskünstler, Barman oder -frau.

Im späteren Leben werden Sie auf einige wichtige und bleibende Leistungen zurückschauen können und feststellen, daß Sie konservativer geworden sind.

Eins als Schicksalszahl + Vier als Lebensweg = Fünf als Verwirklichung
Diese zwei Zahlen ergänzen sich gut, solange Sie in einem Beruf arbeiten, wo Sie die Zukunft gestalten helfen, Werte auf praktische Weise einschätzen, Monumente errichten oder Systeme verbessern. Architekt, Schiffsbauer, Ingenieur, Mathematiklehrer, Landvermesser, Forschungsreisender, Geologe, Rechtsanwalt, Kunstschreiner, – was immer Sie unternehmen, wird Reformen, mehr Organisation, Inspiration und Führung nach sich ziehen. Sie leben gemäß Ihren Prinzipien und messen der Erfahrung mehr Bedeutung zu als der Theorie. Später werden Sie gerne reisen, um sich dadurch in anderen Kreisen zu bewegen. Auch sind Sie dann offener für ausgefallene Ideen und experimentierfreudiger.

Eins als Schicksalszahl + Fünf als Lebensweg = Sechs als Verwirklichung

Während viel Gutes in dieser Kombination steckt, besteht auch die Tendenz, sich in der Aufregung endloser Neuanfänge zu verlieren, statt Projekte zu beenden. Als geborener Pfadfinder eignen Sie sich bestens dazu, anderen den Weg zu ebnen und vorzuzeichnen. Sie brauchen Abwechslung und Bewegung, Geschwindigkeit und Risiko in allem, was Sie tun. Sie wären ein ausgezeichneter Verkäufer von Luxusautos oder Jachten, solange Sie sie nur oft genug probefahren oder segeln dürfen! In Ihrer Jugend fühlen Sie sich vielleicht von der Politik angezogen, da Sie noch von der idealistischen Seite der Eins aus operieren, doch Ihre Ungeduld hinsichtlich der Geschwindigkeit, mit der Ihrer Meinung nach die Dinge zu geschehen haben, wird Sie bald enttäuschen. Sie haben ein großes Bedürfnis danach, in Ihrer Arbeit als Person zu glänzen und andere für sich einzunehmen. Sie sind der geselligste unter den Einser-Schicksalen, abgesehen von der Drei. Ihre gesamten Bestrebungen richten sich danach, neues Leben in Projekte einfließen zu lassen. In Zeiten der Not verfügen Sie über eine ungewöhnliche Fähigkeit, wieder auf beiden Füßen zu landen und sich überzeugend aus jedem Problem herauszureden. Sie brauchen einen Partner, der gerne reist. In späteren Jahren nehmen Familie und Freunde einen größeren Platz in Ihrem Leben ein. Dann fühlen Sie sich vielleicht von einer Aufgabe als Lehrer, Coach oder Stütze Ihrer Gemeinde angezogen.

Eins als Schicksalszahl + Sechs als Lebensweg = Sieben als Verwirklichung

Diese Kombination birgt einmalige Chancen, um als Lehrer ein Pionier zu sein. Die Sechs als Lebensweg zeigt, daß Sie sich eignen, um mit Gruppen und Gemeinschaften zu arbeiten. Ihr Verantwortungssinn ist so gut entwickelt, daß Sie unermüdlich danach streben, ausgediente Systeme zu erneuern, die den Fortschritt behindern. Sie sind eine treue Seele, ebenso mutig wie praktisch, und sie werden ein Reich für Ihre Familie aufbauen, das ihr als Basis dient. Ihr Beitrag liegt auf dem Gebiet des Designs oder der Forschung. Bei passender Gelegenheit könnte aus Ihnen ein guter Sänger, Architekt oder Modeschöpfer werden. Da bei Ihrem Lebensweg Reisen in ferne Länder im Vordergrund stehen, wählen Sie vielleicht auch den Beruf des Reisejournalisten oder Sie bringen unterentwickelten Ländern neue landwirtschaftliche Methoden. Dieser Kombination haftet eine Erdverbundenheit an, die Sie möglicherweise sogar von einem Leben als Cowboy träumen läßt. Mit der Eins als Schicksalszahl werden Sie immer glänzen wollen, gleich, was Sie tun, wobei Ihre fürsorgliche, verantwortungsbewußte Sechs Ihnen zum Erfolg verhilft. Es besteht jedoch ein Konflikt zwischen Ihrem Wunsch nach engen Familienbanden (Sechs als Lebensweg) und der ständigen Möglichkeit oder dem Bedürfnis, die eigenen Karriereaussichten voll auszuschöpfen. Sie müssen lernen, auf Ihr Herz zu hören, wobei die Sieben als Verwirklichungszahl Ihnen zeigen kann, was es heißt, Vertrauen zu haben, und Sie auch auf Ihr Bedürfnis nach Alleinsein aufmerksam macht. Mit fortschreitendem Alter interessieren Sie sich weniger für öffentliche Anerkennung und werden vermehrt zum Einzelgänger.

Eins als Schicksalszahl + Sieben als Lebensweg = Acht als Verwirklichung
Eine sehr faszinierende Kombination, da sowohl Siebener als auch Einser als Einzelgänger gelten. In Ihrem Innern findet immer irgendein Kreuzzug statt. Ihren Qualitätsanspruchen kann sozusagen niemand gerecht werden. Sie werden Ihren Beitrag auf dem Gebiet der technischen Erneuerung, wissenschaftlichen Leistung, reinen Forschung, historischen Analyse oder medizinischer Verfeinerung leisten. Sie täten gut daran, sich vor Augen zu halten, daß Ihre Ideen anderen Menschen ungewöhnlich vorkommen mögen und von ihnen oft so lange nicht akzeptiert werden, bis Sie aufzeigen können, wie sie sich in bereits Bestehendem integrieren lassen. Ihre Karriere dürfte Ihnen mehr Befriedigung verschaffen als Ihre persönlichen Beziehungen, wo Sie dazu neigen, einen inneren Abstand zu schaffen. Zweifelsohne werden Ihnen mit fortschreitendem Alter Macht, Anerkennung und Respekt für Ihre Leistungen zuteil. Als älterer Mensch werden Sie rigide und streng und haben immer weniger Zeit für »Belanglosigkeiten«.

Eins als Schicksalszahl + Acht als Lebensweg = Neun als Verwirklichung
Dieser Kombination ist Erfolg beschieden. Sie unterstehen den beiden stärksten Zahlen in der Numerologie, und wenn Ihnen die nötigen

Ressourcen zur Verfügung stehen, werden Sie es in Ihrem Beruf weit bringen. Ob in der Finanzwelt, als Rechtsanwalt, Leiter einer großen Firma, als Börsen- oder Grundstücksmakler, Chirurg, Zeitungsverleger oder Profisportler, Sie sind am richtigen Ort. Wahrscheinlich werden Sie schon früh im Leben entscheiden, welche Karriere am vielversprechendsten ist, und Ihr Ziel beharrlich verfolgen. Ihre hohen Erwartungen werden Sie allerdings belasten und auch Ihren Partner auf die Probe stellen, der Ihre langen Arbeitsstunden in Kauf nehmen muß. Wahrscheinlich werden Sie bei Fragen der Gerechtigkeit und Fairness immer empfindlich reagieren, gleich welche Laufbahn Sie einschlagen. Nur wenige werden sich Ihnen in den Weg stellen. Gleich welche Rolle Sie gewählt haben, ist Ihnen im späteren Leben der Respekt Ihrer Mitmenschen sicher. Sie werden immer über ein reifes und ausgewogenes Urteilsvermögen verfügen. Vielleicht wird aus Ihnen sogar ein Richter, der Direktor eines Hilfswerks oder ein philanthropischer Geschäftsmann. Auch im Alter werden Sie noch das Gefühl haben, es gelte die Welt zu erobern und daß Sie »gerade erst beginnen«.

Eins als Schicksalszahl + Neun als Lebensweg = Eins als Verwirklichung

Diese wunderbare Kombination verleiht jeder Beschäftigung die Intuition der höheren Seinsebenen. In diesem Leben haben Sie gewählt, sich auf einen einzigen Bereich zu konzentrieren, und sich einem humanistischen Ziel mit reformistischen Zügen verschrieben. Auch bei weniger anspruchsvollen Aufgaben dürften Sie immer Aufmerksamkeit erregen. Bei allem, was Sie tun, verfügen Sie über ein besonderes Verständnis dessen, was die richtige Vorgehensweise ist, und gehen unbeirrbar auf Ihr Ziel und Ihre Prioritäten los. Fühlen Sie sich verwirrt (was Neunern oft passiert), brauchen Sie nur um innere Führung zu bitten, und es wird sich Ihnen einen Weg zeigen. Mit Ihren natürlichen Fähigkeiten werden Sie es auch ohne Ausbildung weit bringen, wobei historische und künstlerische Kenntnisse Ihnen sehr nützlich sein könnten. Geld verdienen steht bei Ihnen nicht an erster Stelle, doch lieben Sie den Luxus, obschon Sie auch mit einem einfachen Leben zufrieden wären. Sie altern außergewöhnlich gut und könnten sogar in fortgeschrittenem Alter eine neue Karriere beginnen, weil Sie ein besonderes Talent entwickeln, dessen Sie sich in Ihrer

Jugend nicht bewußt waren. Ihre Ideen sind sehr fortschrittlich. Auch im Alter verfügen Sie über viel Energie, was aus Ihnen einen offenen und direkten Menschen machen wird.

Eins als Schicksalszahl + Elf als Lebensweg = Drei als Verwirklichung

Auch wenn Sie nicht danach streben, könnten Sie dank dieser Kombination berühmt werden. Diese beiden Zahlen verleihen Ihnen ein erhöhtes Bewußtsein Ihrer Handlungsweise, wobei in Ihrem Bereich durchaus Platz für Kreativität ist. Eine phantastische Zahl für einen Schauspieler oder eine Schauspielerin. Es kann sein, daß Sie auf den »Mann auf der Straße« herabsehen und sich durch Ihre große Schönheit oder Ihr Talent von anderen abheben. Mit der Reife kommt ein Bedürfnis nach Selbstausdruck, doch könnte es sich dabei vielmehr um ein Hobby handeln als um einen Beruf (da Sie wahrscheinlich nicht werden arbeiten müssen). Es besteht eine Neigung, sich die Zeit mit Geselligkeit zu vertreiben: Sie hängen dauernd am Telefon oder stehen vor dem Spiegel und sind anderen gegenüber zu kritisch.

Eins als Schicksalszahl + Zweiundzwanzig als Lebensweg = Fünf als Verwirklichung

Hier haben wir es mit einer außergewöhnlichen Kombination für Leistungen auf der praktischen Ebene des Bauens, Planens, Systemdesigns oder Produzierens zu tun. Vielleicht werden Sie Filmproduzent, Landschaftsplaner oder ... Verkehrspolizist! Ihren Erfolg verdanken Sie Ihrer Gründlichkeit, Ihrer Aufmerksamkeit gegenüber Einzelheiten und Ihren innovativen Reformen. Falls Sie verlieren, dann gleich richtig!

Wenn Sie älter sind, leiten Sie wohlmöglich ein Werk oder eine Firma mit Verbindungen nach Übersee. Es kann auch sein, daß Sie gewählt haben, den Großteil Ihrer Energien für ein Geschäft einzusetzen, das Sie anderen hinterlassen wollen, deren Mentor Sie gewesen sind. Sie werden sich allerdings nicht früh zur Ruhe setzen wollen.

Zwei als Schicksalszahl

Beträgt die Summe der Zahlen in Ihrem Namen zwei, läßt sich Ihre Lebensart wie folgt beschreiben:

empfindsam	künstlerisch
schönheitsliebend	freundlich
unterstützend	ruhig
unscheinbar	Zuhörer
diplomatisch	

Wahrscheinlich schätzen Sie Ihre Beziehungen zu anderen Menschen über allem anderen, und Ihr Selbstwertgefühl sowie Ihr Gefühl von persönlichem Erfolg hängen davon ab, wie andere auf Sie reagieren. Meistens sehen diese Sie als »nett« (und wahrscheinlich auch »ruhig«).

Ihnen liegt an Schönheit, und so sind Sie vielleicht selbst ein Künstler. Vielleicht bringen Sie auch Menschen für ein gemeinsames Ziel zusammen. Sie gehen weniger bestimmt und entschieden an das Leben heran als zum Beispiel die Eins und werden Erfolg haben durch Ihre Überzeugungskraft, durch Takt und Warten auf den richtigen Augenblick. Als Mann verfügen Sie über eine gut entwickelte weibliche Seite und sind vielleicht so etwas wie ein Softie.

Sie können Gedanken lesen und wissen, was andere motiviert. Diese Zahl eignet sich für eine Karriere als Schauspielerin (vor allem, wenn sie sich von der Elf ableitet). Sie können nur mit jemandem glücklich werden, den Sie respektieren, denn Ihr Selbstwert hängt stark mit dem Bild zusammen, das der Partner projiziert. Sie neigen dazu, Ihre Partnerschaften an erster Stelle zu setzen. Kommt die Zwei in Ihrem Numeroskop häufig vor, könnten Sie zur Bisexualität neigen oder sich stark für feministische Fragen engagieren.

Sie sind kein störrischer Mensch, es sei denn, man provoziert Sie, bis Sie explodieren. Zweier kümmern sich um Dinge, achten auf Einzelheiten, analysieren, korrigieren und sorgen sich. Ihr Selbstwertgefühl ist oft nicht sehr stark ausgeprägt, weshalb sie ihre besten Eigenschaften gerne vergessen und sich mit anderen Zahlen vergleichen, die ihnen stärker oder bestimmter vorkommen mögen.

Sie sind glücklich in Berufen, wo im allgemeinen keine sofortigen Entscheidungen verlangt werden, weil Sie lieber erst nachdenken, ehe Sie handeln. Weil Sie beide Seiten eines Problems sehen können oder der Meinung anderer mehr Wert beimessen als Ihrer eigenen, fühlen Sie sich oft hin- und hergerissen.

Unausgeglichen, verspannt oder im Widerstand: Sie sind introvertiert, launisch, leicht verletzt, pessimistisch, sentimental und nachtragend. Ständig lassen Sie alle Ihre Mängel Revue passieren, denken an das, was Sie gestern Verkehrtes sagten, schmeicheln anderen zu sehr, damit sie Sie mögen, und sind vor Angst ganz apathisch. Kommen in Ihrem Numeroskop nicht entschlossenere Zahlen vor, könnten Sie unter Anfällen von Depression leiden und vor der Wirklichkeit fliehen. Unter Streß oder im Umgang mit Ihnen an Bildung oder Schneid überlegenen Menschen machen Sie keine gute Figur. Hüten Sie sich davor, alles zu kritisieren oder billigen Mist zu sammeln.

Karriere/Berufung/Geschäft/Talent: Weil Sie einen analytischen Verstand haben, vorsichtig sind, auf Einzelheiten achten und gut organisieren können, kommen für Sie folgende Berufe im Frage: Sekretärin, Buchführer, Statistiker, Steuerberater, Archivar, Bibliothekar, Beamter, Papierwarenhändler, Kosmetikerin, Kunstsammler, Museumsdirektor, Dichter, Landschaftskünstler, Gärtner, Biograph, Psychologe, Fremdenführer, Importeur, Koch, Serviererin oder Musiker (vor allem Schlagzeuger). Wenn Sie an anderer Stelle in Ihrem Numeroskop über eine hervorragende Vier oder Sieben verfügen, käme auch eine Arbeit am Computer in Frage.

Ängste und Hoffnungen: Sie hoffen, alles werde sich für alle Betroffenen zum Besten wenden. Ihre Angst ist Ihre größte Herausforderung, wobei Sie sich gegen Entscheidungen und Angelegenheiten sorgen, die außerhalb Ihrer Kontrolle liegen. Vielleicht haben Sie Angst, alles sei »Ihre Schuld« und sind deshalb nervös, unsicher und wenig belastbar. Es kann auch sein, daß Sie sich sorgen, weil Sie wenig originell und zu verschwommen sind und nichts auf die Reihe kriegen, wenn Ihnen nicht jemand dabei hilft. Es ist sogar möglich, daß Sie Angst davor haben, Ihre wahren Gefühle auszudrücken, was aus Ihnen einen Heuchler macht.

Eheleben. Sie sind der geborene Partner, können sich an andere anpassen und ein schönes Heim schaffen. Allerdings können Sie andere zur Weißglut bringen mit Ihrer Pingeligkeit in puncto Sauberkeit und Ordnung oder durch Ihre Langsamkeit. Zweier verlieren sich gerne im Detail. Im allgemeinen gehen Sie Streit um jeden Preis aus dem Weg und müssen daran arbeiten, klar zu kommunizieren. Sie brauchen einen Partner, der Ihnen Stabilität, Zärtlichkeit und Nähe bietet. Bleiben Sie im Kontakt mit Ihren Problemen (auch mit denen, die Sie am liebsten wegrationalisieren würden), damit Sie nicht eine Klageliste ansammeln, von dem Ihr Partner nicht einmal weiß, daß es sie gibt, bis Sie sie ihm plötzlich alles auf einmal um die Ohren hauen. Sie sind grundsätzlich ein liebevoller, gebender und teilender Mensch, der hart daran arbeitet, das Gleichgewicht zu bewahren. Partnerschaften sollten Ihnen dabei helfen, Ihre Ängste und Sorgen loszulassen.

Die Verwirklichungszahl

Ihre Verwirklichungszahl sagt etwas über Ihre Leistungen aus. Sie kommt zustande durch das Addieren Ihrer Lebens- und Ihrer Schicksalszahl. Am besten stellen Sie sich Ihre Verwirklichungszahl als eine Kombination aus Ihrem Wesen (Lebensweg) und Ihrer Lebensaufgabe (Schicksalszahl) vor, wobei diese beiden Einflüsse einander ergänzen. Die Auswirkungen Ihrer Verwirklichungszahl machen sich erst im mittleren Alter oder im späteren Leben bemerkbar.

Zwei als Schicksalszahl + Eins als Lebensweg = Drei als Verwirklichung
Hier tritt ein grundsätzlicher Widerspruch zutage, da die Eins meistens die Führung an sich reißt. Sie müssen sich vergewissern, daß die von Ihnen gewählte Laufbahn Ihnen die Gelegenheit gibt, etwas zu leisten und befördert zu werden. Erfolg winkt auf technischen Gebieten, die Einsicht, Geduld und innovatives Denken verlangen. Physiotherapeut, Coach, Lektor, Innenarchitekt oder Grafiker und selbständiger Buchhalter sind alles Berufe, die zu Ihrer Zahl passen. Es kann sein, daß Sie für Ihre scharfe Zunge bekannt sind oder als jemand, der Geschmack hat und daß Sie als reiferer Mensch das Leben mehr genießen und einen sicheren Freundeskreis um sich versammelt haben. Es ist wahr-

scheinlich, daß Sie dann mehr kreative Arbeit übernehmen und öffentlich reden werden. Freuen Sie sich darauf, daß Ihre finanziellen Probleme nachlassen werden, indem Sie schon früh im Leben klug investieren, wozu Sie durchaus in der Lage sind.

Zwei als Schicksalszahl + Zwei als Lebensweg = Vier als Verwirklichung

Erfolg ist angesagt, wo immer Schicksal- und Lebenszahl dieselbe sind. Am besten suchen Sie sich einen Beruf aus, der es Ihnen erlaubt, zusammen mit anderen für eine gute Sache zu arbeiten. Andere mögliche Bereiche sind das Theater, Musik, Ballett, Fotografie, Therapie oder Gymnastik (Ihr Zeitgefühl ist perfekt). Bei Ihrer Arbeit können persönliche Interaktionen im Vordergrund stehen, wobei Partnerschaften sehr wahrscheinlich sind. Falls Sie nicht heiraten, dürften Sie sich einer gerechten Sache verschreiben. Mit dieser Kombination besteht nicht so viel Antrieb, weltliche Ziele zu verwirklichen, und Sie fühlen sich reich, wenn Sie viele gute Freunde haben. Ihr Ziel im Leben ist es, emotional mit anderen zu kommunizieren. Isolieren Sie sich nicht, und investieren Sie nur in nichtspekulative Bereiche, da Sie ein sicheres und regelmäßiges Einkommen brauchen. Mit zunehmendem Alter neigen Sie dazu, immer konservativer zu werden und nicht viel Geduld für die jüngere Generation aufzubringen. Vielleicht machen Sie sich Sorgen wegen Ihrer Gesundheit, verfügen jedoch über viel Widerstandskraft.

Zwei als Schicksalszahl + Drei als Lebensweg = Fünf als Verwirklichung

Ihre Kombination zeugt von einer relativ leichten und unkomplizierten Lebenseinstellung, wobei der Freundschaft der Vorrang gegeben wird, jedoch mehr auf gesellschaftlicher als auf Gefühlsebene. Sie arbeiten gerne mit den verschiedensten Menschen zusammen und werden wegen Ihres großen Humors geschätzt sowie als ein Mensch, der einem Bedürftigen sein letztes Hemd schenken würde. Sie lassen die Dinge auf sich zukommen und machen sich nicht all zu viele Gedanken wegen einer Karriere, sondern nehmen die Gelegenheiten wahr, die sich Ihnen bieten. Es besteht eine Tendenz, seine Energien zu verzetteln. Es empfiehlt sich eine kreative Tätigkeit als Florist, Privatsekretär, Musiker, Autor romantischer Romane oder aber eine Anstellung als Kindermädchen, Taxifahrer, Serviererin oder Verkäufer. Sie erhalten bis ins hohe Alter Ihr jugendliches Aussehen und werden von Ihren weniger schwungvollen Freunden vielleicht als »ewiger Jüngling« bzw. »ewiger Backfisch« geneckt. Sie sind der Typ, der eine Nilfahrt macht oder sich in den Dschungel vorwagt – und ausführlich darüber berichtet, wenn er wieder zu Hause ist. Ideal wäre, wenn Sie im späteren Leben eines Reisekolumne schreiben könnten.

Zwei als Schicksalszahl + Vier als Lebensweg = Sechs als Verwirklichung

Sie haben gewählt, Ihr Leben der Arbeit zu verschreiben, und zwar meistens in unterstützender Funktion. Als äußerst praktische Zahlen werden die Zwei und die Vier als Kombination kaum Risiken eingehen. Bei der Wahl eines Berufs steht die Sicherheit an erster Stelle. Sie fühlen sich wohl als Angestellter einer Versicherung, Bank oder Wäscherei, als Kunsthandwerker, in der Motorradwartung, als Kindergärtnerin und in jedem handwerklichen Beruf. Wegen Ihres Hangs, die Stelle nicht zu wechseln, sollten Sie ein paar Bereiche finden, die Sie entwickeln können. Da Sie im Alter nicht als Narr dastehen wollen, haben Sie ein schönes Nest für sich gebaut und werden dort so lange wie möglich ausharren. Sie haben eindeutige Meinungen über die Jugend und ihre Fehler und geben eine/n phantastische/n Oma/Opa oder Lehrer/in ab. Sie verlassen sich sehr auf Ihre Erfahrungen als Beweis für das, was Sie sagen. Versuchen Sie, nicht zu sehr in der Vergangenheit zu leben, wenn dies dazu führt, daß Sie sich wegen etwas schuldig fühlen, das Sie hätten tun können.

Zwei als Schicksalszahl + Fünf als Lebensweg = Sieben als Verwirklichung

Diese Kombination wird Ihre Gefühlswelt ab und zu auf den Kopf stellen. Während die Zwei als Schicksalszahl gerne regelmäßig mit anderen zusammenarbeitet, sucht Ihr Wesen als Sieben immer nach offenen Türen. Sie können sehr ungeduldig sein mit den langsamen, schwerfälligen Typen, die oft im Lebensbereich der Zwei anzutreffen sind, und müssen lernen, diplomatisch und kooperativ vorzugehen – Eigenschaften, an denen es Ihnen in Ihren eigenen Augen mangelt! Eine Arbeit im Dienstleistungssektor wie Steward bei einer Luftlinie, selbständiger Treuhänder, Schauspieler oder Jockey dürfte Sie anziehen. Sie haben Mühe, lange genug bei einer Arbeit oder in der Schule zu bleiben, um eine Materie zu beherrschen. Dennoch scheinen Sie zu wissen, wie Sie an genau die Informationen kommen, die Sie brauchen, um Sie geeignet erscheinen zu lassen für beinahe jede Arbeit im öffentlichen Dienst. Mit fortschreitendem Alter entwickeln Sie viele ungewöhnliche sexuelle Vorlieben. Ihre Lebenserfahrungen, abwechslungsreich und unvorhersehbar, wie Sie nun mal sein werden, führen Sie dazu, über den Sinn des Lebens nachzudenken. Mit zunehmender Reife werden Sie sich von einer weltlichen Sicht der Dinge einem inneren Bewußtsein zuwenden. Es wäre ratsam, wenn Sie sich mit den Lehren oder der Suche spiritueller Menschen auseinandersetzen oder solchen begegnen würden. Es kann sein, daß Sie eines Tages alles verlieren, um Ihr Leben auf völlig andere Weise wieder aufzubauen.

Zwei als Schicksalszahl + Sechs als Lebensweg = Acht als Verwirklichung

Eine harmonische Kombination, falls es Ihr Ziel ist zu dienen. Aus Ihnen wird ein idealer, wenn auch konventioneller Elternteil. Berufe, die für Sie in Frage kommen, sind der des Trainers, Lehrers (auf jeder Stufe vom Kindergarten bis zum Gymnasium) und Lebensberaters. Eine Stelle als Schulpsychologe wäre ideal. Sie sind ein außergewöhnlich warmherziger und liebevoller Mensch, der nicht arbeitet, um Geld anzuhäufen, sondern zum größeren Allgemeinwohl beitragen will. Sie werden sich wohler fühlen in Berufen, die eine feste Anstellung und Zusatzleistungen bieten und wo Sie keine Risiken einzugehen brauchen. Da Sie fähig sind, sich auch an weniger günstige Umstände anzupassen, werden Sie immer Arbeit finden. Schuld- und Angstgefühle sind Ihre größten Feinde. In reiferem Alter werden Sie ein bequemes Umfeld und Anerkennung für Ihre Leistungen genießen (auch wenn Sie das Gefühl haben, Sie hätten mehr leisten können). Sie sind ein respektiertes Mitglied Ihrer Gemeinschaft. Im Alter werden Sie zu festgefahrenen Meinungen neigen und sollten sich davor hüten, andere zu verurteilen.

Zwei als Schicksalszahl + Sieben als Lebensweg = Neun als Verwirklichung

Mit dieser Kombination haftet Ihnen etwas Kauziges an. Sie sind sehr heikel und halten fast zu viel Innenschau. Ihr diagnostischer Instinkt ist hochentwickelt, was Sie möglicherweise einer therapeutischen Arbeit zuführen wird, vor allem mit erwachsenen Neurotikern. Vielleicht entwickeln Sie eine starke Abneigung gegenüber einer gewissen Sorte von Menschen und möchten nicht in einer großen, lauten Firma arbeiten. Es kann sein, daß Sie homosexuelle Tendenzen haben. Sie sind sehr wählerisch, was Ihre Freunde anbelangt, und diskutieren gerne über Kunst, Geschichte, medizinische Erfindungen, Theater und andere intellektuelle Themen. Als anspruchsvoller Esser lesen Sie vielleicht lieber während den Mahlzeiten, als daß Sie die Gesellschaft anderer genießen. Sie neigen dazu, sich nicht auf Konkurrenzkämpfe einzulassen, doch hegen Sie nichtsdestotrotz einen Groll gegenüber Menschen, die schicker sind als Sie oder vor Ihnen befördert werden. Mit zunehmendem Alter nehmen Sie es ruhiger und stellen fest, daß viele Dinge, von denen Sie zuvor sehr eingenommen waren, Sie nicht länger interessieren. Wurde Ihr Glauben an die Menschheit erschüttert, sind Sie möglicherweise ein Atheist. Die Entwicklung, die Ihnen am meisten bringt, kommt mit dem Alter. Sie täten gut daran, zynische Tendenzen zu überwinden und sich ein großzügiges Denken anzugewöhnen. Vielleicht werden Sie feststellen, daß Geld Ihnen nicht sehr viel bedeutet. Es kann sein, daß eine bestimmte Erfahrung Ihnen materielle Verluste zufügt, doch wird Sie Ihnen auch ein Gefühl für den tieferen Sinn der Lebens geben.

Zwei als Schicksalszahl + Acht als Lebensweg = Eins als Verwirklichung

Dieser Kombination ist eine besondere Dynamik zu eigen wegen der Kraft der Acht in bezug auf die Zwei. Sie gehen zielstrebig und qualitätsbewußt an jedes Projekt heran. Gleich, was Sie unternehmen, Sie werden immer etwas leisten, doch mit der Zwei als Ihrer Schicksalszahl müssen Sie sich vielleicht Ihre eigenen Gelegenheiten schaffen. Sie könnten viel Erfolg haben als Direktor einer Versicherung oder eines Treuhandbüros, als Errichter öffentlicher Gebäude oder als Direktor einer Theatergruppe. Sie herrschen gerne mit eiserner Faust, verfügen jedoch über die große Gabe, anderen zuhören zu können, was Ihnen deren Mitarbeit sichert. Sie könnten alles, was Sie unternehmen, mit den Eigenschaften eines Meisterhandwerkers angehen, doch macht Ihnen die mangelnde Umsicht in Ihrer Umgebung zu schaffen. Ihre Lebensaufgabe besteht darin, die Dinge akzeptieren zu lernen. Ihr dringendes Bedürfnis, Ihre bescheidenen Anfänge hinter sich zu lassen, kann Sie dazu führen, im späteren Leben ein neues Geschäft zu beginnen oder ein neues Talent zu entwickeln. Wenn Ihnen daran liegt, werden Sie aufregende neue Möglichkeiten finden, um »von vorne« anzufangen. Gleich, welche Rolle Sie wählen, Sie werden sich darin hervortun.

Zwei als Schicksalszahl + Neun als Lebensweg = Elf als Verwirklichung
Ihre Kombination wird nicht vom Wunsch nach Berühmtheit oder Geld angetrieben, und dennoch könnten Sie durch Ihre Arbeit zu beidem gelangen. Als Pfarrer, Professor der Theologie, Semantik, Geschichte, Psychologie oder Medizin könnten Sie es weit bringen. Vielleicht entscheiden Sie sich für ein selbstloses Leben.

Ihrer Arbeit haftet etwas von einer Mission an, auch wenn sie nicht diesen Anschein erweckt. Vielleicht sind Sie eine alte Seele und auf der Welt, um alte Beziehungsprobleme zu lösen. Gleich, was Sie tun, Sie bringen anderen Weisheit, Tiefe, Wärme und Trost. Mit zunehmendem Alter entwickeln Sie Charisma und beinahe ein inneres Leuchten. Man wird Sie bitten, öffentlich zu sprechen oder Ihr Wissen mit anderen zu teilen. Es kann sein, daß Ihre Gesundheit zu wünschen übrig läßt, weshalb Sie lange Spaziergänge an der frischen Luft und weg von Menschenmassen unternehmen und viel Getreide und Gemüse essen sollten. Im späteren Leben dürften Sie eine Inspiration für andere sein.

Zwei als Schicksalszahl + Elf als Lebensweg = Vier als Verwirklichung
Hier handelt es sich um eine inspirierte Kombination, die zur Berühmtheit oder einem extrem nervösen Temperament mit einem Hang zur Hochstapelei führen könnte. Mit der Intensität der Meisterzahl Elf und der Schicksalszahl Zwei bieten sich Ihnen Gelegenheiten in der Kunst, Religion, Psychologie oder in der Buchhaltung und Büroarbeit. Als Frau sind Sie vielleicht ganz besonders weiblich. Man sieht Sie als

gefühlsbetont und künstlerisch. Im späteren Leben entstehen Probleme in der Familie, und es kann sein, daß Ihr finanzielles Bild nicht so sicher aussieht, wie Sie es gerne hätten, doch werden Sie bei Ihren Freunden und in Ihrer Familie immer die zuverlässige und liebevolle Unterstützung finden, die Sie brauchen. Sie werden lernen, beharrlich zu sein.

Zwei als Schicksalszahl + Zweiundzwanzig als Lebensweg = Sechs als Verwirklichung
Sie sind ein Perfektionist und erwarten große Leistungen, was Sie von Ihrer Umgebung entfremden mag. Sie sind der geborene Manager, doch könnten Sie sich zu sehr für Ihre Arbeit engagieren (wodurch Ihr Partner das Gefühl hat, Sie seien unterbezahlt). Mit zunehmender Reife entwickeln Sie viel Familiensinn. Ohne eigene Familie dürften Sie sich einem humanitären Hilfswerk anschließen, daß sich den Nöten der Armen annimmt. Zweifelsohne wird man Sie in der zweiten Lebenshälfte auch darum bitten, Leute auszubilden und anzulernen, wobei man Ihren Rat sehr schätzt. Zu diesem Zeitpunkt ist Ihr soziales Gewissen sehr ausgeprägt, und Sie wären gut beraten, Ihre wertvollen Energie gemeinnützigen Organisationen zur Verfügung zu stellen.

Drei als Schicksalszahl

Beträgt die Summe der Zahlen in Ihrem Namen drei, läßt sich Ihre Lebensart wie folgt beschreiben:

optimistisch	lustig
phantasievoll	überzeugend
kreativ	dramatisch
leutselig	großzügig

Ihre Beiträge an die Welt sind Kreativität und Begeisterung. Es ist Ihnen gegeben, Bilder zu schöpfen (seien diese nun verbal oder grafisch), was anderen Menschen erlaubt, an Ihren Ideen teilzuhaben. Sie bringen Freude und Freundlichkeit ins Leben. Ihre umgängliche

Einstellung dürfte der Grund für Ihre Beliebtheit sein, und Sie ziehen damit sowohl Freunde als auch Verehrer an. Ihre Freunde sind Ihr größtes Kapital sowie Ihre Zuflucht. Die Drei versteht das Leben zu genießen und spontane Gelegenheiten zu ergreifen.

Drei ist auch die Zahl der Synthese. Es liegt an Ihnen, die verschiedenen Elemente zu versammeln, die die Menschen um Sie herum verändern und motivieren. Sie haben wahrscheinlich vielerlei Talente und müssen aus diesem Grund aufpassen, daß Sie sich nicht zu sehr verzetteln. Da Sie dazu neigen, für die Lust an der Freude zu leben, für sofortige Befriedigung, dürfte es wichtig für Sie sein zu lernen, Ihre große Lebenslust zu bändigen und in Bahnen allgemeinen Wohlbefindens und Ausgeglichenheit zu leiten. Ihre Energie erlaubt es Ihnen, sich leicht von Krankheiten zu erholen und ein ungewöhnlich gesundes Leben zu genießen.

Sie ziehen es vor, die Ausführung, der Einzelheiten eines Projekts anderen zu überlassen, und sind nicht dazu geschaffen, schwere körperliche Arbeiten zu verrichten, die Ausdauer verlangen. Dank Ihrer Fähigkeit, andere zu motivieren, sind Sie der geborene Anführer und Fürsprecher. Gesteht man Ihnen diese Position nicht zu, fallen Sie möglicherweise in eine Depression und gehen, um allein etwas zu entwickeln – vielleicht ein besonderes Talent.

Das schöne Leben – Musik, gutes Essen, schicke Kleider, Schmuckgegenstände, Champagner – ist lebenswichtig für Sie, und Sie machen sich wegen des Geldes nicht zu viele Gedanken. Drei ist eine Glückszahl, wo es um die Finanzen geht. Sie sind der geborene Gastgeber. Während Sie kopflastige Menschen vorziehen, die etwas zu sagen haben, werden Sie von Ihnen vielleicht nicht so leicht akzeptiert, falls Sie dazu neigen, aufzuschneiden oder zuviel zu reden. Sie sprechen mit Vorliebe von sich selbst und Ihre Ideen, wobei Sie annehmen, daß andere sich sehr dafür interessieren. Sie täten auf alle Fälle gut daran, erkennen zu lernen, wann Sie nur reden, um die Stille zu überspielen. Sie sind beinahe immer charmant, lebhaft, zum Flirten aufgelegt und impulsiv.

Unausgeglichen, verspannt oder im Widerstand: Sie sind eitel, extravagant und klammern sich an jeden Hoffnungsschimmer. Da Sie so ruhelos sind, sind Sie nie mit einer Arbeit oder einer Beziehung zufrieden und geben zu schnell auf, um weiterziehen zu können. Ihre schlimmsten Eigenschaften sind Verantwortungs- und Hemmungslosigkeit, Oberflächlichkeit und Klatschsucht, wobei Sie andere zu Ihrem Vorteil ausnutzen.

Karriere/Berufung/Geschäft/Talent: Wo immer Kreativität, Vision, gesellschaftliche Kontakte, Worte und Humor eine Rolle spielen, werden Sie Erfolg haben. Sie finden Arbeit als Schriftsteller, Unterhaltungskünstler, Schauspieler, Zauberer, Tänzer, Künstler, Illustrator, Designer, Comics-Zeichner, Florist, Sprachwissenschaftler, Strafverteidiger, Lehrer, Werbefachmann, Verkäufer, Pfarrer, Erweckungsprediger, Erbauer oder Direktor eines Freizeitparks, Drogist, Parfümeur, Spielzeugmacher, Besitzer eines Geschenkartikelladens, Verkäufer von Süßwaren oder Nahrungsmitteln, Handwerker, Kosmetikerin, Modeschöpfer oder -verkäufer, Fotomodell, Texter, Lektor oder Fotograf.

Ängste und Hoffnungen: Wenn Sie sich von Ihrer guten Seite zeigen, sind Sie begeisterungsfähig, umgänglich, hilfsbereit und optimistisch. Es kann vorkommen, daß Sie gewisse Tatsachen leugnen, weil Sie Ihnen unangenehm sind und Sie Ihre eigene Version der Wirklichkeit vorziehen. Sie fürchten sich vor persönlicher Kritik und möchten nicht, daß man Sie für auffällig, prahlerisch, oberflächlich oder unreif hält. Vielleicht rücken Sie sich gerne in ein besseres Licht, um einem Minderwertigkeitsgefühl entgegenzuwirken, und es ist möglich, daß Sie auf Gemeinplätze, Sprüche und Wiederholungen zurückgreifen, um Nähe zu schaffen.

Eheleben: Sind Sie ein Mann, geben Sie wahrscheinlich einen besseren Vater als Gatten ab; als Frau verhalten Sie sich sehr unterstützend. Um mit Ihnen zu leben, braucht Ihr Partner viel Humor und ein Gefühl für die schönen Seiten des Lebens. Er sollte fähig sein, sich plötzlichen Veränderungen anzupassen, und bereitwillig an Ihrem regen Gesellschaftsleben teilhaben. Versuchen Sie sich mit Ihrem Partner abzusprechen, ehe Sie größere Ausgaben tätigen. Sie dürften ein relativ spontanes Lebens führen, weshalb Sie darauf achten sollten, Ihrem Partner die Gelegenheit zu geben, die Dinge einzuplanen, die ihm wichtig sind. Ihr Lebensgefährte mit einer Vier oder Sechs als Schicksalszahl sollte begreifen, daß Sie möglichst jegliche Routine vermeiden und nicht besonders pünktlich sind. Sie sind nicht bereit, ein bürgerliches Leben zu führen. Vielleicht regt sich Ihr Lebensgefährte auch auf, weil Sie Ihre Besitztümer (Schlüssel, Agenda, Taschen, Haarbürsten) so gleichgültig in der Gegend herumliegen lassen. Es kann sein, daß Sie der einzige in der Beziehung sind, der zu Wort kommt. Sie lieben Kinder und gehen auf ihre Vorstellungswelt ein. Sind Sie eine Frau, dürfte eine Ehe Ihnen die Gelegenheit bieten, Ihre unterstützende und kreative Seite auszuleben. Viele Dreier-Frauen ziehen es vor, zu Hause zu bleiben.

Die Verwirklichungszahl

Die Verwirklichungszahl sagt etwas über Ihre Leistungen aus. Sie kommt zustande durch das Addieren Ihrer Lebens- und Ihrer Schicksalszahl. Am besten stellen Sie sich Ihre Verwirklichungszahl als eine Kombination aus Ihrem Wesen (Lebensweg) und Ihrer Lebensaufgabe (Schicksalszahl) vor, wobei diese beiden Einflüsse einander ergänzen. Die Auswirkungen Ihrer Verwirklichungszahl machen sich erst im mittleren Alter oder später im Leben bemerkbar.

Drei als Schicksalszahl + Eins als Lebensweg = Vier als Verwirklichung
Diese Mischung läßt Gutes ahnen für einen schöpferischen, dauerhaften Erfolg, solange Sie Ihre Augen offen halten für gute Gelegenheiten und zu harter Arbeit bereit sind (vielleicht mit einer Eins, Vier, Sechs oder Acht als Herzenswunsch). Sonst lassen Sie Chancen ungenutzt oder unterschätzen deren Wert in dem Augenblick, wo sie sich Ihnen eröffnen. Ihr Bedürfnis, etwas zu leisten und »jemand zu sein«, ist außergewöhnlich groß. Hier haben wir eine ideale Kombination für einen Top-Verkäufer von Versicherungen, Kraftfahrzeugen oder Aluminiumverkleidungen. Der Nachdruck liegt auf Unabhängigkeit, Einbildungskraft und Überzeugungsvermögen, die im reiferen Alter zu Stabilität führen. Sie werden auch spät im Leben noch arbeiten, es sei denn, Sie hätten weise in ertragreiche Wertpapiere investiert. Mit zunehmendem Alter werden Sie sanfter und heiraten vielleicht erst spät.

Drei als Schicksalszahl + Zwei als Lebensweg = Fünf als Verwirklichung

Vielleicht haben Sie Glück und heiraten jemanden mit Geld. Das werden Sie auch brauchen, denn mit dieser Kombination verfügen Sie über wenig Antriebskraft, um etwas zu leisten oder lange bei der gleichen Sache zu bleiben. Diese Zahlen sind ausgezeichnet für einen Fernsehmoderator oder Verkäufer (vorzugsweise Termingeschäfte, sofern Sie dem Streß gewachsen sind). Vielleicht ist es Ihre Unsicherheit, die Sie davon abhält, nach besseren Gelegenheiten Ausschau zu halten, obwohl Sie sich sogar bei Routinearbeiten sehr ruhelos fühlen. Freizeitorganisator auf einem Luxusdampfer wäre der ideale Job für Sie – Sie können sehr gut auf Menschen zugehen und sollten Ihrer örtlichen Handelskammer beitreten. Später im Leben werden Sie ein starkes Bedürfnis haben, den Beruf zu wechseln, und vielleicht einen erfolgreichen Versandhandel aufbauen.

Drei als Schicksalszahl + Drei als Lebensweg = Sechs als Verwirklichung

Eine äußerst glückverheißende Kombination für jemanden, der Produkte für Heim oder Gesundheit vertreibt oder aber als Sprachlehrer an einer höheren Schule tätig ist. In Ihrer Jugend hätten Sie einen guten Cheerleader oder Musiker in Ihrem Schulorchester abgegeben, und so arbeiten Sie heute vielleicht als engagiertes Mitglied eines Gemeindeausschusses, der sich um schulische Belange kümmert. Sie brauchen eindeutig ein kreatives Ventil und einen aktiven gesellschaftlichen Kreis und täten gut daran, sich einer Laientheatergruppe anzuschließen oder mit Gesundheitsfragen, Kunst, Musik oder Tanz zu beschäftigen. Vielleicht erlangen Sie das Diplom einer Volkshochschule. Die Möglichkeit einer sehr guten Heirat ist gegeben. Ihre Kinderliebe bedeutet, daß Sie im späteren Leben mehr mit Kindern zu tun haben werden. Ihnen wäre wohl in einer geordneten Wohngemeinschaft, solange Sie deren Mitglieder unterhaltsam finden.

Drei als Schicksalszahl + Vier als Lebensweg = Sieben als Verwirklichung

Bei dieser Mischung haben Sie es mit einem gerammelten Maß an Arbeit zu tun, da die Vier sich motiviert fühlt, Ideen in die Praxis umzusetzen, und nicht bereit ist, sich auf den Zufall zu verlassen, um ihr Glück zu finden. Es kann sein, daß Sie sich aus praktischen Gründen mit einer Position zufriedengeben, die unter Ihren Fähigkeiten liegt. Ihre besten Arbeitserfolge erzielen Sie, wenn Sie sich darauf konzentrieren, die Effizienz zu steigern und ein besseres System zu finden, auch wenn der Job ganz allgemein nicht viel Potential aufweist. Zu Ihnen paßt eine Arbeit für einen Radiosender, vielleicht als musikalischer Direktor oder Sprecher. Ihre Zahlen eignen sich ebenfalls für jede Art Handwerk. Mit zunehmendem Alter besteht ein Hang zum Zynismus, weil Sie nur unvollständig verstehen, welche Wahl Sie in Ihrer Jugend getroffen haben. Andere dafür verantwortlich zu machen führt nun wirklich zu nichts. Vielleicht entwickeln Sie mit der Zeit einsame Gewohnheiten und wenden sich dem Lesen, einem Studium oder spirituellen Interessen zu. Wenn Sie sich auf ein bestimmtes Gebiet spezialisiert haben, wird man in Ihnen einen Experten sehen. Ihre Partner sollten sich vor Ihrer Reizbarkeit hüten.

Drei als Schicksalszahl + Fünf als Lebensweg = Acht als Verwirklichung.
Ausgezeichnete Zahlen für eine geschäftliche Karriere, bei der es um den Direktverkauf geht. Weitere gute Chancen haben Sie als Filmproduzent, Börsenmakler, Strafverteidiger, Politiker, Orchesterleiter, Sprachlehrer oder Matrose. Sie wissen wie kein anderer Ihren Ehrgeiz mit Ihrem gesellschaftlichen Talent zu verbinden. Als geborene Führernatur werden Sie mit fortschreitendem Alter konservativer, und man schätzt Ihren guten Rat. Vielleicht haben Sie es zu etwas gebracht auf einem Gebiet, das Sie sich ursprünglich nicht ausgesucht hatten. Es kann sein, daß Sie veröffentlicht werden, vor allem wenn Sie ein Thema gewählt haben, das ein breites Publikum anspricht. Journalist, Notfallarzt oder gar Alleinunterhalter sind alles gute Möglichkeiten. Mit dem Alter werden Sie weniger einzelgängerisch und könnten über ein größeres Vermögen verfügen, wenn Sie es geschafft haben, eine frühere Neigung zu überwinden, Geld für relativ belanglos zu halten.

Drei als Schicksal + Sechs als Lebensweg = Neun als Verwirklichung
Eine äußerst erfolgreiche Mischung für Menschen, die mit Kindern oder Erziehungsmaßnahmen arbeiten, für Komponisten, Innenarchitekten, Sänger oder humanistische Psychologen. Sie verfügen über eine ausge-

prägte Gabe, für andere zu sorgen und sie zu trösten und werden oft Licht und Hoffnung in fremde Leben bringen. Ihr Leben verschreiben Sie eher guten Werken als der Anhäufung von Geld, und es ist Ihnen von Haus aus gegeben, viel Unterstützung mobilisieren zu können. Mit zunehmendem Alter wächst Ihr Verständnis für anderer Menschen Leben ganz dramatisch, und es kann sein, daß Sie ein Heim für Notleidende leiten. Spirituelle Beschäftigungen sind für Sie selbstverständlich, wobei Sie anderen die Techniken positiven Denkens vermitteln. Sie haben ein schönes Alter.

Drei als Schicksalszahl + Sieben als Lebensweg = Eins als Verwirklichung
Sie haben ein widerspruchsvolles Wesen mit einer ernsten Seite, aber auch etwas, das von Ihnen immer wieder spontane, gesellige und positive Entscheidungen fordert. Sie werden feststellen, daß Ihre Lebensfreude zunimmt, solange Sie »im Fluß bleiben« und Ihre ursprüngliche Abneigung gegen gewisse Sachen überwinden. Mit Ihrem genauen Auge für Details und Ihrer präzisen Ausdrucksweise könnte aus Ihnen ein phantastischer Dramatiker werden. Überhaupt paßt die Schriftstellerei in all ihren Aspekten und Ausdrucksformen zu Ihnen, wobei Sie sich vor allem vom Leben außergewöhnlicher Zeitgenossen angezogen fühlen. Es kann sein, daß Sie Ihre beste Arbeit erst im späteren Leben leisten, wie Sie auch den Beruf gänzlich wechseln könnten, weil Sie ein verstecktes Talent entdecken. Mit der Zeit werden Sie lernen, sich selbst zu vertrauen, und auf Ihrem Gebiet wenigstens einen größeren Beitrag leisten. Das Alter verleiht Ihnen ein distinguiertes Aussehen. Ihr Sinn für Prioritäten hält Sie fern von aller Nichtigkeit, und Sie vertreten eindeutige Meinungen. Sie werden nie »jemand anderes« sein wollen.

Drei als Schicksalszahl + Acht als Lebensweg = Elf als Verwirklichung
Da Sie über ein gut ausgeprägtes Urteilsvermögen verfügen und zum Verkaufen motiviert sind, steht das Geschäftsleben im Vordergrund. Sie werden feststellen, daß Ihnen vieles leichtfällt und daß Sie eine Gabe dafür haben zu wissen, was andere Leute wirklich wollen. Erfolg verspricht die Entwicklung von Feriensiedlungen (und Grundstücke ganz allgemein), eine Tätigkeit als Drucker oder Besitzer eines Restaurants, in dem berühmte Leute verkehren. In dieser Hinsicht wird die Elf als Verwirklichungszahl Sie sowieso ins gesellschaftliche Rampenlicht stel-

len. Im späteren Leben kann es zu einem plötzlichen Bruch mit einem Partner kommen, oder Sie werden von einer plötzlichen Leidenschaft überrumpelt. Es kann sein, daß Sie sich im Alter danach sehnen werden, Gedichte zu schreiben oder mehr über Esoterik zu erfahren, auch wenn das Thema Ihnen ein bißchen Angst macht. Sie werden wenigstens eine Erfahrung machen, die Sie demütig werden läßt und Sie lehrt, auch weniger als ideale Bedingungen zu akzeptieren. Es kann sein, daß Sie mit zunehmendem Alter etwas leiser treten müssen, wobei es ganz so aussieht, als könnten Sie das in liebevoller Gesellschaft tun.

Drei als Schicksalszahl + Neun als Lebensweg = Drei als Verwirklichung

Eine ausgezeichnete Kombination für einen Museumsdirektor, einen Handwerksmeister oder Philosophieprofessor, aber auch für eine Kindergärtnerin, einen Musiklehrer oder einen Schauspieler.

Es kann sehr gut sein, daß Sie eine alte Seele sind, die alle Lehren vergangener Leben integriert hat und jetzt bereit ist, ihre Prinzipien in die Tat umzusetzen oder an andere zu vermitteln. Diese Kombination hat es sehr leicht, und obschon das Streben nach Geld gerade für Sie *kein* Thema ist, kommt es ironischerweise doch sehr leicht zu Ihnen. Mit dieser Mischung könnten Sie aus einem reichen Elternhaus kommen und sich zu einem ernst zu nehmenden Philantropen entwickeln. Es kommt häufig vor, daß Sie sich schon früh zur Ruhe setzen.

Drei als Schicksalszahl + Elf als Lebensweg = Fünf als Verwirklichung

Mit der Meisterzahl Elf dürften Sie im Verlauf Ihres Lebens eine große Vielfalt an Tätigkeiten ausüben und sich kaum auf ein einziges Gebiet konzentrieren. Sie erleben intensive Gefühlsbindungen, haben ungewöhnliche sexuelle Neigungen und konzentrieren sich auf das Dramatische, Künstlerische (Avantgarde) oder Esoterische. Reisen werden in Ihrem Leben eine große Rolle spielen, und vielleicht leben Sie, wenn Sie älter sind, sogar in einem Wohnmobil. Es kostet Sie viel Mühe, diese vielseitigen Einflüsse in bleibende und konstruktive Bahnen zu leiten. Es liegt in Ihrem Wesen, sich von den persönlichen Motiven anderer beeindrucken zu lassen, weil Sie Freude bereiten und akzeptiert sein wollen. Auch im Alter dürften Sie Ihre Jugendlichkeit bewahrt haben und als Künstlertyp gesehen werden.

Drei als Schicksalszahl + Zweiundzwanzig als Lebensweg = Sieben als Verwirklichung

Diese Kombination verfügt nur über einen engen Leistungsradius; obwohl Sie unter einer gewissen Zwanghaftigkeit leiden, scheinen sich Ihnen keine Arbeitsgelegenheiten aufzutun. Sofern Sie nicht in einer Möbelfabrik, einem Theaterensemble, im Atelier eines Instrumentenbauers oder in einer exklusiven Werft beschäftigt sind, werden Sie sich Ihr Leben lang hin- und hergerissen fühlen und den Fehlern der anderen schließlich die Schuld dafür geben. Ihr Schicksal läßt sich am besten ausleben, indem Sie sich auf ein besonderes Gebiet spezialisieren und dieses so weit wie möglich entwickeln, anstatt mit vielen verschiedenen Tätigkeiten zu experimentieren. Die Untersuchung der Gesellschaftsformen von Bienen oder Menschen wäre eine Ihnen entsprechende Tätigkeit, was auch für das Studium von Unternehmensstrukturen in anderen Ländern gilt. Ihr Leben besteht aus harter Arbeit und Kompromissen – bis Sie reif genug sind, um zu verstehen, wie alle diese Erfahrungen Sie mit einem tieferen Verständnis versehen haben. Dann werden Sie ein einfaches Leben wählen, das Sie von den Menschen fernhält, die noch im Alter Ihre Zeit vergeuden wollen.

Vier als Schicksalszahl

Beträgt die Summe der Zahlen in Ihrem Namen vier, läßt sich Ihre Lebensart wie folgt beschreiben:

praktisch	realistisch
sensibel	loyal
rational	fleißig
ehrlich	ernst

Sie werden immer Wege finden, um Ihre Ideen in die Praxis umzusetzen. Die Vier ist der Bauunternehmer, die Führungskraft, der Arbeiter. Sie sind in der Lage, sich über längere Zeit für etwas einzusetzen, Härten und sogar Opfer auf sich zu nehmen. Ernst und entschlossen, halten Sie sich unweigerlich an die Tatsachen und verlassen sich nicht auf Ihr Glück. Sie sind konservativ und leben entsprechend traditionellen Regeln und Werten. Sie sind ein vorsichtiger Mensch, der nicht leicht aufgibt, passen sich gut an Routinearbeiten an und bringen Ordnung und Methode in jedes Projekt. Sie haben ein sicheres Gefühl für Qualität.

Sie sind ein erdverbundener Mensch und ziehen es meistens vor, mit faßbaren Dingen zu arbeiten. Im allgemeinen werden Sie auch niemanden bitten, eine Aufgabe zu unternehmen, die Sie selbst nicht anfassen würden. In Führungspositionen, die Detailsinn, gesunden Menschenverstand und Disziplin verlangen, zeigen Sie sich von Ihrer besten Seite. Ihnen ist nicht so wohl, wo es um große, weltanschauliche Fragen geht.

Als Frau schätzen Sie die Rolle der Mutter, Gattin und treuen Freundin. Sie halten sich an Grundsätzliches, mögen Routine und lieben den Rhythmus der Jahreszeiten – sowie alles Zyklische. Sie sind methodisch und im allgemeinen recht ausgeglichen. Obwohl die Vier einen Hang zur Halsstarrigkeit hat, wird das Leben Sie Beweglichkeit und Anpassungsfähigkeit lehren. Sicherheit ist für Sie immer ein großes Thema, denn Risikobereitschaft liegt Ihnen nicht.

Unausgeglichen, verspannt oder im Widerstand: Sie sind engstirnig, restriktiv, kontrollierend, besessen von Alltäglichkeiten und im Detail gefangen. Ihre ersten Eindrücke geben Sie nicht leicht auf, wobei Sie etwas gegen Menschen haben, die Ihnen sprunghaft vorkommen. Sie können sehr dogmatisch, streng und unnachgiebig sein und halten nicht viel von Dingen, die nicht faßbar sind.

Karriere/Berufung/Geschäft/Talent: Da Vier die Zahl der Erde ist, haben Sie einen Hang zum Bau und Bergbau, zur Mathematik, Chemie, Physik und Mechanik, wie Sie auch Geschick als Lieferant oder Grundstücksmakler beweisen könnten. Ihr Streben geht in Richtung Reform und Verbesserung. Astronomie, Kartographie, Geologie, Arbeit in Institutionen, für Großfirmen, in der Verwaltung – hier sind Ihre Talente gefragt. Technisches Geschick macht aus Ihnen einen guten Koch, Musiker oder Uhrmacher. Bei Ihrer Geduld wird aus Ihnen ein einfühlsamer Lehrer, aber auch die Buchhaltung, Steuerberatung, Bürokommunikation, Aufnahmetechnik, das Bank- und Versicherungswesen sowie Investitionsgeschäfte fallen in Ihren Bereich. Das Leben erlaubt Ihnen nicht, die Dinge auf die leichte Schulter zu nehmen. Sie sind hier, um für das Konzeptionelle zu sorgen, um zu unterstützen, auszuführen und Ordnung und System in die Dinge zu bringen.

Ängste und Hoffnungen: Geld dürfte ein Problem für Sie sein, falls Sie keine Ersparnisse haben, zudem Sie dem Aufnehmen von Krediten mißtrauisch gegenüberstehen. Es kann sein, daß Sie sich Gedanken machen über den »Zerfall der Gesellschaft« und gerne von den »guten alten Zeiten« sprechen.

Ihre Kinder werden Ihnen schlaflose Nächte bereiten, sobald sie sich auch nur im geringsten auflehnen. Sie brauchen das Gefühl, daß Ihre Arbeit geschätzt wird und Sie anständig dafür honoriert werden. Vielleicht fragen Sie sich auch, ob andere Sie für »spießig« halten.

Eheleben: Sie brauchen ein sicheres Zuhause und einen verläßlichen Partner. Hüten Sie sich davor, zu viel an ihm herumzunörgeln in dem irrigen Bestreben, ihn »bessern« zu wollen. Sie ziehen die Ehe vor, doch kommt es Ihnen nicht sehr oft in den Sinn, Gefühle von Liebe und Zärtlichkeit auszudrücken. Sie sagen von sich, Sie würden Ihre Liebe jeden Tag auf praktische Weise unter Beweis stellen und neigen dazu, die Dinge langsam anzugehen. Dabei sind Sie äußerst loyal und im allgemeinen sehr wählerisch, was Ihre Freundschaften anbelangt. Mit Vorliebe machen Sie andere »zu ihrem eigenen Gut« auf Fehler aufmerksam. Als Moralist unterliegen Sie kaum der Versuchung, sich auf eine außereheliche Beziehung einzulassen, auch weil es Ihnen nicht liegt, sich zu verstellen. Eine Ehe mit einer Drei oder einer Fünf würde Ihnen dabei helfen, an Ihrer Flexibilität zu arbeiten.

Die Verwirklichungszahl

Die Verwirklichungszahl sagt etwas über Ihre Leistungen aus. Sie kommt zustande durch das Addieren Ihres Lebens- und Ihrer Schicksalszahl. Am besten stellen Sie sich Ihre Verwirklichungszahl als eine Kombination aus Ihrem Wesen (Lebensweg) und Ihrer Lebensaufgabe (Schicksalszahl) vor, wobei diese beiden Einflüsse einander ergänzen. Die Auswirkungen Ihrer Verwirklichungszahl machen sich erst im mittleren Alter oder später im Leben bemerkbar.

Vier als Schicksalszahl + Eins als Lebensweg = Fünf als Verwirklichung

Eine ausgezeichnete Kombination für einen Architekten mit Flair. Diese Mischung stellt auf machbare Art neue und überraschende Ideen vor. Obschon das Milieu einer jeden Karriere, für die Sie sich entscheiden, ziemlich traditionell sein dürfte, wird die Eins versuchen, Sie auf drastische Art zu beeinflussen. Diese Kombination arbeitet am liebsten als Direktor einer Verwaltungsorganisation oder als selbständiger Unternehmer, der eine gängige Dienstleistung oder ein populäres Produkt anbietet (Wartung, Druckerei, Frisör, Lebensmittel, Staubsauger). Mit solch leistungsorientierten Zahlen ist Ihnen der Erfolg praktisch sicher. Es dürfte allerdings nicht immer leicht sein, mit Ihnen zu arbeiten, weil Sie ein strenger Vorgesetzter sind und von anderen erwarten, daß sie ebenso hart rangehen wie Sie. Sie können sich so sehr von Ihrem Ziel vereinnahmen lassen, daß alles andere in Ihrem Leben in den Hintergrund tritt. Sie sind eine gute Mutter oder ein guter Vater, doch müssen Sie sich davor hüten, so schnell aufzubrausen. Vor allem sind Sie ein praktischer Mensch, der sich am liebsten mit Dingen beschäftigt, die er sein eigen nennt. Mit zunehmendem Alter dürften Sie über größere Freiräume verfügen, was auf eine flexible Arbeitsstruktur schließen läßt. Sie möchten reisen und haben urplötzlich das Gefühl, Sie hätten etwas versäumt, während Sie sich um Ihre vielen Geschäfte kümmerten. Auf das andere Geschlecht üben Sie auch als älterer Mensch eine große Anziehung aus.

Vier als Schicksalszahl + Zwei als Lebensweg = Sechs als Verwirklichung

Es ist Ihre Lebensaufgabe, an Ihren Beziehungen mit Familienmitgliedern und nahen Freunden zu arbeiten. Ihre Zahlen sind harmonisch, doch müssen Sie sich in erster Linie vor Ihrem Hang zu Schuld- oder Angstgefühlen hüten. Sie leisten gute Arbeit im Dienstleistungssektor und ziehen es vor, angestellt, anstatt dem Druck eines eigenen Geschäfts ausgesetzt zu sein. Großartige Pläne und riskante Unternehmungen bringen Sie aus dem Gleichgewicht und sollten tunlichst vermieden werden. Sie geben einen phantastischen Opa oder eine phantastische Oma ab und sollten im späteren Leben eine Lehrtätigkeit in Betracht ziehen.

Vier als Schicksalszahl + Drei als Lebensweg = Sieben als Verwirklichung

Es kann sein, daß Sie sich den sich Ihnen bietenden Chancen mit einer Reihe von Rationalisierungen widersetzen (»zu langweilig«, »die Leute sind zu spießig«, »die Arbeit ist zu hart«, »ich hasse regelmäßige Arbeit«), doch werden Sie mit der Zeit etwas finden, das spannend genug ist, damit Sie sich darauf spezialisieren (Sieben als Verwirklichungszahl). Ihre Lebensaufgabe ist es, mehr Disziplin zu entwickeln und etwas von bleibendem Wert zu leisten, aber es kann sein, daß Sie dazu viel Zeit brauchen werden. Sie neigen dazu, nur kurz bei einer Arbeit zu bleiben, bis Sie sich selbst einen Strich durch die Rechnung machen und eine andere, ähnlich hochstehende Arbeit annehmen – bis Sie den Wert von Entschlossenheit, Beharrlichkeit, Effizienz und Organisation gelernt haben.

In Ihrer Zahl liegt ein Konflikt zwischen dem Wunsch, einen leichten Weg zu finden, um Geld zu machen, und den Gelegenheiten, die Erfolg durch engagierte Bemühungen versprechen. Ihre Talente wären gut eingesetzt in einem Büro, das Ihren sprachlichen Ausdruck braucht, in einer Bar, einem Restaurant, einer Kunstschreinerei oder einem Theaterensemble. Auch der Detailhandel kommt in Frage, solange Sie dort Spezialartikel verkaufen. Sie könnten aber auch Physiotherapeut werden. Ihre Lebenserfahrungen führen Sie dazu, mit zunehmendem Alter einen Blick auf die spirituelle Seiten des Lebens zu werfen, wodurch Sie Ihre medialen Verbindungen und Fähigkeiten vergrößern. Wahrscheinlich verbringen Sie mehr Zeit allein als in Ihrer Jugend.

Vier als Schicksalszahl + Vier als Lebensweg = Acht als Verwirklichung

Diese Mischung steht unter einem enormen Druck, etwas Faßbares zu erreichen. Wie bei allen Doppelkombinationen, sind Ihre Erfolgschancen sehr groß bei allem, was Sie unternehmen. Ihre besten Ideen drehen sich um Bauvorhaben, konkrete Arbeit, Buchhaltung, Versicherungswesen, Krankenhausverwaltung, Grundstücke, Kleinkredite, das Militär, Polizeiarbeit und den gesamten Justizvollstreckungsapparat. Sie gäben einen ausgezeichneten Friedensrichter ab. Gesetz und Ordnung, System und pragmatische Fragen sind für Ihr Wohlbefinden von höchster Wichtigkeit. Ein Mißerfolg kann Sie in ernste Depressionen stürzen. Sie würden sehr davon profitieren, jemanden zu heiraten, der sich mit allem etwas leichter tut (Dreier, Fünfer oder Neuner), damit Sie sich entspannen und das Leben jenseits Ihrer Arbeit genießen können. Die Ansichten, die Sie schon früh im Leben haben, scheinen Ihnen auch später treu zu bleiben, und im Alter werden Sie sehr konservativ. Sie werden dazu neigen, andere ohne Berücksichtigung mildernder Umstände zu verurteilen, sofern Sie selbst nicht einiges erlebt haben.

Vier als Schicksalszahl + Fünf als Lebensweg = Neun als Verwirklichung

Sie haben etwas gemeinsam mit der Sieben als Verwirklichungszahl, die soeben besprochen wurde, und zwar handelt es sich um einen inneren Konflikt zwischen Ihrem Wunsch nach Abenteuer und Ihrem Bedürfnis, sich zu mäßigen. Die Chancen, die sich Ihnen bieten, werden Sie für Ihre Konformität, Beharrlichkeit und Vorsicht belohnen – alles Eigenschaften, die nicht zu Ihren Stärken gehören. Dennoch kommt Ihnen Ihre große Anpassungsfähigkeit zugute, und Sie verstehen es, jede Situation auszunutzen, um etwas Praktisches zu lernen, bis Sie weiterziehen und den Prozeß wiederholen. Mit der Zeit werden Sie so über ein umfassendes Wissen verfügen. Eine Verwirklichung durch die Neun deutet auf zweierlei: Entweder Sie haben als »Hansdampf in allen Gassen« ein unstetes Leben geführt, oder aber Sie haben viel Wissen angesammelt, das Sie im späteren Leben an andere weitergeben können. Ihr Leben dreht sich wohl nicht in erster Linie darum, Reichtum anzuhäufen, obwohl Sie das Glück auf Ihrer Seite haben und unerwartet zu Geld kommen könnten. Es kann eine Neigung zum übertriebenen Alkoholgenuß vorliegen. Die Hochs und Tiefs des Lebens lehren Sie, Mitgefühl für Ihre Mitmenschen zu haben, was Sie im Alter zu einem ungewöhnlich toleranten Menschen werden läßt. Je älter Sie werden, desto mehr Charisma entfalten Sie.

Vier als Schicksalszahl + Sechs als Lebensweg = Eins als Verwirklichung

Es steht außer Frage, das bei Ihnen der Nachdruck auf Verantwortlichkeit liegt. Alles, was Sie tun, hat einen Zweck. Oft helfen Sie Menschen, die festsitzen (sei es nun buchstäblich oder figürlich) und nicht weiterkommen. Die Menschen sehen in Ihnen eine starke Elternfigur, wobei Ihnen sehr an Heim und Herd gelegen ist. Sie sind der perfekte

Organisator für eine Wiederverwertungskampagne und andere Projekte, die das Gemeinwesen betreffen. Als unermüdlicher Kämpfer neigen Sie manchmal zu Selbstmitleid, was Sie aber nie und nimmer zugeben würden. Sie glauben ganz fest, daß der einzelne in der Welt etwas bewirken kann, und werden feststellen, daß Ihre vielen Verpflichtungen Ihnen praktisch keinen freien Augenblick lassen. Sie erreichen hohes Ansehen und werden für Ihre ungewöhnlichen Ideen und Führungseigenschaften bekannt sein. Sie werden im Alter ein interessanterer und attraktiverer Mensch, als Sie es in Ihrer Jugend waren. Im späteren Leben werden Sie gelernt haben zu sagen, was Sie denken, und weniger Ängste haben. Vielleicht werden Sie sogar etwas ganz Neues anfangen. Sie sind der Typ Mensch, der Nationalhymnen schreibt.

Vier als Schicksalszahl + Sieben als Lebensweg = Elf als Verwirklichung

Hier handelt es sich um eine ungewöhnlich produktive Kombination für einen Erfinder (in der Elektrotechnik, Chemie, Wärmetechnik oder Atomwissenschaft) oder für Menschen, die auf spirituellem oder psychologischem Gebiet arbeiten. Sie können gut mit Gesetzen jeder Art umgehen und beziehen viel Information aus Forschung und Analyse. Da Sie intuitiv verstehen, wie die Dinge funktionieren, würde aus Ihnen ein ausgezeichneter Versicherungsexperte, Uhrmacher, Geologe, Kapitän, Ingenieur oder unabhängiger Prüfer für das Lebensmitteldezernat. Das Wort »unabhängig« beschreibt nicht nur Ihr Denken, sondern auch Ihre Lebensart. Sie müssen lernen, Geduld zu haben. Als der geborene Beobachter ziehen Sie es vor, eine Linse, einen Notizblock oder einen Taschenrechner zwischen sich und Ihre Versuchsperson zu schieben. Ihre Verehrer dürften Leute sein, die entweder völlig frivol sind (damit Sie sie nicht ernst nehmen müssen) oder aber äußerst zuverlässig und denen Sie lieber Bewunderung als Zärtlichkeit entgegenbringen. Es wäre schade, wenn Sie den Fehler machen würden zu denken, Sie »bräuchten keine Menschen« in Ihrem Leben. Mit einer Elf als Verwirklichungszahl werden Sie feststellen, daß Sie im späteren Leben von mehr Menschen umgeben sind als früher. Vielleicht gelingt Ihnen eine überraschende Entdeckung, die Sie ins Rampenlicht führt oder Sie sonstwie bekannt macht. Sie könnten erstaunliche metaphysische Einsichten haben und werden mehr Geduld für die Schwächen der anderen aufbringen, sobald Sie etwas reifer sind. Es kann sein, daß Sie sich in fortgeschrittenem Alter heftig verlieben. Ihr finanzieller Einfluß verflüchtigt sich mit der Zeit etwas, weshalb Sie früh und umsichtig investieren sollten.

Vier als Schicksalszahl + Acht als Lebensweg = Drei als Verwirklichung

Eine ausgezeichnete Kombination, um Geld aus einem Einkaufszentrum, einer Eigentumswohnung oder Feriensiedlung zu schlagen. Es kann sein, daß Sie sich früh zur Ruhe setzen oder daß Sie als Teil Ihrer Arbeit viel reisen. Der Erfolg kommt durch traditionelle Methoden und Produkte; wie bei allen Vierern steht eine Bautätigkeit im Vordergrund. Wirtschaft, Recht, die Handelsmarine und der Sport sind alles Gebiete, die sich für Sie eignen. Mühe, Übung und ein guter Geschäftssinn werden sich auszahlen und Ihnen das spätere Leben erleichtern. Sie genießen gesellschaftliche Kontakte und sind in der Lage, andere zu beraten, indem Sie sie durch Ihre Expertise und Ihr gutes Urteilsvermögen ermutigen. Im Alter könnten das Golf- und Tennisspiel sowie der Tanz zu Ihren größten Vergnügen gehören. Sie schätzen einen guten Witz.

Vier als Schicksalszahl + Neun als Lebensweg = Vier als Verwirklichung

Es liegt in Ihrem Wesen, alles, was Sie unternehmen, mit viel natürlichem Schwung und Können anzugehen. Sie sind ein Mensch, der von seinen Erfahrungen profitiert und diese auch auf die einfachsten Probleme anwendet – die Sie gerne lösen! Demnach werden Sie in Ihrem Leben viele Projekte unternehmen, bei denen Sie reparieren, reformieren, restaurieren und Ordnung in die Dinge bringen. Sie sind ein Alleskönner, weshalb es Ihnen nicht leichtfallen dürfte, sich für etwas zu entscheiden, wobei Ihre Wunschzahl Aufschluß darüber gibt, was wirklich zu Ihnen paßt. Oft werden Sie Erfolg haben auf Gebieten, die mit grundsätzlichen Produkten und Dienstleistungen zu tun haben, aber Sie sollten auch ein Studium der Rechts-, Geistes- oder Sozialwissenschaften, der Medizin, Theologie oder eine karitative Tätigkeit ins Auge fassen. Reisen, die Sie in Ihrer Jugend unternehmen, werden Ihnen die Augen für fremde Welten öffnen. Ihre Lebensaufgabe ist es, ein Beispiel für Toleranz und aufgeschlossenes Denken zu geben. Es kann sein, daß Sie jung und für immer heiraten. Ihr Familienleben bedeutet Ihnen viel, und Sie sind ein sehr zärtlicher Mensch. Sie können viel von Ihren Lebenserfahrungen weitergeben und werden bis ins hohe Alter nach praktischen Lösungen suchen. Sie nehmen gerne Verantwortung auf sich und stehen für eine ausgewogene Mischung an pragmatischer Einsicht und inspiriertem Denken.

Vier als Schicksalszahl + Elf als Lebensweg = Sechs als Verwirklichung

Als Kind könnten Sie viele Hoffnungen und romantische Illusionen gehegt haben, die keine große Chance hatten angesichts eines Lebens, in dem sich die Dinge ständig wiederholen. Mit einer Elf als Lebensweg verfügten Sie wahrscheinlich über ungewöhnliche Fähigkeiten, Talente oder Körpermerkmale. Sie müßten musikalisch oder künstlerisch begabt sein, was Sie vor allem als Lehrer und nicht so sehr auf der Bühne verwirklichen. Dennoch lieben Sie es zu glänzen, im Rampenlicht zu stehen und sich durch Ihr intensives Wesen von anderen abzuheben. Sie arbeiten gut in der Gruppe und bringen Unternehmungen im Alleingang wertvolle Unterstützung. Vielleicht interessieren Sie sich für Poesie oder Computer, was von Ihren anderen Zahlen abhängig ist. Gleich auf welchem Gebiet, Sie verleihen jeder Aufgabe eine einmalige Sicht und Intensität. Sie mögen es, wenn man Sie bewundert, und werden Ihr ganzes Leben gut für Ihre Kinder sorgen. Sie schwanken zwischen dem Bedürfnis zu dienen und bedient zu werden (wie ein Mitglied der Königsfamilie). Männer mit dieser Kombination besitzen eine hochentwickelte weibliche Intuition, erzieherische Fähigkeiten und nehmen viel Anteil an ihrer materiellen Umgebung. Arbeiten, die Methode, Ordnungssinn und technische Erfahrung verlangen, verheißen Erfolg. Im Alter werden Sie ruhiger und gebender.

Vier als Schicksalszahl + Zweiundzwanzig als Lebensweg = Acht als Verwirklichung

(Bitte lesen Sie auch die Vier als Schicksalszahl + Vier als Lebensweg, was ebenfalls eine Acht als Verwirklichung ergibt.) Mit der Meisterzahl Zweiundzwanzig gehen Sie von natürlichen Gegebenheiten aus und bringen ein lebhaftes und solides Produkt zustande. Sie können das Massenbewußtsein beeinflussen, doch bedingt das, daß Sie Ihre Hausaufgaben gemacht haben und auf die richtigen Menschen zugegangen sind. In früheren Leben sind Sie schon mit Macht umgegangen und sind jetzt hier, um großen Systemen zum Durchbruch zu verhelfen. Vielleicht arbeiten Sie für die Regierung, im Öffentlichen Dienst, für eine Schiffahrtslinie, fürs Militär, den Geheimdienst oder als Botschafter. Mit dieser Zahl liegt nichts außer Ihrer Reichweite, und Sie werden feststellen, daß Sie genau in dem Moment von einer Vielfalt zusammenwirkender Talente umgeben sind, wenn Sie sie brauchen. Ihr Beitrag liegt darin zu wissen, wer die besten Bestandteile einbringen, wem man vertrauen kann und wo die grundsätzlichen Schwächen eines Vorhabens liegen. Ihr natürlicher Platz ist innerhalb der Unternehmensstruktur. Weichen Sie nicht von Ihren Prinzipien ab, denn diese Kombination kann sich auch von kriminellen Motiven leiten lassen.

Fünf als Schicksalszahl

Beträgt die Summe der Zahlen in Ihrem Namen fünf, läßt sich Ihre Lebensart wie folgt beschreiben:

abenteuerlich	überzeugend
schnell	extrovertiert
unkonventionell	sinnlich
charismatisch	impulsiv

Ihnen geht es um Ihre persönliche Entfaltung. Sie pflegen einen künstlerischen Lebensstil, werden als Abenteurer bewundert oder als Nonkonformist verschrien. Vielleicht kennt man Sie auch als Hansdampf in allen Gassen, der sich auf nichts festlegen kann.

Fünf ist die Zahl der weltlichen Erfahrung, weshalb Sie dazu ausersehen sind, viele Berufe auszuüben und eine ganze Reihe Liebesverhältnisse zu pflegen (oft mit ungewöhnlichen Leuten). Von Natur aus vielseitig, werden Sie viele Talente entwickeln, während Sie Ihre angeborene Neugier und Ihren Bewegungsdrang zu befriedigen suchen.

Konflikte und ausweglose Situationen treten auf, wenn Sie nicht verstehen, daß Hedonismus und Veränderung um der Veränderung willen nicht die Antwort auf Ihre Ruhelosigkeit sind. Seien Sie sich bewußt, daß Ihre Tendenz, viele Projekte gleichzeitig zu verfolgen, Ihre Energien verzettelt. Es kann sein, daß Sie viele Dinge auf einmal anfangen, die Sie nicht alle zu Ende führen. Die Entdeckung vielmehr als die Vollendung treibt Sie an. Fühlen Sie sich deswegen schuldig, haben Sie fremde Werte übernommen. Sie verfolgen Ihre Interessen mit Begeisterung und werden viel Erfolg haben mit dem, was Sie spannend finden. Ihre persönliche Anziehungskraft wird es Ihnen erlauben, allerlei Menschen kennenzulernen. Sie möchten gerne über alles etwas wissen und können sich Fakten gut merken – schieben sie aber genauso schnell wieder beiseite, wenn sie sich als einschränkend erweisen. Auf Ihrem Interessengebiet sind Sie auf dem neuesten Stand und vermitteln Ihre Begeisterung so leicht, wie Sie atmen.

Meistens sind Sie bei guter Gesundheit, wobei Körperübungen ein guter Weg sind, um überschüssige Energien zu verbrennen, die Sie überreizen (besser, als diesen Ausgleich dadurch zu suchen, daß Sie zu viel essen, trinken oder Ihre Sinne betäuben). Von Krankheiten erholen Sie sich schlagartig. Sie sind ein sinnlicher Mensch und lernen das Leben auch durch den Austausch sexueller Energien kennen. Die weibliche Fünf mag feststellen, daß andere irritiert sind wegen ihrer freimütigen Einstellungen. Das Bestehende kann eine Fünf nicht lange in seinen Bann schlagen. Erinnern Sie sich daran, daß Sie hier sind, um mit Traditionen zu brechen, ein Bilderstürmer zu sein und sich nicht von überlieferten Denkmustern vereinnahmen zu lassen.

Unausgeglichen, verspannt oder im Widerstand: Sie können aggressiv, konkurrierend, maßlos, unverantwortlich, sprunghaft, flüchtig, prahlerisch oder rücksichtslos sein, und weil Sie sich so schnell verändern – könnten andere Sie für einen Heuchler halten. Routine ist nichts für Sie. Ihr größter Fehler ist Ihr Hang, die Dinge vor sich herzuschieben. Sie gehen einem Problem so lange aus dem Weg, bis es sich zwischen Sie und Ihre unmittelbaren Wünsche stellt.

Karriere/Berufung/Geschäft/Talent: Jede Tätigkeit, die mit Anpassungsfähigkeit, Umgang mit der Öffentlichkeit, Werbung, Vertrieb, Psychologie zu tun hat. (Sie sind ein guter Beobachter und benutzen diese Eigenschaft, um voran zu kommen.) Erfolg winkt als Reiseführer, Physiotherapeut oder Reformkostvertreter, als Esoteriker, Fernsehpersönlichkeit, Akquisiteur, Unterhaltungskünstler, Athlet, Grundstücksmakler, Autoverkäufer, Händler, Dekorateur, Politiker – oder einer Kombination all dieser Berufe!

Ängste und Hoffnungen: Sie machen sich Vorwürfe, weil Sie das, was Sie beginnen, nicht zu Ende führen, und sorgen sich, daß Ihre Mitmenschen Sie für clever, aber oberflächlich halten könnten. Sie können auch frech und oberflächlich sein und dennoch ernstgenommen werden wollen. Auch könnten Sie gegen einen Ruf als »aalglatter« oder »falscher« Mensch anzukämpfen haben.

Sie hoffen, alles zu besitzen, was für Geld zu haben ist, und wollen es weiter bringen als andere, aber auf Ihre Art und zu Ihren Bedingungen. Sie hoffen, den Großteil Ihres Lebens unterwegs zu verbringen, und träumen vielleicht von einem Segelboot und fernen Inseln. Möglicherweise sind Sie ein unersättlicher Lüstling, der das Alter fürchtet, obschon Fünfer lange jugendlich wirken.

Eheleben: Ihr Partner muß sich bewußt sein, daß Sie vor allem beschäftigt und nicht so häuslich veranlagt sind. Auch wenn Sie darauf beharren, Heim und Familie bedeuteten Ihnen viel, stehen sie auf Ihrer Prioritätenliste nicht an oberster Stelle. Ihr Partner darf nicht eifersüchtig sein oder Ihre Gegenwart Tag und Nacht brauchen. Fühlen Sie sich eingeengt, flüchten Sie in sexuelle Abenteuer. Sex ist überhaupt sehr wichtig für Sie, und Sie müssen sich bei allen Sinnesfreuden vor Übertreibung hüten, ob es sich dabei nun um essen, trinken, Sex oder Glücksspiele handelt.

Es kann sein, daß Sie avantgardistische Ideen zur Kindererziehung oder zur »offenen Ehe« hegen. Sie spielen gerne des Teufels Advokat und streiten manchmal nur, um zu zeigen, wie schnell Sie denken können. Zweier, Vierer und Sechser könnten Ihnen mehr Geduld und Rücksicht beibringen. Es würde Sie mit Stolz erfüllen, mit einer Sieben verheiratet zu sein. Ist es jedoch eine Neun, könnten Sie einander zum Exzeß treiben (Alkohol?) und sich in einer dramatischen Beziehung verstricken. Vielleicht haben Sie auch eine Eins geheiratet und fühlen sich von ihr bemängelt (was eine unbewußte Reaktion auf deren prinzipientreues Benehmen darstellt).

Die Verwirklichungszahl

Die Verwirklichungszahl sagt etwas über Ihre Leistungen aus. Sie kommt zustande durch das Addieren Ihrer Lebens- und Ihrer Schicksalszahl. Am besten stellen Sie sich Ihre Verwirklichungszahl als eine Kombination aus Ihrem Wesen (Lebensweg) und Ihrer Lebensaufgabe (Schicksalszahl) vor, wobei diese beiden Einflüsse einander ergänzen. Die Auswirkungen Ihrer Verwirklichungszahl machen sich erst im mittleren Alter oder späterem Leben bemerkbar.

Fünf als Schicksalszahl + Eins als Lebensweg = Sechs als Verwirklichung
Sie eignen sich am besten für Berufe, die es Ihnen erlauben, Ihren eigenen Stundenplan festzulegen. Sie müssen Ihr eigener Herr sein und haben ein großes Interesse an Dingen, die Sie einer breiten Öffentlichkeit näherbringen. Sie sollten sich auf die groß angelegte Vermarktung von Produkten spezialisieren, die mit Umwelt, Gesundheit oder Reisen zusammenhängen. Ihr Beruf wird Sie mit allen Gesellschaftsschichten in Kontakt bringen. Sie glänzen als Veranstalter, in der Öffentlichkeitsarbeit, als Autor oder Forschungsreisender, doch dürfte es Ihnen schwerfallen, Kompromisse einzugehen oder sich raten zu lassen. Seien Sie darauf gefaßt, als Bahnbrecher aufzutreten. Sie haben großes Talent dafür, immer wieder auf beiden Füßen zu landen, Hindernisse zu überwinden und es zu Wohlstand zu bringen. Frauen mit dieser Kombination wünschen sich eine Karriere, bei der der Nachdruck auf Dualität, Publikumskontakt und Vielfalt liegt. Eine Heirat kommt erst später in Frage (wobei natürlich auch andere Einflüsse eine Rolle spielen). Diese Kombination kann ein großes Maß an Komfort und gar Luxus erreichen. Sturheit und Taktlosigkeit können Hindernisse sein.

Fünf als Schicksalszahl + Zwei als Lebensweg = Sieben als Verwirklichung
Vielleicht haben Sie das Gefühl, das Leben sei eine unsichere Sache, denn gerade, als Sie dachten, Sie hätten es geschafft, kamen Veränderungen auf Sie zu (und nicht etwa umgekehrt). Sie wehren sich gegen Überraschungen, die Sie von Routinearbeiten wegführen. Ihr Erfolg kommt daher, daß Sie einen Informationsvorsprung haben und Ihre

Fähigkeiten durch Studium und Praxis vertiefen. Sie können auch auf Ihr außergewöhnliches Talent zurückgreifen, geduldig mit einer Vielfalt Menschen umzugehen, denen Sie dabei helfen, gewisse Bedingungen zu verstehen oder anzunehmen. Es geht um Kundenbeziehungen, den Umgang mit Beschwerden, um Sozialarbeit, Arbeit in einer Reiseagentur oder als Schalterbeamter.

Mit fortschreitendem Alter werden Sie mehr Zeit für sich verbringen wollen und sich auf den Tag freuen, wenn Sie auf dem Land leben und sich dem Studium spiritueller Lehren widmen können. Das Leben bringt Sie in Kontakt mit Erfahrungen, die Sie normalerweise nicht suchen würden. Je nach dem, was Ihre anderen Zahlen aussagen, kann diese Kombination homosexuelle Neigungen mit sich bringen.

Fünf als Schicksalszahl + Drei als Lebensweg = Acht als Verwirklichung

Alle drei Zahlen deuten auf ein großes Verkaufstalent. Sie sind der geborene Geschichtenerzähler und Imageverkäufer und dürften es immer wieder mit einer breiten Öffentlichkeit zu tun haben. Ihre Arbeit wählen Sie danach aus, wie leicht sie Ihnen fällt, wie flexibel Stundenplan und Umgebung sind und wie es mit den Verdienstmöglichkeiten aussieht. Sie wissen, wie Sie die Leute zum Lachen bringen und ihre Spannungen auflösen können. Ihre Weisheit ist weniger Ihrer Erziehung als Ihrer Lebenserfahrung zu verdanken, und Sie werden sich immer darauf verlassen können, daß Sie wissen, wie man Geld verdient. Die schönsten Dinge im Leben sind für Sie Freizeit, Spiele und Ihr Gesellschaftsleben. Sie lieben Bars und Pläne, um schnell zu viel Geld zu kommen. Wahrscheinlich werden Sie im späteren Leben ein hübsches Sümmchen beiseite geschafft haben, denn Sie sind ein lebensbejahender Mensch, der immer in großen Dimensionen denkt.

Fünf als Schicksalszahl + Vier als Lebensweg = Neun als Verwirklichung

Vielleicht bereitet es Ihnen Mühe, mit den Veränderungen fertig zu werden, die das Leben an Sie heranträgt, bis Sie begreifen, daß Sie Ihnen vielschichtige Erfahrungen eröffnen. Von Haus aus vorsichtig und sicherheitsliebend, haben Sie im Umgang mit der Öffentlichkeit Erfolg, solange Sie ein ehrliches Produkt oder eine nützliche Dienstleistung anbieten. Diese Kombination trachtet danach, die Grundbedürfnisse der Menschen zu befriedigen. Man wird Sie respektieren wegen Ihrer Einstellung, daß eine Arbeit richtig, sauber und vernünftig ausgeführt werden sollte. Man mag Sie und rechnet mit Ihnen, um fremde Fehler wiedergutzumachen. Wenn Sie die Wahrheiten des Alltags akzeptieren lernen, haben Sie die Chance, eine außergewöhnliche spirituelle Entwicklung durchzumachen. Möglicherweise übernehmen Sie die Verantwortung für Kinder, die nicht Ihre eigenen sind.

Fünf als Schicksalszahl + Fünf als Lebensweg = Eins als Verwirklichung

Die Doppelfünf Ihres Lebensweg und Ihrer Schicksalszahl erhöhen Ihre Erfolgschancen als Unterhaltungskünstler oder in einer anderen öffentlichen Funktion (auch in der Politik). Sie verstehen, was die Leute wollen, und das gibt Ihnen den großen Vorteil, daß Sie wissen, wie Sie Ihr Produkt oder Ihre Dienstleistung gestalten müssen, um damit anzukommen. Sie sind auf die Welt gekommen, um unterwegs, auf Tournee, in den Medien oder auf dem Sprung zu sein. Für Sie geht es im Leben nie schnell genug, und Sie verstehen, durch Ihr Bedürfnis nach Stimulanz und Abwechslung ein Gefühl von Dramatik bis hin zum Chaos um sich zu verbreiten. Wenn Sie nicht lernen zuzuhören, werden Sie unter Ihrer arroganten Einstellung zu leiden haben, doch deutet die Eins als Verwirklichungszahl auf eine ungewöhnliche Leistung (vielleicht die Erfindung eines weitverbreiteten Gebrauchsgegenstands). Begeisterungsfähigkeit und ein wettbewerbsorientiertes Denken verleihen Ihnen unschlagbare Eigenschaften. Zauderlichkeit oder ein hastig zusammengesetztes Produkt könnten Sie zum Straucheln bringen.

Fünf als Schicksalszahl + Sechs als Lebensweg = Elf als Verwirklichung

Ihr Leben wird Sie zu Gebieten führen, für die Sie nicht immer das Gefühl haben, gut ausgerüstet zu sein. Sie werden lernen, sich an die Bedürfnisse anderer anzupassen, und Wege finden, um auf sinnvolle Weise zu deren geistigen und körperlichen Gesundheit beizutragen. Ihre Handlungen drehen sich um Lehr- und Trainingstätigkeiten, und Sie werden erst zufrieden sein, wenn Sie eine Veränderung im Leben von wenigstens einem Menschen bewirkt haben. In späteren Jahren haben Sie vielleicht nicht mehr solch hohe Erwartungen, was die

Möglichkeit betrifft, andere ändern zu können. Die Menschen, die Sie schon früh im Leben kennenlernen, werden Sie auch später begleiten. Mit zunehmendem Alter wenden Sie sich zusehends spirituellen Themen zu und entwickeln vielleicht ein Talent zur Dichtung oder als Autor von Romanen. Eine zuverlässige Beziehung geht später im Leben verloren, doch werden Sie wieder einen Gefährten finden.

Fünf als Schicksalszahl + Sieben als Lebensweg = Drei als Verwirklichung

Sie haben der Öffentlichkeit ein besonderes Talent anzubieten und werden vielleicht mehrere Berufe ausüben, bis Sie diese wichtige Fähigkeit entwickelt und Ihre Interessen vertieft haben. Plötzliche Veränderungen mögen Sie nicht, wie Sie auch nicht gerne auf die Forderungen der Öffentlichkeit eingehen. Sie finden, die anderen sollen warten oder sich woanders hinwenden. Als vom Strudel des Lebens mitgerissener Einzelgänger betrachten Sie andere, durchsetzungsfähigere Menschen mit Neugier und wollen die Unterschiede verstehen, die zwischen Ihnen und den anderen bestehen. Ihr Ehrgeiz ist befriedigt, wenn es Ihnen gutgeht und Sie Ihre Arbeit gut gemacht haben. Der richtige Partner wird Sie aus sich herausholen und Ihnen im Alter einen leichteren Touch geben. Weil Sie ein fähiger Techniker sind, der sich auf jedem Gebiet einsetzen läßt, lassen Ihre Geldsorgen mit der Zeit nach.

Fünf als Schicksalszahl + Acht als Lebensweg = Vier als Verwirklichung

Eine außergewöhnliche Kombination für alles Geschäftliche. Sie haben Elan, einen gesunden Menschenverstand und genügend Kampfgeist, um Ihre Vorhaben durchzusetzen. Mit der richtigen Vorbereitung ist dem, was Sie erreichen können, keine Grenzen gesetzt. Sie sollten sich auf Ihre eigenen Bemühungen verlassen, anstatt anzunehmen, andere wüßten es besser als Sie. Es ist Ihnen in einem hohen Maß gegeben, »ein Bedürfnis zu finden, das Sie erfüllen können«. Am besten geht's, wenn Sie Dienstleistungen für jedermann anbieten oder Firmenanwalt bzw. Strafverteidiger werden. Falls Sie sich der Politik zuwenden, überlassen Sie das Podium lieber anderen und halten sich im Hintergrund. Sie werden sich nie zur Ruhe setzen.

Fünf als Schicksalszahl + Neun als Lebensweg = Fünf als Verwirklichung

Sie verfügen über eine beneidenswerte Kombination, die dazu führen kann, daß Sie überqualifiziert sind für einige der vielen Chancen, die sich Ihnen bieten werden. Ihr Lehen besteht aus Gegensätzen – rauf und runter. Sie können alles verlieren und dennoch ein paar Monate später wieder ganz oben stehen. Geld kommt und geht, aber Sie dürfen davon ausgehen, daß es Sie immer finden wird, wenn Sie es brauchen. Sie lieben das Ungewisse und wissen oft nicht, wo Sie morgen sein werden. Auf Reisen wohnen Sie ebensogern im Luxushotel, wie Sie sich Ihren Rucksack anschnallen. Sie sind von Natur aus kaum geeignet für ein gewöhnliches Leben und am glücklichsten, wenn Sie dessen Nebenwege auskundschaften und (als Zuschauer) an den Veränderungen teilhaben, die anderen widerfahren. Wenn nötig, teilen Sie Ihren letzten Groschen mit anderen. Viele werden sich in Sie verlieben, doch eignet sich diese Kombination nicht für langfristige Beziehungen, da sie sich dem Allgemeinen und nicht dem Einzelnen verschrieben hat. Auch im Alter sehen Sie jugendlich aus.

Fünf als Schicksalszahl + Elf als Lebensweg = Sieben als Verwirklichung

Die große Intensität dieser Meisterzahl könnte Sie in die Bereiche medialer Phänomene katapultieren. Vielleicht lassen Sie sich von einem wenig bekannten spirituellen System faszinieren oder verlieren sich in einer unersättlichen Neugierde auf die Probleme der anderen. Wegen der flüchtigen Kräfte, die auf diese Kombination einwirken, besteht ein großes Bedürfnis nach ausgewogener Ernährung, Entspannung und Körperübungen. Ausgezeichnete Zahlen für einen inspirierten Schauspieler. Weil man in Ihnen ein Original sieht, erregen Sie starke Gefühle in anderen – sowohl im positiven als auch im negativen Sinn. Im späteren Leben sehnen Sie sich nach Abgeschiedenheit. Es kann sein, daß Sie Ihre spirituellen Einsichten in einem Tagebuch oder einer Serie Essays festhalten möchten, um Sie so anderen mitzuteilen.

Fünf als Schicksalszahl + Zweiundzwanzig als Lebensweg = Neun als Verwirklichung

Diese Kombination könnte schier mühelos einen erstaunlichen Beitrag für die Öffentlichkeit leisten. Die Chancen dazu sind gegeben und Ihre

Fähigkeiten enorm. Was immer das Produkt oder die Dienstleistung auch sein mag, es wird etwas äußerst Nützliches, Günstiges und leicht Herstellbares sein, dessen Einzelteile leicht erhältlich sind. Man denke an Vermögen, die mit Gebrauchsgegenständen verdient wurden (etwa an unscheinbaren Ventilchen oder feuerfesten Bezügen für die Polster von Flugzeugen). Sie haben die Gabe zu wissen, was funktioniert und wesentlich ist, und nähern sich den Dingen mit einem gesunden Menschenverstand, dem Ihre Kunden nicht widerstehen können. Sie sind auf der Welt, um Ihren Mitmenschen den größtmöglichen Nutzen zu bringen.

Sechs als Schicksalszahl

Beträgt die Summe der Zahlen in Ihrem Namen sechs, läßt sich Ihre Lebensart wie folgt beschreiben:

verantwortlich	zuverlässig
fürsorglich	liebevoll
künstlerisch	praktisch
freundlich	traditionell

Ihre Lebensaufgabe ist es, zu dienen. Ihre Gaben sind dazu da, Komfort zu schaffen und sowohl Rat als auch materielle Güter zu verteilen. Sie sind ein Ernährer und ein Lehrer. Den Idealen der Wahrheit, Schönheit, Gerechtigkeit und Harmonie verschrieben, sind Sie eine Künstlernatur (meist in einem praktischen Sinn). Sie arbeiten hart, um sich und Ihren Lieben eine schöne und harmonische Umgebung zu schaffen, und interessieren sich weniger für Geld an sich, als Sie es einsetzen, um für Behaglichkeit und Lebensqualität zu sorgen.

Sie halten sich an das Gesetz und schätzen überlieferte Methoden, um Ihre Ziele zu erreichen (harte Arbeit, Planung). Im Gegensatz zur Fünf neigen Sie dazu, Regeln und anerkannten Autoritäten zu folgen. Weniger streng wie die Vier, verhalten Sie sich sympathisch und verständnisvoll. Seien Sie sich bewußt, daß diese Eigenschaften auch als unbewußte Machtspiele eingesetzt werden können, vor allem dort, wo Sie sich gerne mit Menschen umgeben, denen Sie »helfen« müssen, wodurch Sie Ihre Überlegenheit zur Schau stellen können, ohne Macht anwenden zu müssen. Die Sechs verfügt über ein gutes Urteilsvermögen und hat Erfolg mit Geschäften, die Herz und Gefühl involvieren. Sie sind ein Kenner, wo es um Essen und Getränke geht, und auch ein guter Koch, der geborene Gastgeber, ein/e gute/r Vater/Mutter, Beschützer, Freund und Stütze Ihrer Gemeinde. Ihr Verlangen nach Verantwortung kann Sie dazu verleiten, die Lebensaufgaben anderer beeinflussen zu wollen. Hüten Sie sich davor: Sie verschwenden Ihre Energie und machen sich zum Märtyrer.

Gesellschaft ist Ihnen sehr wichtig. Die Leute wenden sich an Sie um Rat. Die Unterstützung einer liebevollen Familie und von guten Freunden ist wesentlich für Ihr Glück. Sie werden immer einen Weg finden, andere zu belehren, sei es nun als Teil Ihrer Arbeit oder in Ihrer Freizeit. Sie sind der Typ, der Kinder adoptiert oder in Pflege nimmt, ein großer Bruder, Sponsor oder Mittelbeschaffer für Wohltätigkeitsveranstaltungen. Mit einer Zwei, Drei, Sechs oder Neun als Herzenswunsch wird Ihre emotionale, großzügige, praktische und traditionelle Seite gefördert. Haben Sie als Herzenswunsch die Drei oder Fünf, dürften Sie darunter leiden, wenn man Ihnen zuviel Verantwortung aufbürdet. Mit einer Vier oder Acht als Herzenswunsch wird aus Ihnen ein hervorragender Geschäftsmann oder Lehrer. Ist Ihr Herzenswunsch eine Eins, macht sich ein gewisser Konflikt bemerkbar, denn Sie möchten gerne verständnisvoll sein, dürften jedoch feststellen, daß Sie, um auf andere Rücksicht zu nehmen, Ihre besten Chancen aufopfern müssen.

Sei neigen dazu, ein konventionelles Leben zu führen (es sei denn, es bestünden wichtige Einflüsse von Einsern, Fünfern, Dreiern oder auch Siebenern). Als Kind verinnerlichen Sie die Werte Ihrer Familie mühelos (es sei denn, Ihr Herzenswunsch ist Eins oder Acht); anderer Menschen Meinung ist Ihnen sehr wichtig. Manchmal sind Sie stur und voreingenommen.

Unausgeglichen, verspannt oder im Widerstand: Sie sind ängstlich, pessimistisch und mischen sich in alles ein. Sie benutzen das Wort »sollte« zu oft. Zwanghaft versuchen Sie, sich durchzusetzen, und rationalisieren Ihr Verhalten damit, daß es »besser« sei, es »gut für andere« sei oder daß man »das, was man erledigt haben möchte, am besten gleich selbst macht«.

Zeigen Sie sich von Ihrer schlimmsten Seite, sind Sie ein/e über-
mächtige/r Vater/Mutter, belehrend und unfähig, anderen zuzuhören.
Sie machen sich zu viele Gedanken darüber, wie lange die Dinge
brauchen, und halten zu lange an einem Streit oder Groll fest. Sie
können sehr verurteilend sein.

Karriere/Berufung/Geschäft/Talent: Alle Dienstleistungen wie zum
Beispiel Sozialarbeiter, Heil- oder Chiropraktiker, Krankenschwester,
Raumgestalter, Lehrer, Bauer, Gutsverwalter, Verkäufer von Einrich-
tungsgegenständen oder Küchenartikeln. Weitere Berufe, die Ihnen
zusagen könnten, sind: Restaurateur, Koch, Bäcker, Fleischer, Designer, Grafiker, Gouvernante, Handwerker, Bibliothekar, Schauspieler, Entwerfer von Stoffen, Kleidern oder Kostümen, Autor, Dichter,
Lyriker, Musiker, Sänger, Kosmetikerin, Angestellter im öffentlichen
Dienst, Ökologe, Landschaftsarchitekt, Ingenieur, Hoteldirektor,
Krankenpfleger, Haushälterin, Pfarrer oder Pastor, Vertreter von Ein-
zelhandelsprodukten, Berater oder Psychologe.

Ängste und Hoffnungen: Sie gehen ein, wenn Sie sich nicht nützlich
fühlen. Vielleicht sind Ihre Ansichten über Liebe und Eheleben so
idealistisch, daß Sie nie heiraten werden oder Ihre Ehe geschieden
wird. Sie neigen dazu, sich wegen Kleinigkeiten zu sorgen, große
Probleme jedoch ohne weiteres zu bewältigen. Darüber hinaus sind Sie
ängstlich und zerfleischen sich und andere, wenn diese nicht das tun,
was Sie für »richtig« halten.

Sie wollen nicht den Märtyrer spielen, doch übernehmen Sie oft zu
viel Verantwortung. Sie brauchen Sicherheit und fürchten sich vor
Kontrollverlust.

Sie hoffen, daß alle, die Sie kennen, bei guter Gesundheit bleiben
werden, und wünschen sich ein harmonisches Zuhause. Es kann sein,
daß Sie sich vor Rivalität fürchten. Auch haben Sie Angst, man könnte
Sie für geizig halten. Ihr Wunsch, Probleme schnell zu lösen, macht Sie
impulsiv.

Eheleben: Sie können ein idealer Partner sein, der in allem, was er
unternimmt, viel Liebe zeigen kann, doch können Sie auch sehr
kontrollierend sein und sich eher eine elterliche als eine partnerschaft-
liche Rolle anmaßen. Sie mischen sich – natürlich nur zu seinem Besten

– in die Karriere Ihres Partners ein. Es stimmt allerdings, daß Sie es verstehen, eine ideale Umgebung für geschäftliche Anlässe zu kreieren.

Sie sind zärtlich und (vor allem mit einer Zwei oder Sechs als Herzenswunsch) leicht zu verletzen, wenn Ihr Partner auf Gebieten »versagt«, die Ihnen besonders wichtig sind (etwa Pünktlichkeit, vernünftiger Umgang mit Geld, auf die Gesundheit achten, effektiv sein). Es fällt schwer, Sie dazu zu bringen, in einer Sache Ihre Meinung zu ändern, es sei denn, deren praktische Vorteile seien offensichtlich.

Im allgemeinen werden Sie ein schönes, gepflegtes und offenes Heim führen. Sie lieben Gäste, seien es Familienangehörige oder Freunde, und sind sehr stolz auf Ihre Kinder.

Die Verwirklichungszahl

Die Verwirklichungszahl sagt etwas über Ihre Leistungen aus. Sie kommt zustande durch das Addieren Ihrer Lebens- und Ihrer Schicksalszahl. Am besten stellen Sie sich Ihre Verwirklichungszahl als eine Kombination aus Ihrem Wesen (Lebensweg) und Ihrer Lebensaufgabe (Schicksalszahl) vor, wobei diese beiden Einflüsse einander ergänzen. Die Auswirkungen Ihrer Verwirklichungszahl machen sich erst im mittleren Alter oder späteren Leben bemerkbar.

Sechs als Schicksalszahl + Eins als Lebensweg = Sieben als Verwirklichung

Lehrberufe sind für Sie äußerst geeignet, da sie Ihnen die Möglichkeit bieten, Ihre Ideale weiterzugeben und andere zu beraten und auf das Leben vorzubereiten. Sie verfügen über eine ausgeprägte Intelligenz und haben wenig Geduld mit der Mittelmäßigkeit des Gruppendenkens. Dennoch liegen Ihre Chancen auf dem Gebiet einer koordinierten Zusammenarbeit mit anderen. Allerdings werden Sie dazu tendieren, die Gruppe zu dominieren, und sind wegen Ihrer sturen Ansichten bekannt – auch wenn Sie meistens Recht behalten! Ihr Beitrag liegt auf dem Gebiet der Gesundheit, der Kunst, des Sports oder der Umwelt.

Gutes Timing ist wesentlich. Es kann sein, daß Sie mit Ihrem Denken der Mehrheit voraus sind, doch wenn Sie den Markt genau analysieren, werden Sie Erfolg haben. Lassen Sie sich bei Zutaten oder

Methoden, von denen Sie wissen, daß sie richtig sind, nicht auf Kompromisse ein. Später im Leben werden Sie mehr ins Detail gehen und als Experte bekannt sein. Da Sie den Wert der Intuition immer wieder vor Augen geführt bekommen, werden Sie über die alltägliche Wirklichkeit hinaus nach etwas Höherem suchen. Ihre kritischen Fähigkeiten bessern sich, wenn Sie älter sind.

Sechs als Schicksalszahl + Zwei als Lebensweg = Acht als Verwirklichung

Sie sind eine beeindruckbare Seele mit künstlerischen Interessen und empfinden den tiefen Wunsch, die Menschheit zu verstehen und ihr durch einen persönlichen Beitrag zu helfen. Sie neigen dazu, ein introvertierter Beobachter zu sein, fleißig in allem, was Sie unternehmen, weil Sie Angst haben, in den Augen der anderen nicht bestehen zu können. Sie sind die geborene Mutter, Ehefrau, »geschätzte Angestellte«, auch wenn Ihre Karriere Ihnen nie und nimmer so wichtig ist, als wie man Sie als Freundin einschätzt. Sie verbinden Ihre Zeit mit dem Versuch, fremden Bedürfnissen gerecht zu werden, weshalb man Sie sehr schätzt und liebt. Stete Bemühungen über eine lange Zeitspanne hinweg bringen schließlich mehr Erfolg, als Sie erwartet hatten. Sie sind begierig auf neue Gesundheitsprodukte, glauben an den Wert positiven Denkens und trachten danach, Konfrontationen oder Streß zu vermeiden. Druck entsteht, wenn Sie sich zu viel zumuten oder wegen der Zukunft sorgen.

Sechs als Schicksalszahl + Drei als Lebensweg = Neun als Verwirklichung

Ihre Lebensaufgabe besteht darin, Verantwortungsbereitschaft zu entwickeln. Bis Sie sich dessen bewußt werden, könnte Ihr Leben sehr frustrierend verlaufen, da Sie das Gefühl haben werden, daß andere Sie unglücklich machen. Während Ihre optimistische und großzügige Einstellung oft funktioniert, wird das Brechen von Versprechen und eine mangelnde Aufmerksamkeit gegenüber Einzelheiten, für die Sie verantwortlich sind, Ihr Leben sehr chaotisch gestalten. Sie verfügen über die Gabe, andere aufmuntern und ihnen viel Zärtlichkeit entgegenbringen zu können. Vielleicht halten Sie sich für den größten Teil Ihres Lebens für nicht mehr als ein »großes Kind«. Im allgemeinen ist Ihre finanzielle Lage außerordentlich gut.

Sechs als Schicksalszahl + Vier als Lebensweg = Eins als Verwirklichung

Sie führen ein sehr ausgefülltes Leben mit guten Aufstiegschancen, die Sie schnell ergreifen sollten. Man gibt Ihnen die Möglichkeit, Ihre Ideen umzusetzen und Ihre effizienten Methoden auch Ihren Mitarbeitern zu vermitteln. Sie sind ein hervorragender Angestellter und werden im späteren Leben wegen Ihrer Ideen eine gewisse Bekanntheit erlangen. Vielleicht bringen Sie dann auch Ihr schriftstellerisches Talent zum Erblühen und schreiben eine Biographie, ein Tagebuch oder Lehrbücher. Es besteht kein Zweifel, daß Sie es weit bringen werden.

Sechs als Schicksalszahl + Fünf als Lebensweg = Elf als Verwirklichung

Sie dürfen Ihr Leben lang damit rechnen, mit progressivem Gedankengut auf traditionelle Systeme oder Gruppen einzuwirken. Sie sind gerne anders und könnten sich im Leben einigen dramatischen Auseinandersetzungen gegenüber sehen, da Sie gerne auf Ihrem Willen bestehen. Als geborener Problemlöser sind Sie sehr anpassungsfähig und arbeiten gut mit der Öffentlichkeit zusammen. Der Erfolg könnte durch eine unabhängige Dienstleistung kommen – reisender Veterinär, Masseur, Kunstvertreter, Schausteller. Im späteren Leben sind Sie weniger beweglich und risikobereit. Heiraten werden Sie auf jeden Fall – vielleicht auch mehr als einmal! Als reiferer Mensch besteht die Chance, daß Sie irgendwann im Rampenlicht stehen.

Sechs als Schicksalszahl + Sechs als Lebensweg = Drei als Verwirklichung

Die Kombination einer Sechs als Schicksals- und einer zweiten Sechs als Lebenszahl verspricht Erfolg in jedem Dienstleistungsbetrieb. Sie arbeiten gerne mit kleinen oder größeren Gruppen und ziehen eine Mischung Leute vor, die leistungsorientiert sind und sich gerne einer guten Sachen verschreiben. Sie haben ein ausgeprägtes Bedürfnis, anderen behilflich zu sein, weshalb das Leben Sie mit Waisen, Haustieren, Pflanzen und komplizierten Projekten versehen wird, die Sie unter Ihre Fittiche nehmen können. Sie sind der Typ für eine lange Ehe und werden wahrscheinlich gut heiraten. Die Drei als Verwirklichungszahl läßt darauf schließen, daß Sie sich wahrscheinlich früh zur Ruhe setzen werden. Da Sie sich jedoch auch weiterhin mit karitativen Projekten abgeben werden, sind Sie nach wie vor vielbeschäftigt und kommen in Kontakt mit allerlei Menschen.

Sechs als Schicksalszahl + Sieben als Lebensweg = Vier als Verwirklichung

Der offensichtlichste Konflikt dieser Kombination besteht darin, daß Sie als Einzelgänger immer wieder in Situationen kommen, wo Sie dazu aufgerufen sind, auf emotionale und engagierte Weise auf Ihre Familienangehörigen einzugehen. Sie wären ein geeigneter Geschichtslehrer und könnten auch technische Fächer vermitteln. Für die häuslichen Probleme anderer haben Sie ein scharfes Auge. Haben Sie nicht genug Zeit, um sich um Projekte zu kümmern, die Ihnen am Herzen liegen, dürften Sie ziemlich unwirsch reagieren. Sie sind von Natur aus skeptisch und werden erst mit zunehmendem Alter praktischer, aber auch konservativer. Ihren Enkeln kommen Sie vielleicht sehr streng vor.

Sechs als Schicksalszahl + Acht als Lebensweg = Fünf als Verwirklichung

Diese Kombination ist sehr günstig. Sie sind ein selbständiger Mensch mit viel Geschäftssinn, der sogar aus einer maroden Firma ein florierendes Unternehmen zu machen weiß. Man wird Ihnen die Chance einräumen, sowohl bei der Arbeit als auch zu Hause die Bedingungen zu verbessern. Viele werden sich für finanzielle Unterstützung und Anleitung auf Sie verlassen. Mit zunehmendem Alter sind Sie risikofreudiger und wünschen sich weniger Routine, obwohl Streß und Leistungsdruck nicht groß nachlassen. Sie nehmen das Leben ernst und glauben, daß Sie Ihres eigenen Glückes Schmied sind.

Sechs als Schicksalszahl + Neun als Lebensweg = Sechs als Verwirklichung

Sie sind reich an innerer Weisheit und haben sich vorgenommen, durch den Dienst am Nächsten zu lernen. Es kann sein, daß Sie etwas länger brauchen werden, um sich für ein bestimmtes Arbeitsgebiet zu entschließen, doch dürfte es sich dabei um Kunst, Design, Hilfswerke, Mittelbeschaffung, Medizin, Gesundheitsprodukte oder eine Tätigkeit als Laienprediger handeln. Die Familien- oder Eheberatung oder ein

110

anderer helfender und heilender Beruf könnte Ihnen den Austausch und die Erfüllung bringen, nach der Sie mit dieser Kombination suchen. Im späteren Leben werden Sie auf irgendeinem Gebiet als Lehrer wirken.

Sechs als Schicksalszahl + Elf als Lebensweg = Acht als Verwirklichung

Sie lernen viel von Ihren Eltern, Kindern und Lebensgefährten. Als der geborene Ehepartner und Elternteil werden Sie alles tun, um in jeder Lebenslage für Ausgleich zu sorgen, Verantwortung zu übernehmen und ein bequemes, ästhetisches Umfeld zu schaffen. (Sie stellen sogar in fremden Wohnungen die Möbel um!) Sie nehmen sich lieber Zeit für Ihre Beziehungen und Ihre Kreativität als für Geldangelegenheiten, sind nicht groß an Konkurrenz interessiert, sondern geben sich lieber bescheiden. Es besteht dennoch eine gute Chance, daß Sie auf dem Gebiet der Kunst, Psychologie, Esoterik, als Lehrer, Dichter oder Literat Beachtung finden. Mit einer Elf als Lebenszahl dürften Sie sich mehr für das Übersinnliche als für die alltägliche Wirklichkeit interessieren.

Sechs als Schicksalszahl + Zweiundzwanzig als Lebensweg = Eins als Verwirklichung

Von Ihren Anlagen her sind Sie ein Mensch, der härter arbeiten kann als die meisten, weshalb Sie sich in den Chefetagen der Macht sehr wohl fühlen würden. Vielleicht haben Sie sich von der Pike auf hochgedient und sind außerordentlich kompetent auf Gebieten wie der Baubranche, im Gesundheits- oder Versicherungswesen oder in der Herstellung. Weitere Möglichkeiten sind die Sportmedizin, Chiropraktiker, Gerüstebau für Großprojekte oder die Entwicklung von alternativen Energiequellen. Sie gehen mit einer äußerst aufgeschlossenen Haltung an die Lösung von Problemen heran. Eine Warnung: Sie sollten auch Ihre Kompromiß- und Kooperationsbereitschaft entwickeln, da Sie dazu neigen, sehr dominant oder festgefahren zu sein. Der Einfluß Zweiundzwanzig deutet manchmal auf kriminelle Handlungen. Auf der positiven Seite heißt die Eins als Verwirklichungszahl, daß Sie im späteren Leben auf Ihrem Gebiet einen wichtigen Beitrag leisten könnten.

Sieben als Schicksalszahl

Beträgt die Summe der Zahlen in Ihrem Namen sieben, läßt sich Ihre Lebensart wie folgt beschreiben:

ruhig	vorsichtig
kultiviert	analytisch
intellektuell	tiefgründig
lernwillig	selektiv

Sie sind der Skeptiker, der die Dinge hinterfragt, der Forscher, der sie analysiert, der Perfektionist, Denker oder Erfinder, der alles Oberflächliche meidet und den starken Wunsch hegt, wegen der Qualität seiner Arbeit respektiert zu werden. Zu den Gebieten, von denen Sie sich angezogen fühlen, gehören Technik, Wissenschaft, Landwirtschaft, Mechanik, Handwerk, Esoterik, Psychologie und Philosophie. Sie sehen sich als Einzelgänger, der sich auf seinen Verstand verläßt, und ziehen einen ruhigen, unkomplizierten Umgang mit Ihren Mitarbeitern vor, der sich ohne große Ablenkungen gestaltet. Es kann sein, daß Sie im Ruf stehen, etwas langsam und verschlossen zu sein, doch kümmert Sie die Meinung anderer wenig. Aus Scheuheit beobachten Sie alles, was in einem Zimmer vor sich geht, und sind dennoch recht mitteilsam, wenn Sie von Ihrem Spezialgebiet sprechen. Innerhalb einer Organisation neigen Sie zur Territorialität und machen ein Geheimnis aus dem, was Sie nun eigentlich tun. Das kann sich natürlich sowohl zu Ihrem Vor- als auch zu Ihrem Nachteil auswirken und hängt von Ihrer Produktivität ab. Oft ist eine Firma auf Ihre Forschungsergebnisse angewiesen, um Entscheidungen treffen oder ihr Produkt verfeinern zu können. Als intellektuell neugieriger Mensch stellen Sie sich auf eine Stufe mit »dem Volk«, doch steht Ihnen die Idee näher als die Massen selbst. Sie haben Respekt vor einer guten Ausbildung und akademischen Titeln.

Sie ziehen eine Vielzahl Menschen an, vor allem Denker, aber auch bizarre und schillernde Naturen. Sie selbst sind vielleicht auch etwas exzentrisch. Ist die Sieben auch Ihre Persönlichkeitszahl, wirken Sie noch mehr so und scheinen noch reservierter. Mit einer Drei oder Fünf als Persönlichkeitszahl verfügen Sie über geselligere Manieren. Eine Acht als Persönlichkeitszahl wird Sie formell wirken lassen, und Sie neigen dazu, andere Menschen durch Ihren großen und einmaligen Wortschatz zu beeindrucken. Arroganz oder Stolz könnten Ihre Schattenseite sein.

Siebener lernen oft durch Enttäuschungen, deren Lösung Sie dazu zwingt, Ursachen, Beziehungen und Bedeutungen zu analysieren. Vielleicht müssen Sie etwas aufgeben, an dem Sie sehr hängen. Alle Ihre Erfahrungen zielen darauf ab, Ihre seelische Entwicklung voranzutreiben. Ihre Lebensaufgabe ist ernst und besteht darin, zu verstehen, zu akzeptieren und zu wachsen. Mit der Zeit werden Sie feststellen, daß die Muster Ihres Lebens einen Sinn ergeben. Nach Ihrem vierzigsten Lebensjahr werden Sie mehr und mehr Sie selbst sein. Ziehen Sie es allerdings vor, sich als dem Leben ausgeliefert oder als Opfer Ihrer Umstände zu sehen, machen Sie große Rückschritte in Ihrer persönlichen Entwicklung. Sie distanzieren sich von den anderen und werden zum zynischen und erbitterten Einzelgänger. Wählen Sie den positiven Weg, haben Sie als geborener Lehrer anderen viel zu vermitteln.

Unausgeglichen, verspannt oder im Widerstand: Sie können sich geheimnisvoll, sarkastisch, elitär, rücksichtslos, hortend, pessimistisch und unumgänglich geben und haben das Gefühl, das Leben sei Ihnen etwas schuldig, weil Sie so einmalig sind. Vielleicht neigen Sie zur Paranoia. Ihre Verdächtigungen können Ihre Beziehungen vergiften. Ihre Unfähigkeit, Angst oder Verletzlichkeit auszudrücken verblüfft Ihre Freunde und trägt zu Ihrem Gefühl von Einsamkeit bei.

Karriere/Berufung/Geschäft/Talent: Jede Tätigkeit, die Qualität, Gründlichkeit, Analyse und Forschung verlangt. Es bieten sich Gelegenheiten in Literatur und Forschung, im Labor, in der Statistik, auf medizinischen Spezialgebieten, in Gartenbau und Forstwirtschaft, als Veterinär oder Psychiater, Hochschullehrer, Historiker, Lektor, Autor, Satiriker, Violinist, Pfarrer oder Pastor, Astrologe oder Numerologe, Naturforscher (was Ihrer Liebe zur Natur und zur Tierwelt entgegenkäme), Gärtner, Detektiv, Sportler, Bauer oder Schätzer.

Ängste und Hoffnungen: Vielleicht fürchten Sie, daß die Leute sich über Ihre Macken lustig machen, doch im allgemeinen fügen Sie sich in das Unvermeidbare und machen sich nicht zu viele Gedanken. Geben Sie jedoch Ihren paranoiden Neigungen nach, werden Sie besessen sein von den Absichten und Bemerkungen der anderen. Sie mögen es nicht, wenn man Sie hinterfragt. Es kann sein, daß Sie launisch und geizig mit Geld umgehen (da Sie sich vor Armut fürchten) und schwierig sind, wo es um Ihre Ernährung geht.

Sie hoffen, die oder der Beste zu sein, fürchten sich davor, dumme Fehler zu machen, und möchten Ihre Zeit nicht für nichts verschwenden.

Eheleben: Von allen Zahlen kann die Sieben im Zusammenleben die schwierigste sein. Ihr Partner muß bereit sein, mehr zu geben, als er empfängt. Sie brauchen jemanden, der auf Ihrer Wellenlänge ist und Ihre Interessen teilt. Es kann jedoch auch sein, daß Sie jemanden aussuchen, der genau das Gegenteil von Ihnen ist, damit Sie das, was Sie an sich selbst am liebsten mögen, mit niemandem teilen müssen.

Sie sind kein gefühlsbetonter Mensch und finden das Bezeugen von Gefühlen geschmacklos. Sie sind mehr an der Erziehung Ihrer Kinder interessiert, und weniger daran, täglich mit ihnen zu spielen. Weibliche Siebener müssen einen Mann heiraten, den sie respektieren und an dessen Arbeit sie Anteil nehmen können.

Es kann sein, daß Sie dazu neigen, die Religion oder Ihre beruflichen Leidenschaften sexueller Intimität vorzuziehen. Sie sind nicht so anpassungsfähig wie manche andere Zahlen, weshalb Ihr Partner sich Ihnen anpassen muß. Sie brauchen Zeit allein und ein eigenes Zimmer. Sie ziehen ein ruhiges und ordentliches Heim vor und sind treu.

Ihre Verwirklichungszahl

Die Verwirklichungszahl sagt etwas über Ihre Leistungen aus. Sie kommt zustande durch das Addieren Ihrer Lebens- und Ihrer Schicksalszahl. Am besten stellen Sie sich Ihre Verwirklichungszahl als eine Kombination aus Ihrem Wesen (Lebensweg) und Ihrer Lebensaufgabe (Schicksalszahl) vor, wobei diese beiden Einflüsse einander ergänzen. Die Auswirkungen Ihrer Verwirklichungszahl machen sich erst im mittleren Alter oder später im Leben bemerkbar.

Sieben als Schicksalszahl + Eins als Lebensweg = Acht als Verwirklichung

Sie werden eine wichtige Entdeckung machen oder etwas Technisches erfinden. Diese Kombination eignet sich ausgesprochen gut für Forschung, spirituelle Führung oder Erfolg im diplomatischen Dienst (als Botschafter). Sie verlangt nach höherer Bildung, einem Titel, Rang oder akademischer Würde. Wahrscheinlich leben Männer einfacher mit ihr als Frauen, da alle drei Zahlen männlich sind. Frauen, die mit dieser Kombination geboren wurden, werden sehr ehrgeizig sein. Mit zunehmendem Alter ernten Sie Macht, Autorität und finanzielle Bestätigung.

Sieben als Schicksalszahl + Zwei als Lebensweg = Neun als Verwirklichung

Diese Kombination zeichnet sich aus bei der Diagnose emotionaler Probleme und trägt so zum Verständnis der menschlichen Lage bei. Sie sind von Haus aus weitaus mehr auf psychologische und technische Gebiete ausgerichtet als auf die Finanz- oder Geschäftswelt, die Durchsetzungsvermögen, Konkurrenzdenken und Risikobereitschaft verlangt. Sie sind ein gründlicher Mensch mit einem Auge für Finesse und die schönen Künste (insbesondere Fotografie und Film). Es könnte sehr wohl sein, daß Sie Ihren Lebensstandard durch einen Glücksfall wenigstens einmal verbessern werden. Vergessen Sie nicht, daß Sie davon profitieren, wenn Sie Abstand nehmen und eine Lebensphilosophie entwickeln. Wegen Ihrer Sensibilität neigen Sie mehr zum Rückzug als zur Auseinandersetzung.

Sieben als Schicksalszahl + Drei als Lebensweg = Eins als Verwirklichung

Sie können außergewöhnlich gut mit Worten umgehen und haben einen ungewöhnlichen Sinn für Humor – eine ausgezeichnete Kombination für einen Kabarettisten. Außerdem verfügen Sie über das Talent, scheinbar unzusammenhänge Teile zu einer überraschende Synthese zu vereinen. Sie sind vielseitig interessiert und bringen es auf diesen Gebieten zu einer gewissen Expertise. Ihre Phantasie und Ihr Interesse an Menschen lassen Sie einen ungewöhnlichen Beruf wählen. Mit der Eins als Verwirklichungszahl werden Sie im späteren Leben wahrscheinlich auf Ihrem Gebiet relativ bekannt. Sie haben hohe Ideale und eine charmante Art, andere zu überzeugen. Erfolg winkt als Vertreter für Luxusartikel.

Sieben als Schicksalszahl + Vier als Lebensweg = Elf als Verwirklichung

Diese Kombination arbeitet sehr hart, und es gibt keine Abkürzungen auf dem Weg zum Erfolg. Der Sinn Ihres Lebens könnte Ihnen unklar sein, bis Sie eine gewisse Reife erreicht haben. Sie neigen dazu, sich in Situationen wiederzufinden, über die Sie keine Kontrolle haben, die aber mit der Zeit zu dem Gefühl führen, daß Sie *alles* angehen können. Sie sind sachlich veranlagt und möchten alles überprüfen. Aus Ihnen würde ein ausgezeichneter Zollbeamter, wie Sie sich überhaupt für jede Art von Spürarbeit eignen. Ihre Einstellung lautet wahrscheinlich »Man kriegt das, wofür man zahlt«. Eine intensive emotionale Erfahrung im späteren Leben wird in Ihnen das Bedürfnis nach spirituellen Studien wecken.

Sieben als Schicksalszahl + Fünf als Lebensweg = Drei als Verwirklichung

Ein starker Hang, die Dinge hinauszuzögern, wird Ihre Leistungen beeinträchtigen, bis Sie ihn überwunden haben. Vielleicht geben Sie lieber auf, als daß Sie sich Problemen stellen. Sie empfinden ein starkes Verlangen, sich von »der Masse« abzuheben, und wählen deshalb ziemlich ungewöhnliche Freunde. Arbeit, die Sie begeistert, kommt für Sie am ehesten in Frage. Sie sind der geborene Detektiv mit einer erhöhten Risikobereitschaft. Der Konflikt zwischen Ihren Zahlen (der schnelle, abenteuerliche Geist der Fünf, der in den versteckten Bereichen der Sieben operiert) kann Sie in interessante Situationen führen. Eine ausgezeichnete Kombination für einen Dramatiker oder Drehbuchautor von abenteuerlichen Krimis. Sie werden sich im Alter nicht mit Geldsorgen plagen müssen, da Hinweise dafür da sind, daß Sie es haben werden, wenn Sie es brauchen.

Sieben als Schicksalszahl + Sechs als Lebensweg = Vier als Verwirklichung

Sie eignen sich am besten für die Arbeit in einer Produktionsstätte für qualitativ hochstehende Artikel. Ihre Fähigkeiten, andere auf technischem Gebiet anzulernen, sind ausgezeichnet. Sie sind mehr daran interessiert, Ihre Arbeit aus Qualitätsgründen gut zu machen, als um Ihre Karriere zu fördern. Mit der Vier als Verwirklichungszahl werden Sie darauf achten, daß Sie für Ihre Arbeit gut belohnt werden. Sorgen Sie dafür, daß sich die Zeit für Freizeitaktivitäten mit Ihren Vorgesetzten und Angestellten nehmen. Sie verändern sich über die Jahre nur wenig – immer sachlich, zuverlässig und verantwortlich. Sollten Sie eine gute Ehe geführt haben, werden Sie vielleicht nicht wieder heiraten wollen, falls Ihr Gatte stirbt, denn Sie haben hohe Ansprüche an eine Ehe und werden sich nicht mit dem Zweitbesten zufrieden geben.

Sieben als Schicksalszahl + Sieben als Lebensweg = Fünf als Verwirklichung.

Sie haben gewählt, sich in diesem Leben auf ein einziges Interessengebiet zu konzentrieren, und sind ein genauer und kritischer Mensch. Nichts entgeht Ihnen. Bestenfalls sind Sie ein Kenner der schönen Künste, von Möbeln, Weinen und für Ihre Kenntnisse des Ungewöhnlichen bekannt. Es kann sein, daß Sie sich (als Teil Ihrer natürlichen Neugier) sehr für Gesundheitsfragen interessieren. Eine gewöhnliche Arbeit wird Sie nicht zufriedenstellen. Hüten Sie sich vor Ihren elitären Neigungen. Ihre Intuition ist außergewöhnlich gut – mit der Fünf als Verwirklichungszahl könnte aus Ihnen sogar ein Buchmacher werden! Sie haben die Gabe, anderer Leute Leben durch einen verrückten Zufall, für den Sie verantwortlich sind, zu verändern. Mit dem Alter werden Sie exzentrischer, aber auch jugendlicher in Ihrer Einstellung. Sie widerstehen allen Formen von Autorität.

Sieben als Schicksalszahl + Acht als Lebensweg = Sechs als Verwirklichung

Bildung ist für Sie ein absolutes Muß. Sie funktionieren auf der ausführenden, professionellen Ebene, doch auch ohne die Vorteile eines Universitätsdiploms besitzen Sie natürliche Autorität und Können. Investitionen, Marktanalysen, die Entwicklung von Hochhäusern oder Hotels sowie die Welt der Hochfinanz sind Ihr Betätigungsfeld. Sie sind ein Genie, wo es darum geht, Entwicklungsgelder aufzutreiben und das richtige Team für den Job zusammenzustellen. Es kann sein, daß Sie sich für eine Karriere als Anwalt, im Militär, in der Wirtschaft, als Lehrer oder Chirurg entscheiden, der sich mit den Komplexitäten der neuesten Apparaturen auseinandersetzt. Ihr Privatleben könnte Ihnen mehr Sorgen bereiten als Ihre Arbeit. Sie halten auch bei Rückschlägen an Ihrem Kurs fest und werden mit zunehmendem Alter zärtlicher.

Sieben als Schicksalszahl + Neun als Lebensweg = Sieben als Verwirklichung

Geld braucht nicht Ihr Ziel zu sein. Sie haben die Gabe, im richtigen Moment am richtigen Ort zu sein, wobei die Sieben als Schicksalszahl Ihnen Chancen in den heilenden Berufen, in der Esoterik und in der Spiritualität eröffnet. Ihre kritische Seite hilft Ihnen dabei, Ihre Neun zu fokussieren. Es kann sein, daß Sie das Gefühl haben, eine Mission erfüllen zu müssen, aber auch befürchten, etwas zu verpassen. Ihr Schicksal entfaltet sich über eine lange Zeitspanne hinweg und wird sich Ihnen vielleicht erst am Ende Ihres Lebens eröffnen. Der Nachdruck liegt nicht auf der Leistung, sondern vielmehr auf dem Lernen. Das Leben wird Sie von vielen Dingen trennen, wobei diese Kombination es Ihnen erlaubt, sich zutiefst auf die Unterstützung durch Ihre Spiritualität zu verlassen. Sie werden immer einen besonderen Hauch von Weisheit und Mitgefühl ausstrahlen.

Sieben als Schicksalszahl + Elf als Lebensweg = Neun als Verwirklichung

Diese Kombination deutet auf ein sehr scheues, gar einsiedlerisches Wesen. Ihre Umgebung kann Sie leicht aus der Bahn werfen. Das Interesse, das Sie den Dingen entgegenbringen, überfordert Sie leicht, weshalb Sie möglicherweise gewisse zwanghafte Angewohnheiten entwickeln. Sie interessieren sich sehr für spirituelle, ästhetische und poetische Fragen und haben Schwierigkeiten, sich mit der weltlichen Seite des Lebens auseinanderzusetzen. Sind Sie eine Frau, dürften Sie sehr schön sein. Als Mann sehen Sie fein und romantisch aus. Es bereitet Ihnen Mühe, sich auf Ziele als solche zu konzentrieren, da Sie sich von unmittelbaren Einflüssen ablenken lassen (und schon ein leuchtend blauer Himmel Sie ins Schwärmen bringt). Erfuhren Sie als Kind zuwenig Unterstützung, kann es sein, daß Ihr Selbstwertgefühl nicht sehr gut entwickelt ist, doch verfügen Sie über eine fruchtbare Phantasie, die Ihnen das kompensieren hilft. Deshalb eignet sich Ihr Wesen gut für Berufe, die mit dem Theater zusammenhängen (Dokumentationen, klassische Themen). Isadora Duncan könnte eines Ihrer Idole sein.

Sieben als Schicksalszahl + Zweiundzwanzig als Lebensweg = Elf als Verwirklichung

Wenn Sie mit diesen Zahlen fertig werden, werden Sie auch vor Wundern nicht Halt machen. Diese ungewöhnliche Kombination verleiht allem, was Sie unternehmen, eine große Intensität, doch könnte es sein, daß diese Zahlen Ihre Weltsicht etwas engherzig machen. Ihr Eifer könnte Sie dazu verleiten, Hilfe von verrufenen Menschen anzunehmen oder selbst kriminell zu werden. Das sind Extreme, aber Sie verlieren den Sinn für die Wirklichkeit, sobald Sie Ihren überspannten Extremen folgen und glauben, Pläne leichter ausführen zu können, als sie es tatsächlich sind. Sie liegen innerlich im Clinch mit dem, was Sie erreicht haben; andere mögen Sie deswegen bewundern, aber Sie sind unzufrieden mit dem meisten, was Sie machen. Vielleicht erkennen die anderen Ihre wahre Absichten nicht und sehen in Ihnen nur einen engagierten Arbeiter, doch Sie haben noch ein Lieblingsprojekt in Ihrem Keller, das Sie über mehrere Jahre hinweg beschäftigt. Fruchtbare Resultate zeigen sich vielleicht erst, wenn Sie wirklich nichts dem Zufall überlassen. Wenn Sie sich nicht regelmäßig entspannen, kann sich das negativ auf Ihre Gesundheit auswirken. Sollten Sie Ihren Partner nicht in Ihre Interessen einbeziehen, kann es sein, daß er Sie später ganz plötzlich verläßt.

Acht als Schicksalszahl

Beträgt die Summe der Zahlen in Ihrem Namen acht, läßt sich Ihre Lebensart wie folgt beschreiben:

mächtig	effektiv
ehrgeizig	förmlich
konservativ	unterscheidend
sicher	verläßlich

Ihre Lebensaufgabe hat viel mit Machtentfaltung zu tun. Tatsächlich üben Sie wegen Ihrer Antriebskraft, Ihres Ehrgeizes und ihres Talents oft Autorität aus. Natürliche Bereiche der Acht sind die Finanzwelt, das Bankgeschäft, Grundstücke, Großkonzerne, Regierungsinstitutionen, Recht, Gefängnisse, Krankenhäuser oder die Universitätsverwaltung.

Sie fühlen sich da völlig zu Hause, wo wichtige Entscheidungen zu treffen an der Tagesordnung ist. Intensiv, förmlich, äußerst zuverlässig und konsequent, gehen Sie nicht leicht Risiken ein und haben gelernt, keine Annahmen zu machen. Ob Sie im Handel oder im Kader tätig sind, Ihre Arbeit ist qualitativ hochstehend, und Sie werden sich deshalb gerne Berufen zuwenden, die nach einer besonderen Expertise verlangen. Sie sind ein ausgezeichneter Troubleshooter, weil Sie immer wieder darauf abzielen, das Gleichgewicht wiederherzustellen und Methoden zu entwickeln, die die Effektivität und die Geschwindigkeit verbessern. Sie verschwenden sozusagen nie Ihre Zeit und sind meistens äußerst diszipliniert, gut informiert und wohlhabend.

Die Lebensaufgabe der Acht besteht darin, ein Bewußtsein für geistige Prinzipien in den Alltag und in das materielle Leben einzubringen. Für die meisten Achter wird dies sich erst nach langem Umgang mit den Strukturen von Macht und Geld bewerkstelligen lassen. Es kommt ziemlich häufig vor, daß Achter okkulte Einsichten als irrelevant abtun. Man hört sie am häufigsten sagen: »Ich glaube nicht an dieses Zeugs. Und Sie?« Manchmal ist es eine Tochter oder eine Geliebte, die diese Gebiete für eine männliche Acht erschließt.

Ihnen gefällt alles, was nach Vermögen riecht, und Sie prunken zuweilen gern damit. Sie kaufen mit Vorliebe Markenartikel.

Sie mögen Hindernisse und setzen Ihre Konkurrenten gerne schachmatt. Als konservativer Mensch halten Sie nichts von modischem »Schnickschnack« (besonders wenn Ihre Persönlichkeitszahl eine Zwei, Vier, Sechs, Sieben oder Acht ist). Weibliche Achter sollten sich für eine Karriere entscheiden oder wenigstens eine Arbeit annehmen.

Unausgeglichen, verspannt oder im Widerstand: In Ihrem Leben dreht sich möglicherweise alles nur um materielle Werte und die Anhäufung von Geld und Gut. Sie mischen sich zu sehr in anderer Leute Leben ein, sind hart, voreingenommen, unnachgiebig und intolerant. Sie sind besessen vom Erfolgsdenken und können Menschen, die Ihre Autorität in Frage stellen, nicht ausstehen. Hüten Sie sich vor Ihrem Hang zum Workaholiker. Sie sollten Hobbys aufnehmen, die zu Ihrer Entspannung und persönlichen Entwicklung beitragen.

Karriere/Berufung/Geschäft/Talent: Gelegenheiten bieten sich Ihnen im Verlagswesen, als Grundstücksmakler, Drucker, bei Kreditinstituten, Universitäten, Banken und Versicherungen, in der Verwaltung, in der Medizin (als Chirurg), im Transportwesen, bei der Jobvermittlung und als Meeresbiologe.

Das Leben weist Ihnen meistens eine vorgesetzte Rolle zu, vielleicht in einem Konzern, einer Großfirma oder jeder Organisation, wo Sie in einer Hierarchie Macht manipulieren können. Frauen mit Achtern an prominenten Stellen hegen den Wunsch, sich in traditionell männlichen Berufen zu beweisen, zum Beispiel als Ingenieurin, Bankerin, Verwalterin, Mechanikerin oder Technikerin.

Andere Berufe und Beschäftigungen, die in Frage kommen, sind Physiker, Erfinder, Personalchef, Einkäufer, Treuhänder, Aktuar, Statistiker, Produzent, Schauspieler (Hauptdarsteller klassischer Stücke), Direktor, Orchesterchef, Kritiker, Lektor, Coach, Berufssportler, Fabrikbesitzer, Anwaltssekretärin, Sammler, Wohnungsvermittler, Vertreter von Ausrüstungen, Koch, Geschäftsführer, Polizist, Postbeamter, Feuerwehrmann oder Soldat.

Ängste und Hoffnungen: Sie haben ständig das Gefühl, Ihren Wert beweisen zu müssen. Vielleicht ist Ihnen das nicht bewußt, und Sie haben das Gefühl, die anderen würden Sie beurteilen. Sie projizieren Ihre eigenen Ängste auf andere, und anstatt sich helfen zu lassen, wenn Sie sich unzulänglich fühlen oder sich Sorgen machen, überhäufen Sie andere mit Rat und Energie, um ihnen zu »helfen«. Sie geben sich gerne als Retter, da es Ihre Macht und Kontrolle bestätigt. Am meisten fürchten Sie, die Kontrolle zu verlieren. Sie halten es in untergebenen Positionen nicht sehr lange aus. Achter lassen sich im allgemeinen nicht von ihren Ängsten beherrschen und spüren Zorn vor Angst. Sie können das Gefühl haben, sich auf dem einen oder anderen Gebiet in Ihrem Leben ständig anzustrengen, ohne daß es etwas bringt. Oft glauben Sie auch, nicht zu bekommen, was Ihnen zusteht. Eine Zwei, Drei, Sechs oder Neun als Herzenswunsch wird Ihre Sturheit und Ihren Ehrgeiz etwas dämpfen. Haben Sie eine Eins, Vier oder Acht als Herzenswunsch, wollen Sie mindestens Minister werden!

Eheleben: Sie werden die Beziehung zweifelsohne dominieren, egal ob Sie jetzt die Ehefrau oder der Ehemann sind. Sind Sie eine Frau, sollten Sie dafür sorgen, daß Sie innerhalb Ihres Heims über ein eigenes Zimmer oder einen eigenen Bereich verfügen.

Sie schätzen es nicht, wenn es bei Ihnen zu Hause hoch hergeht, da Sie das Gefühl nicht mögen, von Leuten belagert zu werden, die Sie als »Hockenbleiber« empfinden. Sie mögen kein Chaos, keine Verspätungen, Unordnung oder Entschuldigungen (obschon Sie ironischerweise selbst oft nicht gerade pünktlich sind, wobei Sie den Eindruck vermitteln, wichtige Verpflichtungen hätten Sie aufgehalten).

Sie können abwesend, förmlich und irgendwie kalt oder taktlos wirken und kommen meistens direkt zum Kern einer Sache. In einer Debatte oder einer Diskussion geben Sie einen gefürchteten Gegner ab und haben beinahe immer eine beeindruckende Anzahl Argumente zu Ihrer Verfügung, die Ihren Standpunkt unterstützen.

Es kann sein, daß Sie sehr mit Ihrem Geschäft oder Ihrer Karriere beschäftigt sind und nicht viel Zeit mit Ihrem Partner verbringen, bis dieser sich vernachlässigt fühlt. Ihrem Gatten obliegt der Großteil der häuslichen Verpflichtungen, es sei denn, Sie beschließen, jemanden dafür anzustellen. Als Frau sind Sie oft nicht gerade die geborene Mutter. Verfolgen Sie keine Karriere, können Sie Ihr Haus wie ein Geschäftsführer in Ordnung halten. Arbeiten Sie, ist es am besten, Sie stellen eine Haushälterin ein, anstatt zu versuchen, alles selbst zu bewältigen. Sie dürften ziemlich streng mit Ihren Kindern sein, doch profitieren sie von Ihrem Selbstvertrauen und Ihrem Organisationstalent. Sie erwarten viel von sich und Ihrer Familie.

Als Mann akzeptieren Sie keine Unordentlichkeit und begegnen häuslichen sowie privaten Problemen mit der Einstellung, daß es für alles eine vernünftige Lösung gibt. Sie müssen lernen, mehr Gefühl zu zeigen und sich genug zu entspannen, um die Früchte Ihrer Arbeit auch genießen zu können. Im Idealfall sind Sie stark, zuverlässig, loyal und fleißig. Lassen Sie Ihre Frau Ihr Gesellschaftsleben organisieren.

Die Verwirklichungszahl

Die Verwirklichungszahl sagt etwas über Ihre Leistungen aus. Sie kommt zustande durch das Addieren Ihrer Lebens- und Ihrer Schicksalszahl. Am besten stellen Sie sich Ihre Verwirklichungszahl als eine Kombination aus Ihrem Wesen (Lebensweg) und Ihrer Lebensaufgabe

(Schicksalszahl) vor, wobei diese beiden Einflüsse einander ergänzen. Die Auswirkungen Ihrer Verwirklichungszahl machen sich erst im mittleren Alter oder im späteren Leben bemerkbar.

Acht als Schicksalszahl + Eins als Lebensweg = Neun als Verwirklichung
Sie werden Gelegenheit haben, Ihr eigenes Geschäft zu führen. Einfach ausgedrückt, deutet diese Kombination auf großen Erfolg im materiellen Bereich sowie auf persönliche Einsicht. Sie haben Durchblick, Macht sowie Chancen, die sich erfüllen lassen, und wissen bereits, auf welchem Gebiet Ihnen Erfolg winkt.

Acht als Schicksalszahl + Zwei als Lebensweg = Eins als Verwirklichung
Sie haben für alles, das Sie erreicht haben, kämpfen müssen und werden Gelegenheit haben, eine Partnerschaft mit einem überlegenen Menschen einzugehen. Ihr Arbeitsgebiet könnte in einem Museum, einer Vereinigung zur Verbreitung der Psychologie oder Geisteswissenschaften, jedweder technischer Firma, einem Architekturbüro, in der Modefotografie, der Grafik, der Lebensmittelinspektion oder in einer Kantine liegen. Durch Ihre Zusammenstöße mit der Macht und mit Bestimmungen lernen Sie den besonderen Wert Ihrer Beharrlichkeit, Ihrer Geduld und Ihres Takts schätzen. Mit zunehmender Reife wächst auch Ihr Selbstvertrauen.

Acht als Schicksalszahl + Drei als Lebensweg = Elf als Verwirklichung
Sie wären gut aufgehoben in der Werbe- oder Grafikabteilung eines großen Konzerns. Ist Ihr Herzenswunsch die Eins, Acht oder Vier, trachten Sie danach, die Karriereleiter bis ganz oben zu erklimmen. Gelingt Ihnen das nicht, sind Sie die Art Gehaltsempfänger, der dem »wirklichen Leben« außerhalb der Arbeit seine Aufmerksamkeit widmet. Es kann sein, daß jemand Ihnen die Möglichkeit bietet, schnell zu Geld zu kommen, wodurch Sie einiges lernen werden über Partnerschaften, Erwartungen und Durchhaltevermögen. Entscheiden Sie sich für einen künstlerischen Beruf, könnten Sie damit einen gewissen Bekanntheitsgrad erreichen.

Acht als Schicksalszahl + Vier als Lebensweg = Drei als Verwirklichung

Sie werden wahrscheinlich schon früh im Leben anfangen zu arbeiten, indem Sie Zeitungen austragen oder einen Nebenjob finden, möglicherweise in einer großen Firma. Sie verfügen über die Durchsetzungskraft, die Sie brauchen, um es weit zu bringen, und tun gut daran, Ihre gesellschaftlichen Talente zu entwickeln, Golf oder Tennis spielen zu lernen und die Universität oder eine Handelsschule zu besuchen. Mechanische Bereiche wie Hoch- und Tiefbau sind ideal für Sie. Außerdem stehen Ihnen Wissenschaft, Geschäfts- und Finanzwelt sowie die Regierungsverwaltung offen. Sie planen Ihre Beförderungen Jahre im voraus, sollten dabei aber nicht die Chancen übersehen, die sich Ihnen schon jetzt bieten könnten. Es kann gut sein, daß Sie im späteren Leben über einiges Geld verfügen werden.

Acht als Schicksalszahl + Fünf als Lebensweg = Vier als Verwirklichung

Sie sind energisch, voller neuer Ideen und gehen in einer strukturierten Umgebung vielleicht etwas zu gerade auf Ihr Ziel zu. Besser wäre, Sie würden als Vertreter arbeiten, als Profisportler viel unterwegs sein oder sich in Politik oder Recht – einen Namen machen. Falls Sie mehrere Gebiete meistern, dürften Sie sich im späteren Leben auf das Praktischste spezialisieren. Sie lassen sich erst in reiferem Alter nieder. Passen Sie auf, daß Sie Ihren Körper nicht durch Überstunden strapazieren, denn Sie haben leicht das Gefühl, nicht genug zu leisten, sei es nun zu Recht oder zu Unrecht.

Acht als Schicksalszahl + Sechs als Lebensweg = Fünf als Verwirklichung

Chancen bieten sich Ihnen in der Sozialarbeit, der Verwaltung eines Krankenhauses oder einer Schule und auf den anderen Gebieten, die sich für eine Acht eignen. Sie bringen ein Element von Gewissenhaftigkeit, Umsicht und Wärme mit an Ihren Arbeitsplatz und sollten darauf achten, daß Sie die Anerkennung erhalten, die Sie für die große Verantwortung verdienen, die Sie auf sich nehmen. (Sie richten andere auf, ohne daß diese es merken.) Sie haben sich für eine Kombination aus häuslichen und beruflichen Belangen entschieden und dürften es genießen, der Öffentlichkeit neue Projekte zugänglich zu machen.

Streß kann zu Maßlosigkeit führen – seien Sie vorsichtig mit Arzneimitteln und deren Langzeitwirkung. Im späteren Leben neigen Sie zur Rastlosigkeit und könnten das Gefühl haben, Sie hätten sich in jüngeren Jahren zu oft untergeordnet.

Acht als Schicksalszahl + Sieben als Lebensweg = Sechs als Verwirklichung

Sie sind Ihr Leben lang mit ernsthaften Problemen konfrontiert. Erfolgsversprechende Gebiete sind die Gerichtsmedizin, die Forschung (Atomkraft, Medizin, Pharmazeutik und Militär), die finanzielle Analyse, Antiquitäten und Geschichtsforschung. Gleich welches Gebiet Sie wählen, Sie werden zum Experten avancieren. Höhere Bildung ist für Sie eine Notwendigkeit, aber auch ohne sie verfügen Sie über ungewöhnlich viel Talent als Erfinder, Hersteller oder Handwerker. Sie strahlen Gelassenheit und Selbstvertrauen aus, doch schneiden Sie nicht mit Ihren Leistungen auf. Mit zunehmender Reife kommen Komfort, Familienbande und die Gelegenheit, Wissen zu vermitteln.

Acht als Schicksalszahl + Acht als Lebensweg = Sieben als Verwirklichung

Weil die karmische Zahl 16 hinter dieser Summe steht, dürfen Sie sich auf ein intensives Leben gefaßt machen. Es besteht ein nicht zu bremsender Trieb, etwas zu leisten und die Kontrolle an sich zu reißen. Diese Zeilen werden Sie nur dann lesen, falls in Ihrem Leben etwas stattgefunden hat, wofür Sie keine andere, »rationale« Erklärung finden können. Eigenschaften wie Dominanz, Strenge und Entschlossenheit sind bei dieser Kombination verstärkt. Sie werden dauernd mit Herausforderungen konfrontiert sein, dennoch trauen sich nur wenige Leute, sich Ihnen wirklich in den Weg zu stellen. Der große Erfolg, den Sie landen werden, wird Ihnen wahrscheinlich im Nu vor der Nase weggeschnappt. Sie lernen durch Krisen und Herausforderungen, verfügen jedoch über einen Durchblick, der es Ihnen erlaubt, mehr zu erreichen, als die meisten Menschen sich träumen lassen. Es kann sein, daß persönliche Beziehungen Ihnen mehr Mühe bereiten als der Firmenkrieg. Mit der Reife ändert sich Ihre Einstellung um hundertachtzig Grad.

Acht als Schicksalszahl + Neun als Lebensweg = Acht als Verwirklichung

Sie sind auf die Welt gekommen, um Minister, Verwaltungsrat, religiöser Führer, Diplomat, Menschenfreund, klassischer Schauspieler oder Arzt zu werden und bringen jedem Gebiet Wärme und Verständnis entgegen. Weniger große Aufgaben warten auf Sie in einem Rehabilitationszentrum, als Sozialarbeiter, Bildhauer, Romanautor, Barmann in einem großen Hotel, Sportreporter, Zollbeamter oder als internationaler Geschäftsmann. Der Erfolg steht Ihnen ins Gesicht geschrieben. Wenn Sie im späteren Leben kein Vermögen angehäuft haben, ist es, weil Sie gewählt haben, sich auf andere Dinge zu konzentrieren.

Acht als Schicksalszahl + Elf als Lebensweg = Eins als Verwirklichung

Diese Zahlen eignen sich für eine Frau, die klassische Schauspielerin werden möchte. Diese Kombination ist voller Spannungen, doch liegt in ihr die Möglichkeit, das Rampenlicht anzuziehen. Sie dürften Erfolg auf allen Gebieten haben, die mit Fernseharbeit zusammenhängen (zum Beispiel Maskenbildnerin bei einem größeren Sender), aber auch als Elektriker, Strafverteidiger, Psychologe (besonders wenn Sie zum Thema schreiben). Sie sind ein Erneuerer und könnten sehr wohl esoterische Methoden in Ihre Arbeit einbringen.

Acht als Schicksalszahl + Zweiundzwanzig als Lebensweg = Drei als Verwirklichung

Diese Kombination könnte jemanden hervorbringen, der wie kein anderer versteht, aus anspruchsvoller Literatur populäre Drehbücher zu machen. Es kann sein, daß Sie dazu neigen, alles nach Ihrem Kopf zu machen, und keine Kompromisse eingehen wollen auf dem Gebiet, das Sie für Ihre Lebensaufgabe halten. Sie könnten sich anderen Menschen mit verstecktem Stolz und Eitelkeit nähern. Das Leben wird Sie wiederholtermaßen fordern, doch werden spätere Chancen, die es Ihnen erlauben, alle Ihre Fähigkeiten in einem Projekt zu vereinen, Ihnen beweisen, daß »es sich gelohnt hat«. Es kann sein, daß Sie schlimme Erfahrungen machen, doch im späteren Leben geht alles leichter, und Sie werden glücklicher sein, als Sie erwartet hatten. Ein Hobby könnte Geld bringen.

Neun als Schicksalszahl

Beträgt die Summe der Zahlen in Ihrem Namen neun, läßt sich Ihre Lebensart wie folgt beschreiben:

menschenfreundlich	universell
träumerisch	sensibel
romantisch	beeindruckbar
poetisch	dynamisch
großzügig	entwickelt

In diesem Leben liegt der Nachdruck auf der Fürsorge, der Umsetzung menschenfreundlicher Ideale und der Entwicklung von Toleranz und Mitgefühl – bis hin zur Arbeit an einer vereinten Welt. Sie können das für eine Übertreibung halten, Tatsache ist, daß die Neun über die Ressourcen aller anderen Zahlen verfügt. Es ist Ihnen wichtiger, auf ein Ideal hinzuarbeiten und die allgemeine Lebensqualität zu steigern, als nur Geld zu verdienen oder ein Konsument zu sein.

Sie können diese Aufgabe auf verschiedene Weise angehen. Vielleicht über eine Karriere (als Pfarrer, Heilpraktiker, Lehrer oder Leiter), die es Ihnen erlaubt, viele Menschen zu erreichen und Situationen zum Bessern zu beeinflussen und zu verändern. Oder Sie könnten auch jemanden heiraten, der Ihnen viel Toleranz und Geduld abverlangt. Auch wenn Ihr Einflußbereich sich in diesem Fall auf nur eine Person beschränkt, werden Sie tief empfinden.

Sie haben Phantasie, sind künstlerisch, empfindsam, leicht zu beeindrucken (und möglicherweise sogar leichtgläubig), interessieren sich für Religion, Philosophie und Esoterik. Vielleicht fühlen Sie sich von Kulten und Bewegungen angezogen oder sind selbst ein Anführer. Durch die Neun verfügen Sie über viel Macht. Lassen Sie sich nicht in Kleinlichkeiten verstricken oder von Situationen blockieren, die Ihnen nicht eine breite Auswahl an Erfahrungen und Erfolgen zu bieten haben.

Es reizen Sie unterschiedliche Erfahrungen, die Sie immer wieder vor eine Wahl stellen. Dabei lernen Sie, nicht zu sehr an Menschen und Dingen zu hängen, Enttäuschungen mit einer philosophischen Haltung entgegenzutreten und Ihre Erlebnisse in einem größeren Zusammenhang zu sehen. Wenn Sie nichts mehr brauchen, werden Sie feststellen, daß Sie alles haben.

Bilden Sie sich weiter, sei es formell oder informell. Ihr Weg ist – wie der der Schicksalszahl Sieben – der Weg der Weisheit. Sie tun gut daran, Ihre angeborene Intuition zu entwickeln und sich auf »Eingebungen« und »Gefühle« Ihrer Psyche zu verlassen statt auf logisches, deduktives Denken. Sie müssen sich nach der Decke strecken, um sich weiterentwickeln zu können. Engstirnigkeit und materialistische Ziele bringen Ihnen nichts. Wahrscheinlich sind Sie eine alte Seele (und haben Ihre Lebenslehren gut integriert), weshalb materielle Ambitionen wenig Anziehungskraft für Sie haben dürften. Darum sind manche Neuner Träumer, die sich treiben lassen, äußerst umgänglich, doch leider auch richtungslos sind.

Unausgeglichen, verspannt oder im Widerstand: Sie können schwer zu verstehen, zur Vernunft zu bringen, kalt, egozentrisch, launisch, zu idealistisch, schwach, scheu und pessimistisch sein und sich immer nach dem sehnen, was Sie nicht haben, ohne zu wissen, wie Sie es sich verschaffen könnten. Vielleicht sind Sie aufs Nehmen aus, wo Sie doch hier sind, um zu geben. Sie könnten jemandem blind folgen, der Sie mit überzeugenden, starken Reden verführt. Vielleicht sind Sie auch ein verträumter Mystiker, der nicht willens ist, Verantwortung für seinen Alltag zu übernehmen. Oder Sie sind ein Heuchler.

Es kann sein, daß es Ihnen schwerfällt, sich zu entscheiden, und Sie nicht wissen, was Sie mit Ihrem Leben anfangen sollen. Das ist überhaupt eines der größten Probleme dieser Zahl, weil sie sich von so vielen Dingen angezogen fühlen und sie auf vielen Gebieten Talent haben. Vielleicht üben Sie in Ihrem Leben mehr als einen Beruf aus.

Die Neun, die eine grenzenlose Zahl ist, hat manchmal nur wenig Kontrolle über ihren Umgang mit Drogen und Alkohol. Ihre Haltung lautet vielleicht, daß sich alles schon weisen wird.

Karriere/Berufung/Geschäft/Talent: Es bieten sich Ihnen zahllose Gelegenheiten, weil Ihr Neuner-Name Macht beinhaltet. Allerdings müssen Sie lernen zu wählen und Ihre Energie in die Kanäle leiten, die Sie wirklich faszinieren und die sich für andere von Nutzen erweisen werden. Die Neun arbeitet auf kulturellem Gebiet: Kunst, Theater, Geschichte, Philosophie, Religion, Medizin, Literatur, Architektur und Musik. Es kann sein, daß Sie auf mehreren Gebieten gleichzeitig begabt oder talentiert sind. Denken Sie immer in großen Dimensionen, und verleihen Sie den Dingen den Stellenwert, der ihnen gebührt, anstatt sich in einem Strudel von Einzelheiten zu verfangen. Als Neun könnten Sie sich auch für eine akademische Karriere entscheiden. Wenn nicht, werden Sie sich als jemand »aus dem Volk« fühlen und haben eine natürliche Verbindung mit den universellen Problemen und Lasten dieser Welt. Sie scheinen zu wissen, daß Sie eine Mission zu erfüllen haben, und erkennen wohl auch intuitiv die Sinnlosigkeit eines rein materiellen Lebens. Das kann der Grund dafür sein, daß Sie oft schwanken zwischen dem Gefühl, sich einer ehrgeizigen und gut bezahlten Karriere widmen zu müssen, und der Einsicht, daß der materielle Erfolg eine Falle für Ihr »wahres« Selbst und Ihre Energie ist. Als Neun sollten Sie sich Ihre Lebenszahl oder Ihren Herzenswunsch genau ansehen, damit Sie sich besser auf ein bestimmtes Gebiet zu konzentrieren können.

Ängste und Hoffnungen: Sie sind in das Leben verliebt und werden von einer Liebe für große Höhen angetrieben. Vielleicht fürchten Sie sich vor Liebesverlust und klammern zu sehr, wodurch das Gewünschte sich Ihnen entzieht. Sie müssen negative Gedanken und Ängste loslassen und trotz Ihrer Neigung zu Stimmungsschwankungen und Depressionen das Gleichgewicht wahren. Sie sind ein Mensch der Extreme, der gleichzeitig Angst hat zu stören und in den Vordergrund zu treten. Deshalb scheinen Sie oft scheu, abwesend, pessimistisch und sprunghaft. Sie sind von Haus aus entweder dramatisch oder zauderhaft.

Eheleben: Sie können ein guter Ehepartner sein, denn Sie sind tolerant, ausdrucks- und liebevoll. Ihre Großzügigkeit mit Ihrer Zeit und Ihrem Geld kann Ihren Partner irritieren, wenn er nicht dazu neigt, anderen ebensosehr entgegenzukommen. Sind Sie mit einer Zwei, Vier, Sechs oder Acht verheiratet, könnte Ihr Gatte von Ihnen erwarten, daß Sie sich mehr anpassen, als Ihrem künstlerischen Wesen entspricht. Es kann auch sein, daß Sie außereheliche Affären haben, die die Harmonie gefährden, die Sie zu Hause brauchen. Sie neigen zu Gefühlsausbrüchen, doch sind Sie nicht nachtragend. Entweder Sie sind sehr fordernd (aus einem idealistischen Gefühl dafür, wie die Dinge sein müßten) oder aber tolerant bis zur Gleichgültigkeit. Die männliche Neun hat oft Mühe mit Söhnen und Vaterfiguren.

Die Verwirklichungszahl

Die Verwirklichungszahl sagt etwas über Ihre Leistungen aus. Sie kommt zustande durch das Addieren Ihrer Lebens- und Ihrer Schicksalszahl. Am besten stellen Sie sich Ihre Verwirklichungszahl als eine Kombination aus Ihrem Wesen (Lebensweg) und Ihrer Lebensaufgabe (Schicksalszahl) vor, wobei diese beiden Einflüsse einander ergänzen. Die Auswirkungen Ihrer Verwirklichungszahl machen sich erst im mittleren Alter oder später im Leben bemerkbar.

Wichtig: Die Fähigkeit der Neun als Schicksalszahl, sich mit jeder Lebenszahl zu vermischen, ohne ihre Identität zu verändern, verstärkt die Eigenschaften des Lebensweges.

Neun als Schicksalszahl + Eins als Lebensweg = Eins als Verwirklichung

Sie haben eine Aufgabe zu erfüllen, doch nur Sie wissen, worum es sich handelt. Ihre Gabe, die Dinge zu perfektionieren, inspiriert, heilt oder hilft der Menschheit. Ihre Arbeit kann eine breite Öffentlichkeit erreichen. Mit zunehmender Reife bringt man Ihnen große Anerkennung entgegen. Sie sind glücklicher, wenn Sie selbständig arbeiten. Bleiben Sie in Kontakt mit einflußreichen Menschen.

Neun als Schicksalszahl + Zwei als Lebensweg = Zwei als Verwirklichung

Psychologie, Therapie, Kunst, Musik, Theater, Theologie, Porträtfotografie passen alle zu Ihnen. Sie sind gut beraten auf dem Gebiet, für das Sie sich interessieren, mit einflußreichen Menschen zu verkehren. Ein Volontariat könnte gute Resultate bringen. Sie werden viel von Partnerschaften mit dem anderen Geschlecht lernen.

Neun als Schicksalszahl + Drei als Lebensweg = Drei als Verwirklichung

Sie tun sich auf allen Gebieten hervor, wo Sie auf fröhliche Art Kontakt mit den Mitmenschen pflegen – vom Pfarrer bis zum Barmann. Ihre Kombination verbindet auf schöne Art Optimismus, Verständnis, Kontakt und Akzeptanz miteinander. Für Sie kommen Karrieren in der Musik, im Theater, als Referent oder im Gesundheitswesen in Frage.

Ihnen gefallen kurzfristige Projekte, die Ihnen bei der Zeitplanung viel Spielraum lassen. Ohne Gesellschaftsleben kommen Sie nicht aus. Im großen und ganzen haben Sie einen leichten Weg vor sich. Ihre jugendliche Verspieltheit gepaart mit tiefer Einsicht und Weisheit.

Neun als Schicksalszahl + Vier als Lebensweg = Vier als Verwirklichung

Es ist Ihnen ein Bedürfnis, Ihre Ideale dort einzusetzen, wo Sie damit bessere Bedingungen schaffen können. Sie sind eine konzentrierte Neun und als solche willens, schwere Zeiten durchzustehen, um etwas Bleibendes zu erreichen. Alle, die Sie kennen, halten Sie für einen erdverbundenen Menschen, aber Sie strahlen auch inneres Wissen aus. Man vertraut Ihnen instinktiv und wendet sich mit seinen Problemen an Sie. Sie werden Ihr ganzes Leben arbeiten müssen und sind nicht sehr statusorientiert.

Neun als Schicksalszahl + Fünf als Lebensweg = Fünf als Verwirklichung

Meistens ist mit Ihnen leicht auszukommen, denn Sie sind ein Stehaufmännchen. Ideale Berufe für Sie wären Handelsreisender, Zirkusdirektor, Clown, Reisefotograf oder Journalist. Sie sind hier, um zu entdecken, zu reisen und Ihre Erfahrungen auf der materiellen Ebene zu vertiefen. Das geistige Leben mag Ihnen fremd sein, doch fühlen Sie sich von ungewöhnlichen Ideen angezogen und lernen nach einer persönlichen Erfahrung, dem Übersinnlichen mehr Aufmerksamkeit zu schenken. Als risikofreudiger und aktiver Mensch möchten Sie wahrscheinlich keine herkömmliche Beziehung eingehen, weil Sie dadurch zu sehr gebunden wären. Bestimmt werden Sie mehrere Berufe oder Talente meistern. Wenn Sie sich einmal für etwas interessieren, lassen Sie nicht locker.

Neun als Schicksalszahl + Sechs als Lebensweg = Sechs als Verwirklichung

Sie interessieren sich für alles, was mit Helfen und Heilen zu tun hat. Wieviel Geld Sie verdienen, ist Ihnen nicht so wichtig wie die Tatsache, wie nützlich Sie im Leben sein können. Ihre tiefsten Erfahrungen machen Sie auf häuslichem Gebiet, doch heiraten Sie merkwürdigerweise vielleicht nie. Sie sind sehr kreativ veranlagt, vor allem auf kunsthandwerklichem Gebiet, wobei Ihnen Komfort und ein Gefühl von guter Lebensqualität sehr wichtig sind. Ihren Freundschaften messen Sie große Bedeutung zu, weshalb Sie ihnen viel Zeit und Energie schenken – auch im Sinn von Geschenken. Wichtige Beziehungen mit älteren Menschen oder Ausländern sind möglich. Sie haben ein romantisches Wesen und können gut verzeihen.

Neun als Schicksalszahl + Sieben als Lebensweg = Sieben als Verwirklichung

Sie fühlen sich nur in höheren Gefilden wohl. Da auf beiden Zahlen ein spiritueller Nachdruck liegt, wären Sie gut beraten, sich auf Metaphysik, Philosophie, Erziehung und Forschung zu konzentrieren. Materielle Ziele sind Ihnen nicht so wichtig. Sie sind ein tiefer Denker und dürften ziemlich ungewöhnliche Erlebnisse medialer Natur haben. Das gewöhnliche häusliche Leben ist nicht das Wahre für Sie. Vielleicht leben Sie lieber allein. Eine ländliche Umgebung täte Ihnen gut.

Neun als Schicksalszahl + Acht als Lebensweg = Acht als Verwirklichung

Sie haben Power! Nichts kann Sie lange aufhalten, weil so vieles für Sie spricht. Talent, Führungskraft, Geschäftssinn und wegen der Neun großartige Chancen mit einem breiten Spektrum an Möglichkeiten. Vielleicht sollten Sie immer einen Frack anziehen! Sie sind ein Akademiker oder auf jeden Fall ein Profi. Nehmen Sie jede Gelegenheit wahr, um voranzukommen, und glauben Sie ja nicht, Sie hätten Ihre Grenzen schon erreicht. Zweifellos werden Sie mehr gefordert als andere, doch jeder Punkt, den Sie verlieren, kehrt doppelt zu Ihnen zurück.

Neun als Schicksalszahl + Neun als Lebensweg = Neun als Verwirklichung

Das Paradoxe ist, daß diese Kombination alles oder nichts bedeutet. Sie haben die Wahl, und alles hängt davon ab, wo Sie Ihre Energie einsetzen. Hier werden Ihnen Herzenswunsch und Persönlichkeitszahl helfen, Ihren Weg festzulegen. Das Leben wird Ihnen unentwegt beibringen, loszulassen, zu glauben und bedingungslos zu lieben. Es sind fremde Einflüsse vorhanden. Frühe Reisen helfen Ihnen, die Welt zu verstehen. Sie verspüren ein wahres Bedürfnis, zum Gemeinwohl beizutragen. Ausgezeichnete Zahlen für die Theaterwelt oder für einen Heiler!

Neun als Schicksalszahl + Elf als Lebensweg = Elf als Verwirklichung

Man hält Sie für einen einmaligen und interessanten Menschen. Bei Ihnen liegt der Nachdruck praktisch ganz auf dem Übersinnlichen. Esoterik und Kunst ziehen Sie an, weshalb für Sie eine Arbeit bei einem kommerziellen Fernsehsender, als Kunsttherapeut oder am Theater in Frage kommt. Ihre Leistungen dürften brillant und inspiriert sein, doch könnte Ihre zarte Gesundheit Ihnen Probleme bereiten, weil Sie schnell überreizt und nervös sind. Haben Sie keinen Erfolg auf materiellem Gebiet, dürfte man Sie als »Heiligen« kennen, da Sie so liebevoll mit anderen umgehen. Es kann sein, daß Sie in Ihren persönlichen Beziehungen unter dem dominanten Charakter anderer zu leiden haben.

Neun als Schicksalszahl + Zweiundzwanzig als Lebensweg = Zweiundzwanzig als Verwirklichung

Keine Kombination kann mehr leisten, doch könnte Ihr Leben unter dem Zeichen von Frust und Rückschlägen stehen, bis Sie alle Ihre Prinzipien sortiert und Prioritäten gesetzt haben. Gleich, welchen Hindernissen und Herausforderungen Sie sich gegenüber sehen – und es werden ein paar erstaunliche dabei sein –, Sie können sich damit trösten, daß Sie ein Mensch sind, der mit Kräften umgehen kann, denen sich nur wenige stellen. Viel Glück.

Elf als Schicksalszahl

Beträgt die Summe der Zahlen in Ihrem Namen elf, läßt sich Ihre Lebensart wie folgt beschreiben:

inspirierend	begeisterungsfähig
außergewöhnlich	idealistisch
getrieben	spirituell
poetisch	phantasievoll
berühmt	ästhetisch

Als eine der Meisterzahlen deutet die Elf auf das Potential, anderer Menschen Leben zu verändern. Mit der Schicksalszahl Elf inspirieren Sie durch Ihre Begeisterung und durch Ihre Lehrbegabung. Es kann sein, daß Sie persönlich Ihre Schicksalszahl Elf als eine Prüfung empfinden, weil diese Zahl Sie dazu antreibt, ein Lebensideal oder eine Mission zu erfüllen. Sie funktionieren trotz (oder dank?) Ihrer nervösen Energie und dem Druck, unter dem Sie stehen. Es ist durchaus möglich, daß Sie bekannt oder gar berühmt sein werden (zumindest in Ihrem engeren Umfeld).

Sind Sie nicht bereit, der Forderung der Elf nach einem spirituellen Leben zu folgen (die verlangt, daß Sie Ideale in die Praxis umsetzen), werden Sie die Elf vielmehr als eine Zwei erleben. In diesem Fall sind Sie sensibel, fürsorglich und auch künstlerisch veranlagt und verhalten sich unterstützend, unscheinbar, diplomatisch und freundlich. Sie brauchen einen Partner oder Lebensgefährten. Männliche Zweier erweisen sich anderen gegenüber als besonders einfühlsam. Ihren Erfolg verdanken Sie eher Ihrer Überzeugungskraft als Ihrem Durchsetzungsvermögen. Sie müssen lernen, zu warten, Geduld zu haben und hinter den Kulissen zu wirken. Da Sie zur Analyse neigen, arbeiten Sie gut mit Einzelheiten und in Gruppensituationen.

Die Elf intensiviert Ihre Phantasie, Ihren Schönheitssinn und Ihre Fähigkeit, Eindrücke aufzunehmen. Sie haben die Kraft, auf andere einzuwirken und Sie über Ihre Einbildungskraft zu höherem Wissen (oder einer neuen Betrachtungsweise) zu führen.

Sie wissen, daß Sie Zugang zu Ihrem früheren Selbst haben. Elfer sind alte Seelen (die ihre Lebenslehren gut integriert haben). Sie könnten neue Heilverfahren, Erfindungen, mediales Wissen oder eine poetische Sichtweise beitragen. Sie sind in der Lage, Konzepte zu visualisieren und sie in die Wirklichkeit umzusetzen.

Lassen Sie sich nicht auf ein Leben ein, in dem die Phantasie im Vordergrund steht und Sie immer nur daran denken, wie die Dinge sein *könnten*, statt sie so zu nehmen, wie sie sind.

Unausgewogen, verspannt oder im Widerstand: Sie können elitär, fordernd, kopflastig, kritisch und geizig sein. Sie sind schnell überreizt und nervös und brauchen viel Schlaf, Vitamine und Zeit für sich. Sie passen sich nicht gerne an eine Umgebung an, die Ihren ästhetischen und künstlerischen Ansprüchen nicht genügt. Mit Ihrem Hang zur übertriebenen Selbstkritik fürchten Sie sich davor, Ihre Fähigkeiten ins rechte Licht zu setzen. Die Kluft zwischen der wirklichen Welt und Ihren romantischen Phantasien kann Sie in tiefe Depressionen stürzen. Dann scheint das Leben nicht lebenswert, weil es doch so gewöhnlich ist.

Sie malen Ihre Welt gerne schwarzweiß, um sie in einem möglichst schlechten Licht sehen zu können, und rappeln sich an den emotionalen Spannungen auf, die Sie selbst heraufbeschwören (was Ihren Partner vor Rätsel stellt).

Karriere/Berufung/Geschäft/Talent: Chancen bieten sich Ihnen in der Psychologie, der Theaterwelt (wegen des mit der Elf assoziierten Rampenlichts), in Lehrberufen, als Analytiker jeder Art und in der Beratung (gesunder Menschenverstand und Intuition). Ihnen liegt an Verbesserung und Reform. Sie sind der inspirierte Dichter, Künstler, Erneuerer, Filmemacher, Fernsehkameramann, Esoteriker. Auch eine Arbeit auf dem Gebiet der Zwei kommt in Frage, als Buchhalter, Sekretärin, Kosmetikerin, Designer, in der Mode, als Florist und Assistent jeglicher Art, in der Sozialarbeit oder als Musiker, als Gastwirt, Museumsangestellter, Anthropologe, Forscher oder Diplomat. Zweier und Elfer ziehen eine ruhige und detaillierte Arbeit vor. Es sind Perfektionisten, die mit Menschen zusammenarbeiten möchten, die sich auf derselben Wellenlänge befinden wie sie.

Ängste und Hoffnungen: Sie hoffen, ein gewisses Maß an öffentlicher Anerkennung zu finden, da Sie das Gefühl haben, eine wichtige Mission zu erfüllen. Andererseits wählen Sie manchmal auch untergeordnete Aufgaben, um Bescheidenheit üben zu können, da Sie Ihren Zielen und Fähigkeiten nicht trauen. Sie fürchten, man könnte meinen, daß Sie sich für etwas Besseres halten, daß andere Ihre Gedanken lesen können und feststellen werden, daß Sie nicht ehrlich sind. Dennoch sind Sie im allgemeinen sehr wohl ehrlich, solange Sie starke Gefühle hegen. Sie meinen, Sie würden anderen durch Ihre Unehrlichkeit persönlich schaden, haben jedoch nicht solche Hemmungen, wenn Sie es mit einer unpersönlichen, profitorientierten Organisation, Situation oder Autorität zu tun haben. Sie begehen läßliche Sünden und verdrehen die Wahrheit, um Ihren Zwecken zu dienen. Manchmal fühlen Sie sich bereits schon beim Betreten einer Bank schuldig. Sie haben ein extremes Wesen.

Es kann sein, daß Sie versuchen, »nett« und »durchschnittlich«, auszusehen, doch insgeheim das Gefühl haben, das Leben hätte Besseres mit Ihnen vor. Sie geraten in Ihren eigenen Gedankenschlaufen gefangen und vernachlässigen vielleicht den Alltag und seine Pflichten. Unsichere und zweideutige Situationen ziehen Sie an (auch wenn Sie das vielleicht nie zugeben würden).

Sie sehnen sich nach dem, was sein könnte, und sind nicht bereit, sich mit weniger als Ihrem Ideal zufriedenzugeben. (Das behaupten Sie wenigstens.) Ist Ihre Umgebung roh und unpassend, können Sie sehr deprimiert und unglücklich sein.

Eheleben: Sie könnten der ideale Partner sein, aber Sie verlangen viel Liebe, Aufmerksamkeit und Würdigung. Falls Sie keine Kompromisse eingehen, könnten Sie Ihre Beziehungen plötzlich abbrechen. Romantik, Dramatik das Teilen von Gefühlen sind sehr wichtig für Ihr Wohlbefinden. Ein Bedürfnis nach Aufmerksamkeit könnte Sie zum Flirten verleiten. Als Frau dürften Sie sehr weiblich sein. Männer haben eine gut entwickelte weibliche Seite (empfänglich, sensibel, fürsorglich), als Ehemänner sind sie jedoch oft enorm pingelig.

Zweier brauchen einen Gefährten und sind sehr loyal. Sie wünschen sich Sicherheit in ihren Beziehungen und benötigen jemanden, mit dem sie regelmäßig reden können.

Die Verwirklichungszahl

Die Verwirklichungszahl sagt etwas über Ihre Leistungen aus. Sie kommt zustande durch das Addieren Ihrer Lebens- und Ihrer Schicksalszahl. Am besten stellen Sie sich Ihre Verwirklichungszahl als eine Kombination aus Ihrem Wesen (Lebensweg) und Ihrer Lebensaufgabe (Schicksalszahl) vor, wobei diese beiden Einflüsse einander ergänzen. Die Auswirkungen Ihrer Verwirklichungszahl machen sich erst im mittleren Alter oder späteren Leben bemerkbar.

Elf als Schicksalszahl + Eins als Lebensweg = Drei als Verwirklichung.
Bei so vielen Einsern verspüren Sie einen starken Hang zur Leistung. Ihr Gebiet ist die Selbstdarstellung – Ideen, Literatur, Fernsehen, die

Gründung einer neuen Kirche. Sie verfügen über ein gerütteltes Maß an Macht und dürften es im späteren Leben zu Wohlstand und Luxus bringen. Ihre Einstellung bleibt auch im reiferen Alter jugendlich. Aus Ihnen wird ein beispielhafter Direktor, Präsident, Schauspieler oder Architekt. Zumindest werden Sie ein eigenes Geschäft besitzen (Blumenladen, Kosmetik- oder Frisörsalon, Spielwarengeschäft).

Elf als Schicksalszahl + Zwei als Lebensweg = Vier als Verwirklichung

Sie sind ein Perfektionist, der die Gefühle der Menschen verstehen möchte. Möglicherweise lassen Sie sich auch von Ihren Gefühlen beherrschen und erfahren viele Schwierigkeiten in Ihren Beziehungen (um daraus zu lernen). Ihr Leben gestaltet sich vielleicht nicht so leicht, aber Sie haben gute Freunde, die Ihre Loyalität und Ihre Fähigkeit bewundern, das Leben mit Anmut zu akzeptieren. Sie stehen häufig unter Druck und werden Ihr ganzes Leben hart arbeiten müssen. Es geht Ihnen viel besser, wenn Sie mit spirituellen Prinzipien in Berührung stehen und anderen zeigen können, wie sie sich in die Praxis umsetzen lassen.

Elf als Schicksalszahl + Drei als Lebensweg = Fünf als Verwirklichung

Vielleicht sind Sie so etwas wie ein Betrüger, da Sie über eine ausgesprochene Überzeugungskraft verfügen. Diese Gabe ließe sich gut als Dramatiker oder in der Werbung einsetzen – jede Tätigkeit, die Reisen, Risiken und Geschwindigkeit beinhaltet, kommt für Sie in Frage. Ihr Leben ist nie langweilig, wobei Sie wahrscheinlich eine Reihe verschiedener Berufe ausüben werden, und das alles mit relativer Leichtigkeit. Es ist gut möglich, daß Sie mehrere Vermögen machen und verlieren.

Elf als Schicksalszahl + Vier als Lebensweg = Sechs als Verwirklichung

Sie wären ein ausgezeichneter Elektriker, Bühnen- oder Lichtmeister, ein Erbauer von Luxusvillen oder der Geschäftsführer, der sich um den Grundbesitz und das Vermögen eines Filmstars kümmert. Sie sind ein äußerst praktischer Mensch und könnten sich im Rampenlicht wiederfinden, ohne es gesucht zu haben. Ihr Leben wird gute finanzielle

Einkünfte mit sich bringen, doch könnten Ihre privaten Beziehungen sich etwas schwieriger gestalten, bis Sie verstehen, daß nicht alle so entschlossen, beharrlich und umsichtig sind wie Sie.

Elf als Schicksalszahl + Fünf als Lebensweg = Sieben als Verwirklichung
Eine weitere gute Zahl für die Arbeit im Fernsehmilieu wie auch für den Einzelhandel, im Modeatelier, für den Handel mit Kosmetikartikeln, das Theater, den Profisport, als Referent zu einer breiten Themenpalette oder in der Politik (obwohl Ihre Überzeugungen Sie wahrscheinlich dazu veranlassen werden, diese Arena im späteren Leben wieder zu verlassen). Vor allem bei Männern enthüllt diese Kombination einen Hang zur Homosexualität. Im Alter wenden Sie sich einer geistigen Schulung zu und haben ein Spezialgebiet, für das Sie bekannt sind.

Elf als Schicksalszahl + Sechs als Lebensweg = Acht als Verwirklichung
Sie möchten nicht im Rampenlicht stehen, sondern halten sich idealerweise an Ihre Familie und Ihr geistiges Leben. Am besten fühlen Sie sich in einer Karriere im Dienstleistungssektor, bei der Sie zwischen verschiedenen Gruppen vermitteln können. Sie werden ein hohes Maß an Anerkennung ernten und als Autorität gelten. Die Sozialarbeit, eine Lehrtätigkeit (Gymnasium oder Universität), Medizin und Psychologie sind alle angesagt. Sie sind ein ernster Mensch.

Elf als Schicksalszahl + Sieben als Lebensweg = Neun als Verwirklichung
Sie haben ein sehr empfindsames Wesen und passen sich nicht leicht anderen an, da Sie als Perfektionist wenig Geduld haben für Menschen, die alles leicht nehmen oder schlampig sind. Sie sind leidenschaftlich und lieben die Geschichte und Biographien, da Sie Menschen und Ereignisse gerne analysieren. Das Theater wäre ein guter Ort für Ihre einmaligen Einsichten und Talente. Natürlich stehen auch Psychologie, Religion, eine Lehrtätigkeit (auf der Fachebene) und die Arbeit als Erfinder weit oben auf der Rangliste Ihrer Möglichkeiten. Für manuelle Arbeit sind Sie ungeeignet, doch bringen Sie es zu viel Erfolg, wenn Sie aufgrund Ihres inneren Wissens Entscheidungen

treffen. Sie sind hier, um das gegenseitige Verständnis auf weltweiter Ebene vertiefen zu helfen.

Elf als Schicksalszahl + Acht als Lebensweg = Eins als Verwirklichung

Hier haben wir eine ausgezeichnete Kombination für den Direktor einer Filmgesellschaft oder eines bekannten Konzerns. Sie verstehen, sich ins Licht der Öffentlichkeit zu rücken, und so werden Sie oft beschrieben, befragt und als Vorbild auf Ihrem Gebiet genannt. Sie sind der geborene Troubleshooter und retten Firmen vor dem Abgrund. Am glücklichsten sind Sie mit einem starken Partner, der dynamisch an die Dinge rangeht. Im späteren Leben könnten Sie sehr wohl ein neues Talent entwickeln.

Elf als Schicksalszahl + Neun als Lebensweg = Elf als Verwirklichung

Sie sind ganz bestimmt eine alte Seele und scheren sich einen Deut um die Anhäufung von materiellen Gütern, da Sie nur hier sind, um der Welt etwas zurückzugeben. Gleich, was Sie machen, Sie sind dazu ausersehen, Anerkennung zu finden wegen Ihrer selbstlosen Arbeit zum Wohl der Menschheit. Ihr Ziel ist zu geben, zu inspirieren, zu lehren und bedingungslos zu lieben. Sie sind der Typ Mensch, der Weltorganisationen leiten kann oder aber sich mit relativer Unbekanntheit zufriedengibt, während er einem höheren Ruf folgt.

Elf als Schicksalszahl + Elf als Lebensweg = Zweiundzwanzig als Verwirklichung

Diese äußerst seltene Kombination bringt Ihnen außergewöhnliche Möglichkeiten. Es kann sein, daß Sie berühmte Menschen kennen, in deren Kreis verkehren oder selbst berühmt sind. Die hohe Schwingung dieser Kombination erlaubt Ihnen, sich selbst schon in einem frühen Alter zu verstehen. Sie können alle emotionalen Erlebnisse durchschauen und die innere Wahrheit sehen, die dahinter steht. Nutzen Sie dieses höhere Wissen, gleich welchen Beruf Sie wählen, Theater, Fernsehen, Psychologie – Ihr Bereich ist die inspirierte Arbeit. Sie sind äußerst sensibel und immer auf der Suche. Es sind tatsächlich drei Meisterzahlen in dieser Kombination, was Ihnen als Frau Schönheit und Weiblichkeit verleihen dürfte und als Mann Eleganz, Charisma und ein verfeinertes Wesen mit ungewöhnlich guten Manieren. Diese Kombination ist fast zu intensiv für den Alltag. Vergessen Sie nicht, reinigende Übungen zu praktizieren, Ihre Sinne auszuruhen und sich auf Ihre außergewöhnliche Intuition zu verlassen.

Elf als Schicksalszahl + Zweiundzwanzig als Lebensweg = Dreiunddreißig als Verwirklichung
Diese letzte Kombination weist ebenfalls drei Meisterzahlen auf, die Ihr Wesen auf den Gebieten Beharrlichkeit, Intuition und praktische Problemlösung verstärken. Wie viele Male haben Sie sich gefragt:»Wie konnte ich das wissen?« Sie bringen die Dinge auf inspirierte Weise zum Laufen. In praktischen Angelegenheiten werden Sie ständig geprüft und gefordert, wobei Sie feststellen könnten, daß das kleinste Detail die Proportionen eines großen Hindernisses annimmt. Lassen Sie sich nicht auf Abkürzungen ein (es sei denn, Sie wissen, daß sie funktionieren), wie Sie sich vor Unternehmern hüten sollten, denen es an Integrität mangelt. Am besten, Sie konzentrieren sich bei Ihrer Arbeit auf Lösungen für die Masse. Häusliche und familiäre Verpflichtungen sind unbedingt angezeigt.

Zweiundzwanzig als Schicksalszahl

Beträgt die Summe der Zahlen in Ihrem Namen zweiundzwanzig, läßt sich Ihre Lebensart wie folgt beschreiben:

kompetent	ein Erbauer
meisterhaft	ein Führer
visionär	vielseitig
praktisch	mächtig

Sie bringen die Puppen zum Tanzen, wobei Ihr Ziel darin besteht, spirituelle Prinzipien auf der alltäglichen, praktischen Ebene anzuwenden. (Bitte verwechseln Sie »spirituell« nicht mit »wohltätig« oder »moralisch«.) Zweiundzwanzig ist eine Meisterzahl, was bedeutet, daß Sie sich mehr Hindernissen gegenübersehen dürften als mit einer einfachen Vier als Schicksalszahl (worauf sich die Zweiundzwanzig reduzieren läßt). Sie sind begabt genug, um diese Stolpersteine zu überwinden und ein äußerst erfolgreiches Leben zu führen. In einem gewissen Sinn trägt das, was Sie aufbauen, dazu bei, eine neue Welt zu definieren.

Da Sie mit den Wesensmerkmalen der Vier operieren, sind Sie tüchtig, effektiv und beharrlich. Als Vier sind Sie ein Manager, als Zweiundzwanzig eine Führungspersönlichkeit. Als ausgeglichener Mensch verfügen Sie über eine innere Kraftquelle, aus der Sie möglicherweise erst schöpfen werden, wenn Sie Ihrer Herausforderung begegnen.

Sie sind nicht so überreizt wie die andere Meisterzahl, die Elf, und verbinden höheres Wissen, Intuition, Glauben und Wagemut mit praktischen Eigenschaften, Kompetenz und Know-how, eine wahrhaft unschlagbare Kombination. Sie dürften im Leben oft das Gefühl haben, auf dem Prüfstand zu stehen.

Unausgeglichen, verspannt oder im Widerstand: Sie können enorm stur, langatmig und konventionell sein und jedem Risiko aus dem Weg gehen. Es fällt Ihnen schwer, die Fehler der anderen zu akzeptieren, wodurch Sie nachtragend und kalt wirken und Ihnen nur die Flucht in die Arbeit bleibt. Sind Sie in streitbarer Laune, mißgönnen Sie anderen deren Autorität, vergessen Ihre spirituelle Ader und lassen sich von den Dingen gefangennehmen. Es kann auch sein, daß Sie dem Pessimismus huldigen und Ihr Los im Leben für viel schlimmer halten als das der anderen. Vielleicht macht es Ihnen Mühe, Lösungen für Probleme zu finden, die von Ihnen verlangen, daß Sie sich ändern.

Karriere/Berufung/Geschäft/Talent: Möglichkeiten eröffnen sich Ihnen in Projekten rund um die Erde, im Hoch- und Tiefbau, im Transportwesen, in Großfabriken, beim Film, in der Regierung, als Konzessionär und in internationalen Angelegenheiten. Sie dürften eine Reihe von Berufen ausüben und dadurch Erfahrungen sammeln, von denen Sie profitieren, wenn Ihre große Chance kommt. Oder Sie könnten sich in einer Situation wiederfinden, wo die verschiedenen Facetten Ihres Könnens zusammenwirken und Sie plötzlich sehen, wozu Sie sich über die Jahre hinweg abgerackert haben.

Weitere Gebiete, die Ihnen zusagen dürften, sind die Mechanik,

Chemie, Geologie, biologische oder genetische Forschung, der Minenbau, Bodengeschäfte, die Herstellung, jede Art von Arbeit in einer Großfirma, in der Versicherungsbranche oder der finanziellen Beratung.

Man nimmt Sie ernst und schätzt Ihre Meinung. Als Experte fühlen Sie sich berufen, Ihre Ideale entgegen aller Vorschriften, Regeln und anderer Kleinlichkeiten durchzusetzen, die sich Ihnen bestimmt in den Weg stellen werden. Dank der unglaublichen Ausdauer und dem Überblick dieser Zahl geben Sie nicht auf.

Ängste und Hoffnungen: Sie werden immer das Gefühl haben, Sie hätten im Leben eine ganz besondere Aufgabe zu erfüllen, und geben sich nicht damit zufrieden, sich einfach treiben zu lassen oder irgendwie durchzumogeln. Vielmehr fühlen Sie sich dazu veranlaßt, schon fast mehr auf sich zu nehmen, als Sie bewältigen können (vor allem mit einer Eins, Vier oder Acht als Herzenswunsch). Eine körperliche Behinderung könnte Ihnen viel Glauben, Sorgfalt und Disziplin abverlangen. Sie fürchten sich nämlich nicht so sehr vor dem Versagen als vor einem Mangel an Wirksamkeit. Sie sollten unbedingt versuchen, Ihre Träume zu verwirklichen.

Eheleben: Mit Ihrem Partner haben Sie das große Los gezogen. Sie selbst sind praktisch veranlagt, ergeben und fähig, die in einer Beziehung auftretenden Meinungsverschiedenheiten sachlich aufzuarbeiten. Allerdings behalten Sie Ihre Gefühle überhaupt gern für sich, und man muß Sie ermutigen, darüber zu sprechen, weil Sie sie irgendwie für unwesentlich oder »unwichtig« halten.

Sie neigen zur Sturheit und hegen festgefahrene Meinungen, die Ihnen bei einer Versöhnung im Weg stehen könnten. Ihr Partner muß sich daran gewöhnen, daß Sie sozusagen immer beschäftigt sind. Sie brauchen die Sicherheit einer guten Beziehung, eine Familie, Ersparnisse und Ihr eigenes Heim. Auch wenn Sie nicht unbedingt der häusliche Typ sind, nehmen Sie Ihr »Zuhause« mit sich, gleich wohin es Sie im Leben verschlägt. Sie können gut mit Kindern umgehen.

Die Verwirklichungszahl

Die Verwirklichungszahl sagt etwas über Ihre Leistungen aus. Sie kommt zustande durch das Addieren Ihrer Lebens- und Ihrer Schicksalszahl. Am besten stellen Sie sich Ihre Verwirklichungszahl als eine Kombination aus Ihrem Wesen (Lebensweg) und Ihrer Lebensaufgabe (Schicksalszahl) vor, wobei diese beiden Einflüsse einander ergänzen. Die Auswirkungen Ihrer Verwirklichungszahl machen sich erst im mittleren Alter oder im späteren Leben bemerkbar.

Zweiundzwanzig als Schicksalszahl + Eins als Lebensweg = Fünf als Verwirklichung
Der Name, den Sie sich machen, bringt Ihnen ungeahnte Möglichkeiten in Hülle und Fülle. Sie entwickeln oder verbreiten neue Ideen, die wesentliche Probleme im Bereich der Herstellung, Konstruktion, des Transports, der medizinischen Forschung lösen helfen – alles, was mit separaten Elementen oder mit bürokratischen Regeln zusammenhängt. Ihre Meisterleistung könnte der Bau eines Opernhauses, der Entwurf eines Verkehrssystems, die Entwicklung einer Fensterwaschanlage für Hochhäuser oder die Leitung einer Flug- oder Schiffahrtslinie sein. In späteren Jahren erleben Sie viel Freiheit und pflegen den Kontakt mit der Öffentlichkeit. Ihr Ziel ist es, alte Systeme zu erneuern oder zu verbessern.

Zweiundzwanzig als Schicksalszahl + Zwei als Lebensweg = Sechs als Verwirklichung
Es kann gut sein, daß Sie in einem großen Konzern eine wichtige unterstützende Funktion innehaben, für die Sie (außer von Ihren unmittelbaren Kollegen) wenig Anerkennung bekommen. Es ist Ihre Aufgabe, sich um die kleinen Einzelheiten zu kümmern, die den Karren am Laufen halten, und bei allem, was Sie tun, für eine gleichbleibende Qualität zu sorgen, weshalb eine Tätigkeit als Koordinator oder Kontrolleur in Frage kommt. Ihre Leistung ist zuverlässig und gut, solange man nicht von Ihnen verlangt, aus dem Bauch heraus Entscheidungen zu treffen. Sie ziehen eine risikoarme Arbeit vor. Vielleicht sind Sie auch zu Hause sehr gefordert, weil es da jemanden gibt, der nicht in oder Lage ist, für sich selbst zu sorgen.

Zweiundzwanzig als Schicksalszahl + Drei als Lebensweg = Sieben als Verwirklichung

Jede Art Aufschub oder Notlüge könnte mit dieser Kombination schwere Folgen haben. Sie arbeiten auf einem Gebiet, das harte körperliche Arbeit mit sich bringen könnte, für die Sie sich von Ihrem Wesen her nicht eignen. Sie sollten einen Platz finden, wo Sie Ihre Überzeugungsgabe und Ihr Verkaufstalent einsetzen und Ihr gesellschaftliches Umfeld durch Ihren Humor beleben können. Vielleicht wählen Sie auch eine Arbeit in einem Hospiz oder mit Schwerstbehinderten. Sie werden dadurch belohnt, daß Sie den Sinn des Lebens aufgrund seiner Schwierigkeiten verstehen lernen. Im mittleren Alter werden Sie für eine Spezialität bekannt sein (zu der Sie durch persönliche Erfahrung gekommen sind).

Zweiundzwanzig als Schicksalszahl + Vier als Lebensweg = Acht als Verwirklichung

Man umschreibt Sie am besten als Arbeitstier. Diese intensive Kombination könnte aus Ihnen einen Workaholiker machen. Ihr Gebiet ist das Faßbare und Großspurige und wird von traditionellen Werten beherrscht. Sie dürften es zum Geschäftsführer, Vorgesetzten oder Direktor eine Konzerns oder einer hochstrukturierten Organisation bringen (nachdem Sie viele Jahre in untergeordneten Positionen zugebracht haben). Regierungsarbeit jeder Art ist besonders angezeigt.

Zweiundzwanzig als Schicksalszahl + Fünf als Lebensweg = Neun als Verwirklichung

Die Gelegenheit, als Unterhändler zu wirken beim Verkauf medizinischer Erzeugnisse an ausländische Regierungen, dürfte Ihren einmaligen Hunger nach Reisen, Abenteuer und einer großangelegten Organisationen befriedigen und der Menschheit zugute kommen. Sie eignen sich am besten für eine Rolle als Berater und Experte für Konzerne und Regierungen. Wie alle Zweiundzwanziger sollten Sie darauf achten, kriminellen Einflüssen aus dem Weg zu gehen. Sie sind sachlich und opportunistisch und werden, bis Sie alt geworden sind, gewiß ein Vermögen angehäuft haben.

Zweiundzwanzig als Schicksalszahl + Sechs als Lebensweg = Eins als Verwirklichung

Eine sehr praktische und erfolgreiche Kombination für diejenigen, die mit gesellschaftlichen, ökologischen, häuslichen oder medizinischen Aufgaben betraut sind. Ebenfalls angezeigt ist das Baugeschäft, die Versicherungsbranche, die Architektur und die Innenarchitektur. Geld motiviert Sie weniger als das Bedürfnis, anderen zu dienen und das Richtige zu tun. Ideal wäre für Sie die Rolle des mitfühlenden Gefängnisdirektors oder der Krankenschwester im internationalen Einsatz. Sie sind das Rückgrat Ihrer Organisation und werden im späteren Leben für Ihre innovative Arbeit gewürdigt. Mit dem Alter werden Sie sich auch Ihrer Unabhängigkeit bewußt.

Zweiundzwanzig als Schicksalszahl + Sieben als Lebensweg = Zwei als Verwirklichung

Ihr größtes Talent liegt auf dem Gebiet der medizinischen, chemischen und geophysikalischen Forschung, wo Sie bahnbrechende Arbeit leisten können. Sie werden mit einigen faszinierenden Problemstellungen konfrontiert, die zu außerordentlichen Durchbrüchen führen können (wie zum Beispiel auf dem Gebiet der Virologie). Sie sollten sich nicht mit einer untergeordneten Arbeit zufriedengeben, die Ihnen kaum die Möglichkeit bietet, Ihre phantastische Zahlenkombination zu nutzen. Ein Stipendium könnte Ihnen den Einstieg ermöglichen. Tun Sie, was Sie können, um sich auf einem Spezialgebiet ausbilden zu lassen. Die Belohnung für Ihre Mühe muß nicht unbedingt materieller Art sein.

Zweiundzwanzig als Schicksalszahl + Acht als Lebensweg = Drei als Verwirklichung

Ihre Zahlen führen zu Herausforderungen und Chancen innerhalb einer Organisation, wo Sie Ihre Führungsqualitäten mit einer dynamischen Umsetzung kombinieren, was Ihnen Glück und Luxus bringt. Sie haben ein Händchen mit Geld (doch geht es nicht ganz ohne Streß ab). In Ihrer Kindheit hatten Sie möglicherweise mit einer Behinderung zu kämpfen, die Sie in Ihrem Leistungswillen bestätigte. Ihr Leben wird mit zunehmendem Alter leichter, und Sie haben viele Freunde, die Sie unterstützen und bewundern. Vielleicht legen Sie eine Kunstsammlung an.

Zweiundzwanzig als Schicksalszahl + Neun als Lebensweg = Vier als Verwirklichung

Mittelbeschaffung für Konzerne, politische Führerschaft und Macht auf allen materiellen Ebenen sind Ihr natürliches Milieu. Man kennt Sie wegen Ihrer mitfühlenden, idealistischen und praktischen Lösungen und sieht in Ihnen einen Menschen mit Vision und Stärke. Sie sind ein Systemerneuerer. Ihr Leben ist ein Beispiel für andere, doch kann es vorkommen, daß Sie materielle Rückschläge erleiden, weil Sie sich auf unzuverlässige Menschen verlassen, auf unlautere Geschäftsmethoden eingehen oder weil Sie tatsächlich nur aus Schaden klug werden. Sie lernen jeden Tag dazu und üben sich in Ihrem Glauben.

Zweiundzwanzig als Schicksalszahl + Elf als Lebensweg = Dreiunddreißig als Verwirklichung

Diese Kombination führt zu massiven spirituellen und materiellen Herausforderungen. Falls Ihr Leben sich nicht so inspiriert anfühlt, wie die Größe dieser Zahlen hoffen läßt, lesen Sie bitte die Verwirklichungszahl der Vier als Schicksalszahl mit der Zwei oder Elf als Lebensweg. Nur wenige werden den Anforderungen dieser Zahlen gerecht, da man dazu schon beinahe ein Genie oder ein Heiliger sein müßte. Grundsätzlich müssen Sie sich daran erinnern, daß Sie hier sind, um ein Beispiel zu sein für einen inspirierten und gesunden Menschenverstand, was zum spirituellen Dienst an der Menschheit führt.

Zweiundzwanzig als Schicksalszahl + Zweiundzwanzig als Lebensweg = Acht als Verwirklichung

Diese letzte Kombination kann schlimme materielle Hindernisse und Prüfungen bedeuten. Obwohl die Möglichkeit zu Höchstleistungen besteht, begegnet jemand mit diesen Zahlen mehr als dem üblichem Maß an Widrigkeiten und Herausforderungen auf seinem Weg zur Weisheit. Es scheint deshalb ratsam, daß Sie sich zu einer persönlichen Beratung melden, da es andere Faktoren gibt, die es wegen des Einflusses, den sie ausüben, näher zu betrachten gilt. Sie können auch unter der Verwirklichungszahl der Vier als Schicksalszahl mit einer Vier als Lebensweg nachlesen, was Sie erwarten könnte.

KAPITEL 5

Ihr Herzenswunsch

Was treibt mich an?
Was ist mir am wichtigsten?
Wie gelange ich zu meinen Entscheidungen?

Der Herzenswunsch reflektiert die Grundlage Ihrer Anschauungen und Einstellungen dem Leben gegenüber. Er beschreibt Ihre inneren Beweggründe – Ihre Wertvorstellungen und wie Sie Ihre Prioritäten setzen. Diese Zahl ist im Numeroskop von großer Wichtigkeit, da sie aufzeigt, wie Sie mit Ihrer Schicksalszahl umgehen.

Ihr Herzenswunsch betrifft Ihr instinktives Wissen; seine Bedeutung ist der Außenwelt nicht immer zugänglich, und auch Sie dürften sich seines Einflusses nicht immer bewußt sein. Schauen Sie allerdings auf einige wichtige Wendepunkte in Ihrem Leben zurück, werden Sie die Antwort finden. Wofür haben Sie sich damals entschieden? Nehmen wir zum Beispiel das letzte Mal, als Sie eine berufliche Entscheidung zu treffen hatten. Wählten Sie damals die besseren Arbeitsbedingungen, mehr Status oder ein höheres Gehalt? Das sind Hinweise auf Ihren Herzenswunsch.

So berechnen Sie Ihren Herzenswunsch

1. Tragen Sie auf Ihrem Numeroskop, sofern Sie das noch nicht unternommen haben, Ihren vollständigen Geburtsnamen in das dafür vorgesehene Feld ein.
2. Schreiben Sie mittels der Umrechnungstabelle *nur den Vokalen* Ihres Namens einen Wert zu.
3. Zählen Sie den Zahlenwert aller Vokale in Ihrem Namen zusammen und reduzieren Sie alle Summen auf eine einstellige Zahl

(außer es handelt sich um die karmischen Zahlen 14, 16, 17 und 19 oder die Meisterzahlen 11 und 22; für zusätzliche Informationen dazu lesen Sie bitte im Kapitel 1 den Abschnitt »Ausnahmen bestätigen die Regel«).

Was den Buchstaben y angeht, zählen Sie ihn in der Berechnung Ihres Herzenswunsches, wenn es der einzige Vokal in der Silbe ist. Wird er von einem e begleitet, zählen Sie ihn nicht. Im Fall der beiden Beispiele, die nun folgen, zählt das y als ein Vokal und sollte in den Berechnungen als 7 gezählt werden:

L Y N N E	D O N N E L L Y
7 + 5 = 12 = 1 + 2 = 3	6 + 5 + 7 = 18 = 1 + 8 = 9

Im folgenden Beispiel zählt das y nicht als Vokal, wodurch nur das a und das e gezählt werden.

D A L E Y
1 + 5 = 6

Vielleicht hilft es Ihnen, wenn Sie sich bei der Berechnung von Ihrem Herzenswunsch auf das Beispiel Dr. Martin Luther Kings beziehen, dessen ursprünglicher Name Michael Luther King war.

M I C H A E L	L U T H E R	K I N G
9 + 1 + 5 = 15 = 6	3 + 5 = 8	9
6 + 8 + 9 = 23		
2 + 3 = 5		

Dr. Kings Herzenswunsch war die Fünf – die Zahl des Rebellen, der sich Veränderung herbeisehnt und für progressive, mutige Ideale einsteht.

Haben Sie Ihr Ergebnis in Ihr Numeroskop eingetragen, konsultieren Sie die Seiten, die diesem Abschnitt folgen, um dort die Beschreibung Ihrer Herzenszahl nachzulesen.

So vergleichen Sie Ihren Herzenswunsch mit den anderen Positionen

Es ist wichtig, daß Sie Ihre Herzenszahl mit den anderen Positionen Ihres Numeroskops vergleichen, um zu sehen, wie diese einander beeinflussen. Es liegt besonders dann ein Konflikt vor, wenn der Herzenswunsch nicht mit Ihrer Schicksals- oder Lebenszahl überein-stimmt. In einem solchen Fall verringert der Herzenswunsch die Energien der beiden anderen Zahlen. Steht Ihr Herzenswunsch jedoch in Übereinstimmung mit den beiden anderen Zahlen, sind Ihre Er-folgschancen um so größer.

Um diesen Mechanismus aufzuzeigen, durchleuchten wir die Bezie-hung zwischen Herzenswunsch, Schicksal und Lebensweg anhand von zwei berühmten Beispielen.

Marilyn Monroes richtiger Name war Norma Jean Mortenson, was ihr eine Acht als Schicksalszahl verlieh. Diese Zahl zeigt auf das Bedürfnis, sich beruflich hervorzutun und eine Karriere zu verfolgen. Marilyns Acht verlangte, daß sie auf ihre Finanzen achtete und auf konzentrierte und regelmäßige Weise arbeitete.

Darüber hinaus wurde Marilyn am 1. Juni 1926 geboren, was ihr ebenfalls eine Acht als Lebensweg bescherte, genau wie ihre Schick-salszahl. Gleiche Zahlen in diesen beiden Positionen deuten meistens auf gute Erfolgschancen, was sich in Marilyns Fall ja auch bewahrhei-tete.

Die Vokale in ihrem ursprünglichen Namen versahen sie jedoch mit einer Drei als Herzenswunsch. Das deutet auf ein empfindliches Wesen und den Wunsch, weitaus spontaner zu leben, als ihre Achter das verlangten. Die Drei gab Marilyn ihr Talent für Humor, Musik und Tanz. Diese Drei als Herzenswunsch ließ sie sehr empfindlich auf Kritik reagieren.

Schließlich verlieh ihr die Kombination aus ihrer Schicksals- und Lebenszahl die Sechzehn als Verwirklichungszahl – eine der karmi-schen Zahlen, die ernsthafte Probleme mit sich bringen können (die oft mit Alkohol oder Drogen zusammenhängen). In Marilyns Fall warf diese Position den Schatten des unglücklichen Zustands voraus, in dem sie die Welt verließ. (Für zusätzliche Informationen zu den karmischen Zahlen, siehe Kapitel 1.)

Das Beispiel eines weiteren Sexsymbols, nämlich Mae West (geboren als Mary Jane West am 17. August 1893) zeigt, wie passende Zahlen zusammenwirken können.

Mae Wests Name verlieh ihr die Eins als Schicksalszahl (der Star, das einmalige Individuum), ihr Geburtstag die Eins als Lebensweg. Wieder haben wir es mit der magischen Kombination zweier gleicher Zahlen zu tun und wieder dürfen wir erwarten, daß der berufliche Erfolg und das Potential dieser Frau außergewöhnlich sein dürften. Maes Herzenswunsch war ebenfalls die Eins, was zu ihren anderen Zahlen beitrug und ihr ein starkes Selbstwertgefühl vermittelte. Ihr starkes Ich konnte jedem Druck standhalten, und sie war ebensogut im Nehmen wie im Austeilen. Schließlich betonte ihre Verwirklichungszahl, die Zwei (die Kombination ihrer Schicksals- und ihrer Lebenszahl) ihre idealisierte, romantische, weibliche Präsenz bis ins hohe Alter.

Mae Wests Zahlen wirkten zusammen und führten zu einem langen und erfolgreichen – beruflichen und privaten – Leben.

Eins als Herzenswunsch

Ihr Herzenswunsch verlangt von Ihnen, daß Sie die Führung übernehmen. Sie sind unabhängig, dickköpfig, ehrgeizig und dominant. Sie arbeiten am besten allein und mögen Einmischungen oder Ratschläge nicht. Sie wehren sich gegen Regeln und Einschränkungen, wobei Ihre selbstgerechte Haltung Sie daran hindert, eine fremde Meinung in Betracht zu ziehen. Konkurrenz gehen Sie aus dem Weg, es sei denn, Sie fühlen sich eindeutig überlegen. Sie halten nicht viel von Teams oder Komitees, weil Sie das Mittelmäßige an der Gruppenmentalität verachten.

Sie sind ein sehr entschlossener und willensstarker Mensch. Mit etwas Glück haben Ihre Eltern Sie in Ihrem Freiheitsdrang bestärkt. Sie sind sehr idealistisch (eine Eigenschaft, die Sie bei Ihrer Suche nach einem passenden Partner beeinflußt) und nehmen an, daß andere von Ihren Ideen profitieren. Sie erwarten von den Menschen in Ihrer Umgebung Selbstgenügsamkeit und halten Sie zur Unabhängigkeit an, doch ist jemand in Not, zeigen Sie sich großzügig und warmherzig.

Sie wachsen an Herausforderungen (geistiger, körperliche und emotionaler Art) und entwickeln schon früh im Leben eine Devise oder eine Richtung, an die Sie sich halten. Sie würdigen das Neue und Innovative, während Sie das Beste aus der Vergangenheit schätzen (vor allem die Literatur). Sie können stur und unnachgiebig sein, ziehen eine klare Rollendefinition zwischen Mann und Frau vor und streben in Ihren Beziehungen nach einem Gefühl von Gleichberechtigung.

Eins als Herzenswunsch + Eins als Schicksalszahl
Aufgepaßt vor dieser Wucht an Wille und Entschlossenheit – ein Intellektueller, Autor, Architekt, Designer, Direktor, Forscher, Leistungsmensch, Gewinner. Kritisch, direkt und ehrlich, doch auf jeden Fall am besten selbständig.

Eins als Herzenswunsch + Zwei als Schicksalszahl
Als durchsetzungsfähiger Mensch innerhalb einer Vereinigung, glücklich angestellt als origineller Museumsdirektor, Designer, Fotograf, Tänzer, Schauspieler.

Eins als Herzenswunsch + Drei als Schicksalszahl
Ausgezeichnet für kreative Selbstdarsteller. Sie glänzen als Künstler, im Theater, der Politik oder im Verkauf und wissen sich das zu verschaffen, was Sie wollen.

Eins als Herzenswunsch + Vier als Schicksalszahl
Ausgezeichnete Chancen in der Baubranche, der Architektur oder beim Aufbau eines Vermögens. Frauen brauchen eine Karriere, um ein erfülltes Leben zu führen.

Eins als Herzenswunsch + Fünf als Schicksalszahl
Versuchen Sie nicht, an einer Routinearbeit festzuhalten. Sehr gut für den Vertrieb, die Werbung und die Vermarktung neuer Produkte sowie für das Bühnenfach.

Eins als Herzenswunsch + Sechs als Schicksalszahl
Sie leiten eine New-Age-Gruppe, haben starke Überzeugungen und sind nicht sehr kompromißbereit. Sehr geeignet für Raumgestaltung oder Modedesign.

Eins als Herzenswunsch + Sieben als Schicksalszahl
Der Spezialist, Entdecker, Hochschullehrer. Distanziert; eine Ehe mit einem Gleichgestellten ist möglich, doch lieber ohne Kinder. Einmaliger Mensch.

Eins als Herzenswunsch + Acht als Schicksalszahl
Akademiker, Direktor oder Richter. Diese Kombination verleiht einer Frau großen Ehrgeiz bezüglich einer eigenen Karriere. Phantastischer Geschäftssinn, kontrollierend.

Eins als Herzenswunsch + Neun als Schicksalszahl
Eine mächtige Kombination, die einiges auf die Reihe kriegt. Kann auf beinahe jedem Gebiet mit Anerkennung rechnen, besonders aber in der Philosophie und Religion.

Zwei als Herzenswunsch

Eine Zwei als Herzenswunsch macht Sie sympathisch, freundlich und verständnisvoll. Sie sind nachgiebig, feminin, taktvoll und ruhig. Zufrieden mit ästhetischen und künstlerischen Beschäftigungen, sind Sie eine Sammlernatur. Phantasievoll und zärtlich, lieben Sie es, verliebt zu sein.

Sie brauchen Zeit, um sich zu entscheiden, weil Sie oft beide Seiten einer Situation sehen und Probleme gerne polarisieren. Auf Kritik reagieren Sie empfindlich und bekommen Depressionen, wenn man Ihr Selbstwertgefühl verletzt.

Sie arbeiten lieber im Hintergrund und suchen nicht nach zusätzlicher Verantwortung. Sie kümmern sich gerne um Einzelheiten und können dabei recht pingelig sein. Auf unbekanntem Terrain fühlen Sie sich nicht wohl. Sie brauchen eindeutig eine sympathische und ruhige Arbeitsumgebung.

Sie verhandeln lieber, als ein Machtwort zu sprechen, und können sehr unterwürfig sein. Sie lassen sich leicht beeinflussen von Menschen, denen Sie vertrauen.

Zwei als Herzenswunsch + Eins als Schicksalszahl
Es kann sein, daß Sie in einem inneren Kampf zwischen Ihren männlichen und weiblichen Aspekten verwickelt sind. Sie neigen dazu, aufzu-

geben, ehe Sie anfangen. Da Sie sich vor neuen Situationen fürchten, ziehen Sie weniger bahnbrechende Beschäftigungen vor.

Zwei als Herzenswunsch + Zwei als Schicksalszahl
Begnadete Einsicht. Beliebt, einfühlsam, könnte berühmt werden und übt eine große Anziehung auf andere aus. Poetisch, sensibel, ein Koordinator.

Zwei als Herzenswunsch + Drei als Schicksalszahl
Geht am liebsten den Weg des geringsten Widerstandes oder nimmt den einfacheren Weg zum Ziel. Verliert an Boden, weil zu verzettelt und in seinen Vorstellungen verloren. Künstlerisch interessiert.

Zwei als Herzenswunsch + Vier als Schicksalszahl
Sie geben die ideale rechte Hand eines starken Gefährten ab und ziehen untergeordnete Arbeiten im Dienstleistungssektor vor. Obwohl Sie nicht ehrgeizig sind, legen Sie viel Wert auf Sicherheit.

Zwei als Herzenswunsch + Fünf als Schicksalszahl
Entspannt, sorglos, läßt Gelegenheiten entwischen und fürchtet jedes Risiko.

Zwei als Herzenswunsch + Sechs als Schicksalszahl
Ideale Hausfrau und Gruppenleiter.

Zwei als Herzenswunsch + Sieben als Schicksalszahl
Empfindsam und scharfsinnig mit einsiedlerischen Neigungen.

Zwei als Herzenswunsch + Acht als Schicksalszahl
Ausgezeichnet bei administrativen Aufgaben; stellt die Interessen anderer an erste Stelle. Äußerst aufmerksam und pflichtbewußt.

Zwei als Herzenswunsch + Neun als Schicksalszahl
Sie ziehen die Geisteswissenschaften dem Geschäftsleben vor. Ihre Interessen reichen vom Spirituellen und Religiösen bis hin zum Psychologischen. Als gedankenvoller Mensch kauen Sie an Entscheidungen herum und beeinflussen andere lieber indirekt als durch die Konfrontation.

Drei als Herzenswunsch

Mit einer Drei als Herzenswunsch haben Sie es auf Spaß und die leichtere Seite des Lebens abgesehen. Sie lieben Ihre Freunde und das Gesellschaftsleben. Ihre Gaben sind Fröhlichkeit, Optimismus und Kreativität bei allen Aufgaben.

Sie sind medial veranlagt und träumen gern in den Tag hinein; vielleicht führen Sie ein Tagebuch. Oder Sie stellen sich vor, Sie seien ein Zauberer oder schrieben den besten Roman der Welt.

Dank Ihrer Überzeugungskraft verbreiten Sie Gedanken und geben guten Rat. Eine Karriere im Verkauf wäre möglich. Sie haben eine besondere Abneigung gegen Routine und körperliche Arbeit.

Umgänglich und leicht verletzbar durch Kritik, werden Sie sehr weit gehen, um Streit zu vermeiden. Aus diesem Grund neigen Sie dazu, anderen zu sehr zu schmeicheln, zu viel zu reden, Gemeinplätze von sich zu geben oder oberflächlich zu erscheinen. Sie haben ein starkes Bedürfnis, sich auszudrücken, doch sollten Sie Ihre Gedanken zu Ende denken, ehe Sie sie aussprechen.

Farbe, Drama, Humor und Freiheit sind für Sie lebenswichtig. Sie haben gerne Gäste, die Sie gut bewirten und bevorzugen Musik, Spiele, Reisen, Ferien und Champagner. Wahrscheinlich führen Sie einen lebendigen und modernen Haushalt (mit einem Whirlpool). Ihr natürlicher Lebensstil ist spontan, wobei der Nachdruck weniger auf der praktischen Wirklichkeit liegt. Sie sind ein wunderbarer Freund. Für jemanden, der in einer Beziehung Sicherheit sucht, ist ein Partner mit vielen Dreiern nicht angesagt.

Drei als Herzenswunsch + Eins als Schicksalszahl
Eine mächtige Kombination, ausgezeichnet für den kreativen Selbstausdruck. Urteilsfähiger als andere Dreier, neigen Sie dazu, sich selbst als Teil der Elite zu sehen.

Drei als Herzenswunsch + Zwei als Schicksalszahl
Ein kreativer Verwalter, politisch aktiv, bekannt.

Drei als Herzenswunsch + Drei als Schicksalszahl
Vielseitige Kreativität, braucht Zeit, um den richtigen Lebensunterhalt zu finden. Großzügig, diszipliniert und spontan.

Drei als Herzenswunsch + Vier als Schicksalszahl
Wehrt sich gegen guten Rat, guter Geschäftsmann, der sich zu entspannen weiß. Einfallsreicher Mensch.

Drei als Herzenswunsch + Fünf als Schicksalszahl
Führt Pläne nicht unbedingt zu Ende, prahlerisch. Weiß, wie man die Vorzüge einer Ware so darstellt, daß eine möglichst breite Palette Kunden darauf anspricht.

Drei als Herzenswunsch + Sechs als Schicksalszahl
Nicht sehr ehrgeizig, dafür aber gern gesehen, hilfreich und vielgeliebt.

Drei als Herzenswunsch + Sieben als Schicksalszahl
Liebt das Theater und wird vielleicht Kritiker oder Journalist. Wünscht auf einem besonderen Gebiet zu kommunizieren. Nüchtern.

Drei als Herzenswunsch + Acht als Schicksalszahl
Eifrig, anpassungsfähig, ernsthaft, erfolgreicher Veranstalter. Träumt davon, ein Segelboot zu besitzen.

Drei als Herzenswunsch + Neun als Schicksalszahl
Eine ideale Kombination, um auf kreativem Gebiet Erfolg zu haben. Jemand, der gut kommunizieren kann, eine beliebte, glückliche Person. Sie mögen das, was Sie tun.

Vier als Herzenswunsch

Mit einer Vier als Herzenswunsch sind Sie praktisch veranlagt, konservativ, vorsichtig und glauben ganz fest an faßbare Resultate.

Sie sind der Arbeitsethik und dem Wert des rationalen Handelns verschrieben und brauchen Zeit, um sich die Dinge zu überlegen, ehe Sie einen Entschluß fassen. Sie bringen »für alle Fälle« etwas Geld auf die Seite, auf das Sie gut verzichten können, um ein Ziel zu erreichen. Neuen Dingen gegenüber verhalten Sie sich leicht mißtrauisch, aber Sie sind gerne innovativ, wenn Sie damit eine bessere Leistung erreichen können.

Sie verteidigen Heim und Herd und arbeiten zum Wohl anderer

(Ihrer Familie), obschon es Ihnen Mühe macht, Ihre Gefühle auszudrücken. Es kann sein, daß Sie diese persönliche Unsicherheit hinter harter Arbeit verstecken und in dieser Hinsicht schon beinahe zwanghaft sind. Setzt man Sie unter Druck, reagieren Sie mit Sturheit.

Sie verfügen über ein reines und ernstes Wesen und genießen es, andere anzuleiten, damit sie die Dinge richtig machen. Es kann sein, daß Sie sich beklagen, weil Ihre Arbeit für selbstverständlich genommen wird. Als methodischer Mensch hassen Sie Verschwendung und Ungenauigkeit.

Sie stellen sich unbewußt auf die Seite des Schwächeren. Geht es darum, Probleme zu lösen, schauen Sie erst auf die Hindernisse und dann auf die Vorteile. Sie haben gerne die Zügel in der Hand, um sich so vor Überraschungen und Pannen zu schützen.

Vier als Herzenswunsch + Eins als Schicksalszahl
Sie sind auf der Suche nach der Wahrheit und neigen als praktischer Gestalter dazu, mehr für das Wohl anderer zu arbeiten als für das eigene Ich. Verantwortungsbewußt.

Vier als Herzenswunsch + Zwei als Schicksalszahl
Es kann sein, daß Sie sich in einem kleinen Kreis hervortun. Da Sie ruhig, besonnen und gerissen sind, ist es schwer, Sie kennenzulernen.

Vier als Herzenswunsch + Drei als Schicksalszahl
Sie sind gut in Geschäften, die mit Geschenken, Spielwaren, Mode und dekorativen Gegenständen zu tun haben. Sie arbeiten hart und bringen Qualität ein.

Vier als Herzenswunsch + Vier als Schicksalszahl
Ehrlich und dem öffentlichen Dienst verschrieben. Nicht ichbezogen, sondern immer verfügbar, praktisch und redlich. Sie werden viele Chancen bekommen und verfügen über einen ausgeprägten gesunden Menschenverstand.

Vier als Herzenswunsch + Fünf als Schicksalszahl
Ausgezeichnete Fähigkeiten auf dem Gebiet der Vermarktung. Unternehmungslustig und aktiv.

Vier als Herzenswunsch + Sechs als Schicksalszahl

Ausgezeichneter Familiensinn. Ein sympathischer und verantwortungsbewußter Lehrer. Sie arbeiten gut in einer Gruppe. Traditionell und ein guter Freund.

Vier als Herzenswunsch + Sieben als Schicksalszahl

Interessant, aufmerksam und lebhaft. Sehr glaubwürdig. Ein verläßlicher Akademiker oder Handwerker.

Vier als Herzenswunsch + Acht als Schicksalszahl

Sehr machtorientiert, ein Workaholiker. Braucht die Struktur einer Großfirma. Als Frau sind Sie ehrgeizig und willensstark. Sie trachten nach Sicherheit und Grundbesitz (da Sie nicht zur Miete wohnen wollen).

Vier als Herzenswunsch + Neun als Schicksalszahl

Stark, realistisch, erdverbunden und tolerant, wird aus Ihnen möglicherweise ein Politiker.

Fünf als Herzenswunsch

Mit einer Fünf als Herzenswunsch schätzen Sie Ihre Freiheit, das Abenteuer, die Abwechslung, Stimulation und sinnliche Befriedigung. Sie sind neugierig und beobachten das, was um Sie herum geschieht, sehr genau. Sie schöpfen Ihr Leben voll aus und machen sich keine Sorgen wegen der Zukunft.

Sie sind nicht sehr häuslich, lassen sich nicht leicht auf eine feste Beziehung ein und wollen sich nicht anbinden lassen. Auf beruflichem Gebiet wollen Sie Menschen begegnen und mit ihnen kommunizieren. Gelegenheiten, um zu zeigen, was in Ihnen steckt, kosten Sie bis zum Aufschneiden aus. Sie verfügen über einen schnellen Geist, erfassen neue Möglichkeiten sofort und sind wie ein Chamäleon. Weil Sie von Natur aus rastlos und ungeduldig sind, fahren Sie besser mit einem flexiblen Stundenplan.

Mit einer Fünf als Herzenswunsch lieben Sie den Sport, die Rivalität, Aktion, Geschwindigkeit und Sex. Sie fühlen sich vom Ungewöhnlichen, Esoterischen und Künstlerischen angezogen.

Sie gehen mit Vorliebe aus, werben und produzieren sich gerne. Ihre

Bereitschaft zu flirten könnte für einen eifersüchtigen Partner schwer auszuhalten sein. Im schlechtesten Fall wirken Sie oberflächlich und opportunistisch.

Fünf als Herzenswunsch + Eins als Schicksalszahl
Hemmungslos, leicht abgelenkt, unstet. Vom Neuen fasziniert, müssen Sie lernen, Versuchungen zu widerstehen. Ein Talent für Mode, Design oder Vertriebstrends.

Fünf als Herzenswunsch + Zwei als Schicksalszahl
Sie könnten mehr Verantwortung aufgebürdet bekommen, als Sie bewältigen können. Sie scheinen robuster, als Sie es tatsächlich sind.

Fünf als Herzenswunsch + Drei als Schicksalszahl
Neugierig, mit einer natürlichen Begabung für plötzliche Einfälle. Phantasievoller und kreativer Schauspieler, Komiker oder Verkäufer.

Fünf als Herzenswunsch + Vier als Schicksalszahl
Schafft gerne Probleme, weil er sich mit dem Üblichen nicht abfinden kann.

Fünf als Herzenswunsch + Fünf als Schicksalszahl
Tolerant, großzügig, »alles geht«.

Fünf als Herzenswunsch + Sechs als Schicksalszahl
Bringt Gruppen Veränderung; bietet eine besondere Dienstleistung an.

Fünf als Herzenswunsch + Sieben als Schicksalszahl
Ernsthaft, empfindsam und rücksichtsvoll mit einem Hang zu Enthüllungen.

Fünf als Herzenswunsch + Acht als Schicksalszahl
Dynamisch, erfolgreich. Großartige Aussichten in Gelddingen.

Fünf als Herzenswunsch + Neun als Schicksalszahl
Neigt zu radikalen Methoden, die viele Menschen beeinflussen. Extremer Hang zum Aufschieben. Schillernde Persönlichkeit. Großzügig mit Zeit und Ressourcen. Achtung vor dem Alkohol.

Sechs als Herzenswunsch

Mit einer Sechs als Herzenswunsch müssen Sie sich nützlich fühlen, um glücklich zu sein. Ihr Streben gilt Sicherheit, einem Heim und einer Familie. Sie können sehr besitzergreifend sein und haben strikte moralische Vorstellungen. Sie legen viel Wert auf Bräuche, Feiertage und Rituale. Da Sie unbewußt Verantwortung anziehen, nehmen Sie die Fehler und schlechte Angewohnheiten anderer sehr persönlich.

Sie sorgen sich wegen Kleinigkeiten und lassen sich beeindrucken von Zeitungsartikeln über Armut, Unfälle und den Zerfall der Familie.

Sie lieben Ihre Freunde und erweisen ihnen gerne einen Gefallen, doch machen Sie selbst keine Schulden und bitten nicht gerne um etwas. Sie versuchen immer vorzusorgen, damit Sie die Kontrolle nicht verlieren (das vordringlichste Bedürfnis Ihres Ichs). Sie zeigen anderen gerne, wie die Dinge anzupacken sind.

Ihre Erwartungen an einen Lebensgefährten sind so idealistisch, daß Sie vielleicht gar nicht heiraten werden. Ungewöhnliche Menschen ziehen Sie an, da diese das unkonventionelle Künstlerleben leben, das Sie sich versagen. Von Natur aus zur Verantwortlichkeit getrieben, würden Sie davon profitieren, wenn Sie das Vertrauen entwickeln, daß das Universum Ihnen wohlgesonnen ist. Lernen Sie loszulassen.

Sechs als Herzenswunsch + Eins als Schicksalszahl
Sie sind vielleicht zu faktisch, zu direkt. Erfolgreich und verantwortungsbewußt. Ihre Familie kommt an erster Stelle.

Sechs als Herzenswunsch + Zwei als Schicksalszahl
Sie wirken aufsässiger, als Sie es wirklich sind. Auch wenn Sie Ihre Macken haben, sind Ihre Werte sehr traditionell. Sie sind äußerst gewissenhaft, ausgeglichen und traditionsbewußt.

Sechs als Herzenswunsch + Drei als Schicksalszahl
Es kümmert Sie zu sehr, was andere denken. Sie wirken belehrend, sogar dogmatisch, dabei verfügen Sie gar nicht über alle Fakten.

Sechs als Herzenswunsch + Vier als Schicksalszahl
Ein Sinn für gesellschaftliche Verpflichtungen, gepaart mit einer realistischen Einstellung und tiefer Einsicht. Äußerst aufrichtig.

Sechs als Herzenswunsch + Fünf als Schicksalszahl
Obwohl Sie auf Rivalität aus sind, haben Sie ein Talent, Ihre Handlungen zu rationalisieren. Sehr geeignet für die Dienstleistungssektor oder den Verkauf. Sie haben eine strenge Seite.

Sechs als Herzenswunsch + Sechs als Schicksalszahl
Mit Ihrem Sinn für gesellschaftliche Verantwortung möchten Sie eine bessere Gesellschaft oder bessere Gesundheitsmaßnahmen erwirken. Sie brauchen Sicherheit und wollen zum Wohl der anderen beitragen. Nicht konkurrierend.

Sechs als Herzenswunsch + Sieben als Schicksalszahl
Es besteht ein innerer Konflikt zwischen einer ausgeprägten Individualität und dem Gefühl, sich anpassen und anderen aushelfen zu müssen. Tendenz zum Märtyrertum.

Sechs als Herzenswunsch + Acht als Schicksalszahl
In kompetitiven Situationen fehlt Ihnen die Kraft, die Sie brauchen, um größere Projekte anzugehen, wobei Sie bei wichtigen Entscheidungen dazu neigen, Ihre Gefühle über Ihren Verstand herrschen zu lassen.

Sechs als Herzenswunsch + Neun als Schicksalszahl
Es kann sein, daß Sie vor lauter Bäumen den Wald nicht sehen. Sie verlieren sich in kleinen Problemen, die Sie das Wesentliche vergessen machen. Sehr liebevoller, fürsorglicher Mensch.

Sieben als Herzenswunsch

Mit einer Sieben als Herzenswunsch analysieren, hinterfragen und denken Sie gern. Sie brauchen viel Ruhe und ziehen es vor, allein gelassen zu werden. Sie neigen dazu, exzentrisch oder skeptisch zu sein. Vielleicht mögen Sie das Landleben oder strukturieren das Leben in der Stadt auf eine passende Weise (indem Sie zum Beispiel nachts arbeiten).

Stolz, wählerisch, rücksichtsvoll und nachdenklich, wählen Sie, sich mit geschmackvollen Dingen zu umgeben. Oder aber Sie leben sehr einfach und haben nur wenig materiellen Besitz. Sie mögen das Raffinierte und Perfekte und brauchen Zeit, um etwas richtig zu machen.

Sie sind qualitätsbewußt in Ihren Ausgaben und schätzen das Ausgefallene und das Alte. Sie sind bereit, auf das zu warten, was Sie wollen.

Sie interessieren sich für Philosophie, Psychologie und Forschung und verfügen über einiges an innerer Weisheit. Vielleicht wirken Sie abwesend, kalt und förmlich auf die Menschen, die Sie nicht gut kennen. Der Grund ist, daß Sie Geschwätz nicht mögen, obwohl Sie wortgewandt sind (mit einer Tendenz zum Belehrenden), wenn Sie sich für ein Thema interessieren. Sie passen sich nicht an, weshalb man Sie oft für arrogant und stur hält. Wahrscheinlich würden Sie lieber Genetik studieren als Kinder großzuziehen. Sie sind tolerant, wo es um die Macken der anderen geht, doch können Sie ein oberflächliches, zu pedantisches oder langweiliges Leben nicht aushalten.

Sieben als Herzenswunsch + Eins als Schicksalszahl
Sie haben einen sehr eindeutigen Sinn für Integrität und können ausgezeichnet kommunizieren. Professor, Schauspieler, Spezialist, Forscher.

Sieben als Herzenswunsch + Zwei als Schicksalszahl
Ausgewogene Persönlichkeit, praktisch und doch spezialisiert. Sehr vorsichtig. Neigt dazu, sich Veränderungen zu widersetzen.

Sieben als Herzenswunsch + Drei als Schicksalszahl
Perfektionismus und der Hang zum Aufschieben könnten Ihre Produktivität sabotieren, da Sie nicht leicht zufrieden sind mit den Chancen, die sich Ihnen bieten. Anziehend, hervorragend,

Sieben als Herzenswunsch + Vier als Schicksalszahl
Sehr zuverlässig, freundlich. Man bittet Sie oft, Dinge zu reparieren oder in Ordnung zu bringen. Sie gehen gerne privaten Interessen nach. Scharfer Sinn für Humor, bedeckte Gefühle.

Sieben als Herzenswunsch + Fünf als Schicksalszahl
Schwer zu verstehen oder in der Zusammenarbeit, auf ungewöhnliche Arten clever. Viel Glück unter ungewöhnlichen Bedingungen. Besonderer Beitrag.

Sieben als Herzenswunsch + Sechs als Schicksalszahl
Vielleicht sind Sie zu leistungsorientiert. Als Vater oder Mutter ziemlich streng mit hohen Erwartungen; strenger Lehrer. Förmlich.

Sieben als Herzenswunsch + Sieben als Schicksalszahl
Bringt einer breiten Öffentlichkeit etwas ganz Besonderes. Erfolgreich und wählerisch, jedoch sehr beliebt.

Sieben als Herzenswunsch + Acht als Schicksalszahl
Instinktiver Sinn für Werte. Sie werden ein Experte auf jedem Gebiet, das Sie interessiert. Dem Esoterischen stehen Sie skeptisch gegenüber. Sie sind streitbar und schüchtern andere gerne mit Ihrer Strenge ein.

Sieben als Herzenswunsch + Neun als Schicksalszahl
Intuitiv, psychologisch, intensiv, intellektuell. Könnte ein guter Heiler sein oder zur Heilung beitragen. Außergewöhnliche Talente.

Acht als Herzenswunsch

Mit einer Acht als Herzenswunsch möchten Sie die Kontrolle ausüben oder die Umgebung rund um diesen Kontrollaspekt verändern. Um in der Welt voranzukommen, verlangen Sie das Recht, Ihre Ambitionen zu verwirklichen. Sie werden sich nie mit dem Zweitbesten zufriedengeben. Sie sind ernsthaft, reif, verläßlich, vorsichtig und dominant.
Ihr Motto lautet: Wahrheit, Ehrlichkeit und Resultate. Sie sind der geborene Organisator und Verwalter. Sie haben wagemutige, gar innovative Ideen, doch gehen Sie keine unnötigen Risiken ein. Mit Ihren starken Prinzipien und dem Ordnungssinn eines Bankiers, können Sie Unordnung nicht ausstehen. Sie wählen Ihre Freunde vorsichtig und fühlen sich dem Akademischen verbunden.
Selbstsicher und relativ angstfrei, setzen Sie Ihre Ideen ziemlich rücksichtslos um. Weil Sie unbedingt Recht haben wollen, sorgen Sie dafür, daß Ihre Fakten stimmen, ehe Sie damit an die Öffentlichkeit gehen. Sie möchten das Beste kaufen, das die Welt anzubieten hat, und werden immer einen guten Gegenwert für Ihr Geld erhalten.
Sie fühlen sich wohl in der Rolle des Beraters Ihrer Freunde und reagieren beleidigt, wenn man Ihren Rat nicht annimmt. Sie sind

großzügig mit denjenigen, die Ihr Einverständnis finden, doch üben Sie gerne Kritik an Menschen, die nicht so viel leisten. Als strenge/r Vater/Mutter sind Sie ungehalten, wenn Ihr Kind keine besondere Fähigkeit oder Eigenschaft aufweist.

Als Frau richten Sie Ihren Ehrgeiz auf eine Karriere.

Acht als Herzenswunsch + Eins als Schicksalszahl
Eine ausgezeichnete Kombination für Führungskräfte. Sie haben ungewöhnlich glatte und anziehende Manieren. Zwanghaft. Am besten, Sie leiten Ihren eigenen Betrieb.

Acht als Herzenswunsch + Zwei als Schicksalszahl
Geschickt in gesellschaftlichen Dingen, dürften andere von Ihrer Willensstärke überrascht sein. Als Mann übernehmen Sie gerne die Rolle des Patriarchen; als Frau verfügen Sie über ein außergewöhnliches verwalterisches Geschick. Ausgezeichnet für die Vermarktung auf allen Ebenen (mit Nachdruck auf dem Dienstleistungssektor), aber auch für einen Koch oder eine Krankenschwester.

Acht als Herzenswunsch + Drei als Schicksalszahl
Sie sind erfolgreich in der Unterhaltungsbranche und können gut verhandeln. Vielleicht sind Sie auch mit einem Manager verheiratet. Praktisch und gründlich, werden Sie als Schuldirektor, Leiter eines Museums oder einer Kosmetikfirma oder aber im Blumenhandel Erfolg haben.

Acht als Herzenswunsch + Vier als Schicksalszahl
Ausgezeichnete Kombination für das Geschäftsleben: konkurrenzorientiert, aktiv, fähig, neue Gebiet zu erobern und zu erweitern. Tut sich auf jedem Gebiet hervor.

Acht als Herzenswunsch + Fünf als Schicksalszahl
Sie bringen neue Ideen in Ihr Gebiet ein und wissen, wie Sie mit Konflikten umgehen müssen. Stark und konstruktiv, ein fordernder Chef.

Acht als Herzenswunsch + Sechs als Schicksalszahl
Tut gern Gutes für das allgemeine Wohl. Elternfigur für viele. Gewinnt fast jede Auseinandersetzung durch ein unglaubliches Gedächtnis für Fakten.

Acht als Herzenswunsch + Sieben als Schicksalszahl
Talent für die Justiz, als Fahndungsbeamter oder Verwalter, möglicherweise ein zwanghafter Workaholiker. Gerissen, bewußt, dynamisch.

Acht als Herzenswunsch + Acht als Schicksalszahl
Großes Potential für totalen Erfolg. Führungspersönlichkeit, Direktor einer Spendenkette. Es kann sein, daß Sie mit Ihren Leistungen selbst nicht zufrieden sind.

Acht als Herzenswunsch + Neun als Schicksalszahl
Talent zum Anführer, ausgezeichnete geschäftliche Aspekte. Erfolg auf jedem Gebiet. Hat globalen Einfluß.

Neun als Herzenswunsch

Mit einer Neun als Herzenswunsch sind Sie großzügig, offen und warmherzig. Im allgemeinen finden Sie in jedem Menschen etwas, mit dem Sie sich identifizieren können, und weil Sie so leicht vergeben und vergessen können, schreibt man Ihnen oft eine spirituelle und philosophische Lebenseinstellung zu. Sie sind romantisch, schillernd, dramatisch und intensiv, weshalb Sie kreative Arbeit genießen.

Sie engagieren sich, wenn die Ereignisse es von Ihnen verlangen, doch neigen Sie dazu, nichts Neues anzufangen und sich nicht um praktische Einzelheiten zu kümmern. Sie sind außerordentlich beeindruckbar und setzen sich meistens für den Mann der Straße ein (außer, daß Sie in Ihrem Privatleben extrem elitär sein können – Sie lieben den Luxus). Sie mögen das Gefühl haben, alles erreichen zu können, doch bereitet es Ihnen Mühe, den ersten Schritt zu machen und sich auf etwas festzulegen. Sie beziehen persönliche Befriedigung aus Ihrem Engagement für Massenbewegungen (wie die Anti-Atombewegung), für gerechte Sachen oder Esoterik.

Mit der Neun als Herzenswunsch sind Sie umgänglich, tolerant und leidenschaftlich, wo es um Ihre eigenen Interessen geht, aber meistens nicht sehr praktisch. Wenn man Sie einschränkt oder Sie Angst haben wegen der Dinge, die sich Ihrer Kontrolle entziehen, neigen Sie zur Depression. Sie sind entweder sehr gefühlsbetont oder sehr distanziert. Sie brauchen das Gefühl, nützlich zu sein, als Inspiration zu wirken oder eine Verbindung zu schaffen. Ihre tolerante Einstellung zieht ungewöhnliche Situationen und Menschen an.

Neun als Herzenswunsch + Eins als Schicksalszahl
Eine geborene Führungspersönlichkeit mit humanitären Zielen. Höchstleistungen liegen im Bereich des Möglichen. Sehr idealistisch, romantisch, verfeinert – und möglicherweise äußerst attraktiv.

Neun als Herzenswunsch + Zwei als Schicksalszahl
Hat Mühe anzufangen und verpaßt Gelegenheiten wegen einer Tendenz zum Aufschieben. Außergewöhnliches Verständnis der Psychologie anderer. Schauspielerin oder Künstler.

Neun als Herzenswunsch + Drei als Schicksalszahl
Ausgezeichnet für alles Kreative. Liebevoll und inspirierend. Erholt sich leicht von jeder Art Katastrophe oder Rückschlag. Es besteht ein Hang zum Alkohol. Kann jedem alles verkaufen. Weitgereist.

Neun als Herzenswunsch + Vier als Schicksalszahl
Dürfte hinter den Szenen eines karitativen Projekts arbeiten und das Gefühl haben, zu Besserem ausersehen zu sein. Viel Nachdruck liegt auf dem Lösen der Probleme der Angehörigen.

Neun als Herzenswunsch + Fünf als Schicksalszahl
Nicht viel Disziplin oder Beharrlichkeit. Ungehobelt, liebt es, einen Aufstand zu verursachen. Ungewöhnliche geistige Überzeugungen.

Neun als Herzenswunsch + Sechs als Schicksalszahl
Visionär, doch persönlich und praktisch. Populär, sozial und charmant. Kunst und Heilen sind die besten Gebiete. Könnte unter einer Ehe leiden wegen seiner Tendenzen, sich für die Bedürfnisse anderer aufzuopfern.

Neun als Herzenswunsch + Sieben als Schicksalszahl
Sie besitzen ein einzigartiges Wahrnehmungsvermögen, großen Scharfblick oder starke Einbildungskraft. In Ihren Beziehungen lieben Sie keine Überraschungen. Exzentrisch, aber liebenswert.

Neun als Herzenswunsch + Acht als Schicksalszahl
Aufrichtiger Wunsch, anderen zu helfen; arbeitet äußerst hart; könnte ein menschenfreundlicher Millionär oder Bauer/Großgrundbesitzer sein, aber auch als Landschaftsplaner, internationaler Hersteller oder Arzt tätig sein.

Neun als Herzenswunsch + Neun als Schicksalszahl
Den Tiden des Lebens ausgesetzt, lassen Sie sich gerne treiben und könnten sich immer wieder in einer untergeordneten Rolle wiederfinden, in der Sie das Wohl anderer unterstützen. Eine alte Seele, für die der materielle Erfolg nicht die Antwort ist. Sie könnten sehr wohl eine ebenso große wie zufällige Erbschaft machen! Von Haus aus künstlerisch.

Elf als Herzenswunsch

(Bitte lesen Sie zuerst die Merkmale der Zwei als Herzenswunsch.)

Als Meisterzahl mit einem besonderen Potential, macht die Elf als Herzenswunsch, daß Sie sich nach dem Unerreichbaren sehnen. Es kann sein, daß Sie sehr nervös, leicht zu beeindrucken und reizbar sind, aber Sie sind auch äußerst einsichtsvoll, intuitiv und scharfsichtig. Ihr Unterbewußtsein genießt die Unsicherheit jedoch mehr als die Wirklichkeit. Die Atmosphäre, die Sie genießen, verfügt über Kerzenlicht, Musik, Komfort, Romantik, Räucherstäbchen und rosa Farben.

Sie suchen sich inspirierende Lehrer und erleuchtende Vorträge aus und neigen dazu, sich impulsiv für etwas zu entscheiden, ehe jemand Sie davon abbringen könnte.

Vielleicht würden Sie gerne so ätherisch aussehen wie ein Fotomodell in *Vogue:* in Seide, Weiß und Gold gekleidet. Sie würden gerne Glas, Kristall und Teleskope besitzen und Harfenmusik hören.

Sie glauben immer noch an den Märchenprinz und die perfekte Frau, doch sind auch homosexuelle Neigungen gegeben. Sie sind der geborene Künstler, der Ästhet, die Odaliske, der verfeinerte Gentleman, immer charmant, großzügig und ungewöhnlich. Vielleicht schlafen Sie besonders gerne. Praktische Tatsachen sind im allgemeinen nicht Ihre Stärke.

Zweiundzwanzig als Herzenswunsch

(Bitte lesen Sie zuerst die Merkmale der Vier als Herzenswunsch.)

Als Meisterzahl mit einem besonderen Potential verfügt die Zweiundzwanzig als Herzenswunsch über Voraussicht und Disziplin. Sie sind wie kein anderer in der Lage, Erfahrungen, Theorien und Arbeitskräfte in einen produktiven Plan einzubringen und mit großer Begeisterung und Beharrlichkeit zu arbeiten.

Da Sie gerne reformieren und Fehler richtigstellen oder die Dinge wieder ins Lot bringen, schauen Sie immer über gegenwärtige Anwendungen hinaus zu größeren Perspektiven. Sie sind der Meisterarchitekt, der für die Ewigkeit baut.

Ihre außergewöhnliche Gabe, große Projekte in überschaubare Komponenten aufzuschlüsseln, stammt von Ihrer Liebe und Ihrem Verständnis für System und Ordnung. Dieses paart sich mit der inspirierten Delegation von Aufgaben an die richtigen Leute. Ihr Ziel ist es immer, den größtmöglichen Nutzen zu erzielen (bis hin zu globalen oder ökologischen Idealen). Vielleicht träumen Sie davon, die Blaupausen der Pyramiden zu besitzen, und haben ein geheimes Projekt, das Sie eines Tages ausführen wollen. Ihre Neuerungen finden wahrscheinlich auf dem Gebiet von Bauten, öffentlichem Verkehr, in der Herstellung und mit Grundstücken statt. Sie tun sich sogar mit Ihren Hobbys hervor.

Für Menschen mit intellektuellen Ansprüchen haben Sie wenig Verwendung, doch sind Sie ganz gewiß ein Freund des »kleinen Mannes«, und tun auf leise Art Gutes. Vielleicht hegen Sie politische Ambitionen. Extrem loyal, sind Sie von Natur aus ein ausgezeichneter Freund, Lehrer oder Elternteil.

KAPITEL 6

Ihre Persönlichkeit

Wie sehen mich die anderen?
Welchen Eindruck vermittle ich?

Ihre Persönlichkeitszahl zeigt, wie Sie auf andere wirken. Die Menschen, die Sie umgeben – Mitarbeiter, Freunde, Familie –, kennen Ihre Schicksalszahl oder Ihren Herzenswunsch wahrscheinlich nicht, aber sie werden meistens sehr wohl in der Lage sein, Sie und Ihre Eigenschaften zu beschreiben. Dieses Wissen wird von der Persönlichkeitszahl enthüllt. Nicht wie die anderen wichtigen Zahlen, die tiefsitzende und wenig bekannte Wesenszüge definieren, kann die Persönlichkeitszahl sogar die gesellschaftliche Maske beschreiten, die Sie benutzen, um sich selbst darzustellen.

So berechnen Sie Ihre Persönlichkeitszahl

1. Tragen Sie in Ihr Numeroskop, sofern Sie das noch nicht getan haben, Ihren vollständigen Geburtsnamen in das dafür vorgesehene Feld ein.
2. Schreiben Sie mittels der Umrechnungstabelle *nur den Konsonanten* in Ihrem Namen einen Zahlenwert zu.
3. Zählen Sie den Zahlenwert aller Konsonanten in Ihrem Namen zusammen, und reduzieren Sie alle Summen auf eine einstellige Zahl (außer es handelt sich um die karmischen Zahlen 14, 16, 17 und 19 oder um die Meisterzahlen 11 und 22; für zusätzliche Informationen s. Kapitel 1, »Ausnahmen bestätigen die Regel«).
4. Tragen Sie die Summe in Ihr Numeroskop ein.

Lassen Sie uns als Beispiel die Persönlichkeit von Dr. Martin Luther King berechnen, indem wir seinen ursprünglichen Namen Michael Luther King verwenden:

MICHAEL	LUTHER	KING
4 + 3 + 8 + 3 = 9	3 + 2 + 8 + 9 = 4	2 + 5 + 7 = 5
	9 + 4 + 5 = 18	
	1 + 8 = 9	

Mit der Neun als Persönlichkeitszahl übte Dr. King eine große Anziehungskraft auf die Massen aus. Neuner werden von anderen als warmherzig, humanitär und idealistisch wahrgenommen. Dr. Kings Berufung als Seelsorger und geistiger Führer paßten genau zu ihm. Darüber hinaus unterstützten seine anderen Zahlen seine Persönlichkeit.

Er verfügte über die Fünf als Schicksalszahl, was ihn dazu veranlaßte, der Welt progressive Veränderungen zu bringen. Die Eins als Lebensweg (er wurde am 1. Januar 1929 geboren) gab ihm Kraft und Führungseigenschaften, wodurch er in der politischen Arena einen starken Eindruck hinterließ.

So vergleichen Sie Ihre Persönlichkeitszahl mit Ihrem Schicksal und Ihrem Herzenswunsch

Wie trägt meine Persönlichkeit zu meinen Erfolgschancen bei? Steht meine Persönlichkeit mir im Weg?

Wir wollen das Numeroskop von drei Männern vergleichen, die alle drei die Acht als Schicksalszahl haben.

Alle drei stehen unter dem Zeichen der Acht als Schicksalszahl und dürften mit geschäftlichen, institutionellen oder finanziellen Dingen zu tun haben. Als Achter sind sie natürliche Führer und können den Charakter der anderen gut einschätzen.

Bei Alan besteht das Gefühl, eine Mission zu haben (Neun als Persönlichkeitszahl). Er fühlt sich getrieben, in einer beliebigen be-

170

stehenden Situation große Veränderungen zu bewirken (Acht als Herzenswunsch). Er ist stark und entschlossen, und er kennt die Leute. Seine Neuner-Persönlichkeit verleiht ihm Wärme und Begeisterungsfähigkeit, auch wenn er kühl und abwesend scheinen kann, hat er einmal das Interesse an jemandem verloren. Die Neun genießt es, die verschiedensten Leute kennenzulernen und sich auf vielen Gebieten kundig zu machen (Geschichte, Antiquitäten, Musik, Theater, Philosophie). Als Neun könnte er auch auffallend modisch gekleidet sein oder exotische oder altertümliche Ausstattungsgegenstände sammeln.

Da Bruce sich nicht gerne aggressiv zeigt (Zwei als Herzenswunsch), ist es möglich, daß er zu einer Autoritätsstellung befördert wurde, die ihm nicht behagt. Andere Menschen mögen ihn, da er freundlich, hilfsbereit und gutmütig ist (Sechs als Persönlichkeitszahl), doch kann es ihm schwerfallen, Macht zu delegieren oder ernstgenommen zu werden. Man wird ihn für sehr zuverlässig, doch vorsichtig halten.

Karl wäre gerne Berater oder ein freiberuflicher Akademiker, der mit großen Firmen oder Agenturen zusammenarbeitet (Fünf als Persönlichkeitszahl). Er kann sich gut ausdrücken, eignet sich als Veranstalter oder Verkäufer (Fünf als Persönlichkeits- und Drei als Herzenszahl). Die Betonung liegt auf dem Hier und Jetzt. Er möchte sich mit dem Geld amüsieren, das ihm jetzt zur Verfügung steht (Drei als Herzenswunsch).

Also sehen wir, daß Alan sich in der Verwaltung zu Hause fühlt, gerne verhandelt und mit Macht umgeht, wobei er ein großes Bedürfnis nach Reformen und Leistungen hat, doch von einer intuitiven und emotionalen Ebene aus. Er sucht Prestige.

Bruce übernimmt bereitwillig die Verantwortung, doch zieht er es vor, andere als gleichgestellt zu betrachten (auch wenn sie es gar nicht sind) und den Gruppenkonsens zu suchen, ehe er zu einer Entscheidung kommt. Seine Partner werden ihn bei seinen Entscheidungen beeinflussen.

Karl hat weniger Mitgefühl für andere als Alan oder Bruce. Er möchte »dem System ein Schnippchen schlagen« und vorankommen, ohne auf vergangene Fehler zurückzublicken. Für ihn gibt es immer eine neue Idee am Horizont.

Alan	Bruce	Karl
Acht als Schicksal	Acht als Schicksal	Acht als Schicksal
Acht als Herzens-wunsch	Zwei als Herzenswunsch	Drei als Herzenswunsch
Neun als Persönlich-keitszahl	Sechs als Persönlichkeitszahl	Fünf als Persönlichkeitszahl

Eins als Persönlichkeitszahl

Die Eins als Persönlichkeitszahl verleiht Ihnen ein bestimmtes, unabhängiges und sicheres Auftreten, wobei Sie allen gegenüber sehr offen sind. Die Leute sehen in Ihnen einen dynamischen, tapferen Menschen, der sich Schicksalsschlägen mutig stellt. Sie schauen auf Sie, um von Ihnen geführt zu werden oder damit Sie ihre Probleme lösen. Aus dieser Eigenschaft läßt sich Kapital schlagen, sofern Ihr Beruf von Ihnen ein starkes öffentliches Image verlangt.

Die anderen werden die heroischen Eigenschaften auf Sie projizieren, die sie am meisten bewundern, wie Ehrgeiz, Ehrlichkeit und Integrität. Da Sie geradeaus auf Ihr Ziel losgehen, wirken Sie nicht immer beruhigend auf andere, wenn Sie sich auf Ihre Arbeit einschießen.

Die Eins als Persönlichkeitszahl vermittelt leicht den Eindruck, ungeduldig zu sein (was auch stimmt), intellektuell und aufbrausend. Ihre scharfe, witzige Zunge und Ihre verbalen Angriffe halten die Leute auf Abstand, dürften von Ihren nächsten Freunden jedoch verziehen werden, weil Sie Ihre einmaligen Eigenschaften schätzen.

Sind Sie unausgeglichen, neigen Sie dazu, faul zu sein, andere nachzuahmen oder sich egoistisch zu verhalten. Sie können rechthaberisch, schwach oder wie ein Aufschneider wirken. Auch der Zynismus ist immer eine Möglichkeit, da er die Kehrseite Ihres Idealismus darstellt. Es gibt Gebiete, auf denen für Sie kein Kompromiß möglich ist.

Sie würden am liebsten selbständig arbeiten und eher auf das Neue als auf das Altbewährte setzen. Sie wissen sich selbst zu motivieren und haben ausgezeichnete finanzielle Möglichkeiten.

Zwei als Persönlichkeitszahl

Die Zwei als Persönlichkeitszahl vermittelt Ihnen eine empfindsame, scheue, künstlerische oder diplomatische Haltung. Sie möchten lieber überzeugen als sich durchsetzen und können gut zuhören. Als analytischer Mensch können Sie gut mit Einzelheiten umgehen und Wissen sammeln. Sie sind ein guter Partner. Kompromißbereit, ziehen Sie es oft vor, anderen die Entscheidung zu überlassen.

Es kann sein, daß Sie Ihr Licht zu sehr unter den Scheffel stellen und zu bescheiden und ängstlich sind. Unbekannte Situationen oder dominierende Menschen verunsichern Sie. Schmeichelei und sich abzuwerten gehören zu Ihren Abwehrmechanismen.

Als Mann verfügen Sie über eine stark entwickelte weibliche Seite und haben ein gutes Herz. Sie lieben schöne Dinge und ziehen die persönliche Dienstleistung vor. Sie sind ein wahrer Gentleman. Als Frau dürften Sie sehr hübsch sein (vom allem, wenn Ihre Zwei einer Elf zu verdanken ist). Es ist für Sie sehr wichtig, daß Sie lernen, sich nicht mit schickeren und dominierenden Menschen zu vergleichen. Tun Sie das, werden Sie sich nämlich zu solchen Menschen hingezogen fühlen, bis Sie es realisieren und an Ihrer eigenen Wesensart festhalten. Erinnern Sie sich daran, daß Sie Zeit brauchen, um die Dinge mit Ihrem eigenen Tempo zu erledigen.

Auf beruflicher Ebene arbeiten Sie am liebsten in Situationen, in der Sie es nur mit einer anderen Person zu tun haben, und wo der Nachdruck nicht allzusehr auf dem Verkauf liegt. Sie eignen sich für eine künstlerische, psychologische oder ruhige Umgebung. Sie sind der Friedensstifter, der sich führen läßt, integriert und analysiert.

Drei als Persönlichkeitszahl

Die Drei als Persönlichkeitszahl verleiht Ihnen ein freundliches, umgängliches, fröhliches und redseliges Auftreten. Sie flirten gern, sind modisch, charmant und jugendlich. Ihre besten Eigenschaften sind Ihre Begeisterungsfähigkeit und Ihr Optimismus. Als sozialer Gefühlsmensch dürften Sie künstlerisch oder musikalisch veranlagt sein. Die Drei versteht es, die Dinge so einzurichten, daß andere sich wohl fühlen, was sie zu einer guten Verkäuferin macht. Dreier sind nie um

Worte verlegen. Wenn Sie sich von Ihrer besten Seite zeigen, sind Sie großzügig und immer bereit, fremdes Glück zu feiern. Andererseits klatschen Sie gern und verlieren sich in ichbezogenen Geschichten.

Natürlich, spontan und humorvoll, haben Sie die idealen Eigenschaften, um mit Kindern umzugehen; Ihr sicherer Geschmack prädestiniert Sie für die Mode, den Einzelhandel, Kunst, Design und Theater. Ihr Optimismus und Ihre Phantasie eignen sich auch für die Bewußtseinsarbeit. Sie vermitteln das Gefühl, daß das Leben Spaß macht, und stecken andere mit Ihrer guten Laune an.

Vier als Persönlichkeitszahl

Die Vier als Persönlichkeitszahl vermittelt Ihnen einen ehrlichen, zuverlässigen, verantwortungsbewußten und praktischen Aspekt. Andere Menschen spüren, daß Sie loyal, erdverbunden und fleißig sind. Im allgemeinen sind Sie diszipliniert und entschlossen, nur manchmal etwas streng und still. Weil Sie nicht auffallen möchten, sehen Sie vielleicht eher durchschnittlich aus. Schicken und modischen Leuten trauen Sie nicht ganz über den Weg.

Mit Ihren konventionellen Einstellungen sind Sie der ideale Angestellte und ein ausgezeichneter Geschäftsführer. Sie finden die Sicherheit, die Sie suchen, in der Routine. Sie ziehen es vor, Ihre Entscheidungen aufgrund von Erfahrung und faßbaren Resultaten zu treffen, als das Unversuchte zu probieren.

Durch Streß betont, wirken Ihre Eigenschaften auf andere stur und unbeugsam. Man schiebt Ihnen gerne die Aufgaben zu, die man selbst nicht erledigen will, von denen man aber weiß, daß Sie sie aus Pflichtgefühl übernehmen werden. Sie scheinen manchmal langsam, pedantisch oder einer bestimmten Rolle verhaftet.

Geben Sie Ihren besten Freunden unbedingt die Gelegenheit, auch mal was für Sie zu tun. Zu oft scheinen Sie alles unter Kontrolle zu haben, unter Dach und Fach, wodurch Sie in der Rolle des Helden steckenbleiben (was für Ihren gesamten Körper Streß bedeuten kann). Sie müssen verstehen, daß Sie sich verletzlich zeigen dürfen und dennoch bewundert werden können.

Mit einer Vier als Persönlichkeitszahl sind Sie gut gerüstet für Berufe, die körperliche Arbeit sowie verwalterisches und leitendes

Geschick verlangen. Eine Verkaufstätigkeit ist nicht angesagt. In einer Bürokratie oder Verwaltung kommt Ihr ruhiges, geduldiges und kompetentes Image gut zur Geltung.

Fünf als Persönlichkeitszahl

Mit einer Fünf als Persönlichkeitszahl wirken Sie aktiv, vielseitig, gescheit, unberechenbar und attraktiv (auf beide Geschlechter). Sie sind neugierig, offen für das Leben, geschickt, umgänglich und leutselig. Als gut aussehender Mensch haben Sie keine Mühe, sexuelle Partner zu finden. Man hält Sie gerne für lustig, extrem oder rivalisierend. Ihre Begeisterung wirkt als Magnet auf andere, die Ihren Wunsch nach Beliebtheit auf Sie projizieren. Sie sehen Ihr Leben lang jugendlich aus oder haben jugendliche Ansichten.

Als Macher sind Sie schnell und involvieren sich in viele Aktivitäten. Ihrer Energie setzen Sie nicht immer Grenzen. Mit einer Fünf bestehen gewisse negative Tendenzen – Rastlosigkeit, Ungeduld, der Genuß von Drogen, Alkohol und Sex um seiner selbst willen. Es kann sein, daß Sie sehr materialistisch sind und Verantwortung meiden, indem sie unpünktlich sind, Ihre Versprechen nicht halten oder so tun, als wüßten Sie nicht, was man von Ihnen erwartet.

Sie sind der geborene Verkäufer, wobei Ihr Image vor allem im Einzelhandel, in der Mode und jeder Art Öffentlichkeitsarbeit gut zu Ihnen paßt, auch in der Politik. Wenn man Routine und Regeln so wenig mag wie Sie, ist man gut beraten, selbständig zu bleiben. Berichterstattung, Filmproduktion, Sport, Reisen und die Unterhaltungsbranche eignen sich alle gut für Sie. Man sieht Sie als risikofreudigen Abenteurer.

Sechs als Persönlichkeitszahl

Mit einer Sechs als Persönlichkeitszahl wirken Sie solide, konventionell, warmherzig und harmlos. Sechs ist die Zahl der Eltern und Lehrer, weshalb andere ihr Bedürfnis nach Fürsorge und Rat auf Sie projizieren. Sie hören ihnen bereitwillig zu und stellen, wenn immer möglich, Ihre Zeit und Ressourcen großzügig zur Verfügung. Sie sind sympathisch und idealistisch, vielleicht auch künstlerisch veranlagt.

Ihre festen Ansichten werden von Ihren Freunden bereitwilliger akzeptiert als von Ihren Kindern – die sich natürlich gegen Ihre tollen Meinungen auflehnen müssen!

Sie sind nicht immer perfekt angezogen und haben mit überflüssigen Pfunden zu kämpfen. Als aufmerksamer Gastgeber mögen Sie Familienfeste, bei denen Sie von allen Ihren Lieben umgeben sind.

Ihre Fehler lassen sich auf ein Übermaß Ihrer besten Eigenschaften zurückführen – Ihre festen Ansichten können überwältigend wirken und die Bedürfnisse anderer völlig außer acht lassen. Vielleicht sind Sie auch so idealistisch, daß Sie nie heiraten werden – niemand ist »ganz das Richtige« für Sie. Ihr Bedürfnis nach Kontrolle wird zu einem Hindernis, wo es gilt, spontan zu handeln. Eine sture, stolze oder unnachgiebige Haltung kann den zwischenmenschlichen Austausch zerstören, der so wichtig ist für Ihr Wohlbefinden.

Sie benötigen es, gebraucht zu werden. Dienstleistungen jeder Art sind Ihr Milieu.

Sieben als Persönlichkeitszahl

Mit einer Sieben als Persönlichkeitszahl wirken Sie fein, gepflegt und ruhig, wie eine Dame oder ein Kavalier der alten Schule. Siebener betonen gerne das Geistige und gehen intuitiv vor, wenn sie Probleme lösen. Sie sind vielleicht ein Spezialist (oder ein Perfektionist). Man sieht in Ihnen den Experten.

Als Einzelgänger dürften Sie einige ausgefallene Interessen pflegen, aber zum Glück macht es Ihnen nichts aus, wenn man Sie für leicht verschroben hält. Siebener sind Denker mit einer zynischen Ader und einem trockenen Humor. Sie sind nicht sehr anpassungsfähig und machen aus Ihren Privatangelegenheiten gerne ein Geheimnis. Da Sie nicht leicht umzustimmen sind, werden Sie weit gehen, um sich mit den Tatsachen wappnen zu können, die Ihnen erlauben, in Diskussionen die Oberhand zu behalten. Obschon diese Zahl mit dem Glauben in Verbindung gebracht wird, sind Sie eher mißtrauisch und zweifeln an esoterischen Systemen und deren Vertretern.

Ihre Methoden wirken auf andere oft langsam und frustrierend. Gegenüber den Geboten der Bürokratie sind Sie launisch und kritisch. Entweder Sie identifizieren sich mit Ihrer Arbeit, als sei es eine Rolle, die Sie spielen möchten, oder aber Sie verachten die Routine einer Arbeit, die Ihnen einfach »nicht paßt«. Für Erholung wenden Sie sich an die Natur.

Sie arbeiten am besten alleine, in der Forschung, der Datenanalyse oder in der Diagnostik, wo Ihre Beobachtungsgabe sich gut einsetzen läßt. Eine Verkaufstätigkeit empfiehlt sich kaum (es sei denn, sie verkaufen alte, antike oder technische Gegenstände). Sie zeichnen sich aus als Erzieher, im Labor oder im Umgang mit Pflanzen und Tieren.

Acht als Persönlichkeitszahl

Mit der Acht als Persönlichkeitszahl wirken Sie sehr mächtig und strahlen Selbstvertrauen, Durchsetzungsvermögen, Intelligenz und Kompetenz aus. Ihre Angestellten und Mitarbeiter merken sofort, daß Sie ein Arbeitstier sind. Sie verfügen über eine natürliche Reife und ausgewogene Ansichten sowie eine rasche Auffassungsgabe für alles Geschäftliche. In einer Krise wendet man sich an Sie um Anleitung. Wegen Ihrer starken Gegenwart projizieren die Menschen Ihre Bedürfnisse und Ihre Probleme auf Sie.

Als Frau verleiht Ihnen die Acht als Persönlichkeitszahl eine professionelle Ausstrahlung, die innerhalb einer Firmenstruktur sehr nützlich sein kann. Männliche Achter vermitteln ebenfalls Autorität, sind jedoch oft fordernd und überaus ehrgeizig. Als traditioneller und vorsichtiger Mensch sind Sie stolz auf Ihre Bildung und Ihre Leistungen (Ihren Wortschatz inbegriffen). Sie mögen keine Spitznamen und genießen es, einen beeindruckenden Titel zu tragen. Wenn Sie als Frau die eigene Stärke nicht anerkennen, können Sie verspannt und kritisch werden, mit einer hohen oder schrillen Stimme.

Sie können Ihr Gespür für den Charakter Ihrer Mitmenschen auch übertreiben und sie verurteilen, weshalb man Sie dann kalt, förmlich, taktlos und zwanghaft nennt. Ihre Wettbewerbssucht kann Sie berechnend und gnadenlos auftreten lassen. Um sich einen geschäftlichen Anstrich zu geben, verhalten Sie sich streng und unsympathisch.

Arbeiten Sie für einen Konzern, wird man Ihnen ohne weiteres Verantwortung übertragen. Sie sind der geborene Akademiker (oder Handwerkermeister). Sie gedenken, so gut wie möglich zu leben, und fühlen sich in einer untergeordneten Stellung nicht wohl. Bei Notfällen und unter Druck kann man sich auf Sie verlassen.

Neun als Persönlichkeitszahl

Mit einer Neun als Persönlichkeitszahl wirken Sie offen, großzügig und tolerant. Man sieht in Ihnen einen warmherzigen, philosophischen, idealistischen oder künstlerischen Menschen. Sie haben oft ein Talent für das Dramatische, lieben große Gesten oder ausgefallene Kleidung. Sie verlassen sich mehr auf Ihre Gefühle und Ihre Intuition als auf Ihren Intellekt und können auf andere weltgewandt, lebendig und glücklich wirken. Manchmal beschreibt man Sie aber auch als »leicht abgefahren«.

Eines der wichtigsten Merkmale der Neun ist Ihre Unfähigkeit zu schnellen Entscheidungen. Sie sind verletzlich und beeindruckbar und sehen alle Seiten eines Problems (wodurch Sie auch die einfachsten Fragen komplizieren). Vielleicht sehnen Sie sich auch nach dem Unmöglichen. Je nachdem, welche andere Zahlen mitspielen, können Sie leicht abwesend, unaufmerksam, launisch oder unzuverlässig wirken.

Die Leute sprechen oft schon beim ersten Treffen auf Ihre Weisheit und Ihre Reife an und sehen in Ihnen einen talentierten Menschen. Sie ziehen Exzentriker an und genießen es, mit Menschen aus allen Gesellschaftsschichten zu verkehren, wobei Sie die Leute nicht nach ihrem materiellen Erfolg beurteilen, was Ihnen viele Freunde verschafft (die Sie allerdings ebensoleicht wieder fallenlassen).

Ihr Image nützt Ihnen am meisten in kulturellen, künstlerischen oder in Theaterkreisen. Sie sind ein ausgezeichneter Lehrer, Heiler und Menschenfreund. Ihre Wärme, Lebensphilosophie, Toleranz und Talente führen dazu, daß Sie auf praktisch jedem Gebiet willkommen sind.

Elf als Persönlichkeitszahl

Die Elf als Persönlichkeitszahl verleiht Ihnen eine besondere Ausstrahlung. Diese Zahl paßt wie keine andere zu Frauen, wodurch eine weibliche Elf als schön, empfänglich, weiblich und intensiv wahrgenommen wird. Männer haben etwas Ruhiges und Galantes an sich. Es kann Ihnen auch ein Hauch von Poesie und Inspiration anheften. Sie scheinen nicht sehr in der Wirklichkeit verwurzelt zu sein.

Die Elf neigt dazu, vom Rampenlicht angezogen zu werden – man könnte Sie bitten, öffentlich zu reden oder als Beispiel zu dienen. Wahrscheinlich haben Sie einen ausgesprochen feinen Sinn für Psychologie. Eine spirituelle Einstellung ist Ihnen wichtig.

Die negativen Aspekte der Elf könnten dazu führen, daß Sie scheu, feige oder auf ungesunde Art von Ihrem Partner abhängig sind. Vielleicht sind Sie unrealistisch, eitel, verspannt, deprimiert oder gereizt. Es kann sein, daß Sie von der romantischen Liebe besessen sind oder das Bedürfnis haben, vor Ihren Problemen in eine Phantasiewelt davonzulaufen. Sind Sie schön, haben Sie wahrscheinlich mit der Eifersucht anderer Frauen zu kämpfen.

Am wohlsten fühlen Sie sich bei einer stimulierenden Arbeit mit wenig Druck. Vielleicht verfolgen Sie auch zwei Berufe auf einmal. Ihr Image eignet sich gut für des Gebiet der Mode, der Kunst, Musik, Psychologie und Diplomatie. Sie brauchen Zeit, um Ihr Produkt oder Ihre Dienstleistung zu perfektionieren. Eine wahre Elf arbeitet mühelos auf spirituellem Gebiet. Ihr Sinn für Details ist ein Vorteil auf einem technischen oder elektrotechnischen Gebiet. Das Fernsehen ist ein natürliches Medium für Sie.

Zweiundzwanzig als Persönlichkeitszahl

Mit der Zweiundzwanzig als Persönlichkeitszahl wirken Sie äußerst kompetent. Gleich in welchem Bereich Sie arbeiten, die Leute werden spüren, daß Sie bereit sind, alles zu geben, um Ihr Ziel zu erreichen.

Ihnen haftet eine zielgerichtete, entschlossene und solide Ausstrahlung an. Dies ist die Meisterzahl des materiellen Bereichs. Deshalb verbinden Sie eine praktische und vernünftige Haltung mit einer inspirierten Kreativität, die Ihnen die Menschen zuführt, die Sie brauchen, um eine bestimmte Arbeit zu erledigen. Die Leute sehen in Ihnen einen Problemlöser – also aufgepaßt!

Sie wären unglücklich, hätten Sie nicht mehrere Projekte gleichzeitig laufen, weil so viele Dinge getan werden müssen. Vielleicht haben Sie ein Hobby auf rein theoretischem Gebiet. Sie widmen Ihrer jeweiligen Aufgabe Ihre ganze Aufmerksamkeit und beziehen sich auf frühere Erfahrungen, um zu einer neuen Lösung zu kommen.

Während man Sie immer bewundern wird wegen Ihrer Fähigkeiten und Ihrer Produktivität, können Sie so sehr in Ihren Aufgaben aufgehen, daß Sie die Fähigkeiten der anderen gerne übersehen. Das Wort, »Workaholiker« wurde wegen Ihrer Persönlichkeit erfunden, was am Arbeitsplatz zwar Früchte trägt, zu Hause aber Probleme bringt. Ihre offensichtlichen Fähigkeiten könnten auch Groll oder Eifersucht hervorrufen.

Ihre reife, ernste und verantwortungsbewußte Persönlichkeit eignet sich am bestem für die Planung, den Bau, die Herstellung und die Systemarbeit. Als Verkäufer sind Sie nicht geeignet. Sie brauchen Platz und Weite.

KAPITEL 7

Gewohnheiten als Chancen

> Welche gewohnheitsmäßigen Reaktionen haben ich, die man als
> negativ bezeichnen könnte?

Gewohnheiten als Chancen definiert den Bereich Ihrer Persönlichkeit,
an dem Sie arbeiten müssen. Gleichen Sie diese Gewohnheiten nicht
aus, könnten sie überhand nehmen, wobei es sich auch um einen
unterentwickelten Persönlichkeitsaspekt handeln kann. Ihre Herausforderung besteht darin, einen Ausgleich zu finden zwischen den
beiden Extremen Ihrer Gewohnheitszahl.

Ist Ihre Gewohnheitszahl zum Beispiel die Zwei, sind Sie entweder
zu empfindlich und schüchtern (und lassen andere für sich entscheiden), oder aber Sie müssen daran arbeiten, besser mit anderen zusammenzuarbeiten und mehr auf sie einzugehen. Es ist effektiv so, daß wir,
je nachdem, was auf uns zukommt, beide Seiten einer schlechten
Gewohnheit ausleben.

So berechnen Sie Ihre Gewohnheitszahl

1. Zählen Sie die Buchstaben in Ihrem vollständigen Geburtsnamen.
2. Reduzieren Sie die Summe auf eine einstellige Zahl, und tragen Sie
   diese in Ihr Numeroskop ein.

Nehmen wir als Beispiel die Gewohnheitszahl der Schauspielerin
Elizabeth Taylor, wobei wir von ihrem vollständigen ursprünglichen
Namen ausgehen, der Elizabeth Rosemond Taylor lautet. Da Frau
Taylors Name dreiundzwanzig Buchstaben umfaßt, ist ihre Gewohn-
heitszahl die Fünf, was eine sehr unabhängige Persönlichkeit mit sich
bringt, die nach ihrem eigenen Kopf und Ihren eigenen Regeln lebt.

Die Fünf neigt dazu, es mit ihrem Essen, dem Sex, mit Drogen oder Alkohol zu übertreiben. Steht sie unter Druck, wirkt Frau Taylor irritierend auf ihre Umgebung.

ELIZABETH ROSEMOND TAYLER		
9 +	8 +	6 = 23
	2 + 3 = 5	

Zur Bedeutung der Schwächen

Da Ihre Gewohnheitszahl relativ wichtig ist als Hinweis auf Streß und Schwierigkeiten, wollen wir uns jetzt ansehen, wie sie sich auf andere wichtige Zahlen auswirkt. Dazu nehmen wir die Zahlen des Filmproduzenten und Regisseurs George Walton Lucas vor, der am 14. Mai 1944 geboren wurde.

George Lucas' Eins als Lebensweg zeigt, daß der Produzent/ Regisseur Menschen führen kann, deutet auf seine innovativen Ideen und auf ein bleibenden Interesse an der Literatur. Die Neun als Schicksalszahl versetzt ihn eindeutig in die Welt der Schauspielerei und verleiht ihm eine große Anziehungskraft. Er ist ebenfalls motiviert, sich für öffentliche Anerkennung einzusetzen und hat die Phantasie und den Flair des Träumers (Neun als Herzenswunsch).

Sein äußerliches Erscheinungsbild wirkt leicht distanziert (Neun als Persönlichkeitszahl mit einer einzelgängerischen Eins als Lebensweg). Die Acht als Gewohnheitszahl verstärkt die Eins als Lebensweg, was ihm Autorität verleiht, wenn er weiß, daß er sein Thema kennt. Abgesehen davon, fühlt er sich vielleicht nicht so wohl, wenn er gewöhnliche, alltägliche Entscheidungen treffen soll (wo er sein Frühstück einnehmen soll, welche Krawatte er, wenn überhaupt, anziehen soll). Die finanziellen Belange seines Geschäfts überläßt er wahrscheinlich lieber Experten (Neun als Herzenswunsch und Acht als Gewohnheitszahl). Bei derart leistungsorientierten Zahlen (Eins und Neun) könnte die Acht als Gewohnheitszahl ihn sich mehr auf seine Arbeit als auf seine persönlichen Beziehungen konzentrieren lassen. Es ist offensichtlich, daß George Lukas' Zahlen seine Arbeit als kreativer Filmemacher stark unterstützen.

Geburtsdatum: 14. Mai 1944															
5+5+9=19=1 Lebensweg															
G	E	O	R	G	E	W	A	L	T	O	N	L	U	C	A	S
7	5	6	9	7	5	5	1	3	2	6	5	3	3	3	1	1
39 + 22 + 11															
3+4+2=9 Schicksalszahl															
5+6+5+1+6+3+1=27=2+7=9 Herzenswunsch (Vokale)															
7+9+7+5+3+2+5+3+3+1=45=4+5=9 Persönlichkeitszahl (Konsonanten)															
1+1+1+1+1+1+1+1+1+1+1+1+1+1+1+1+1=17 Buchstaben im Namen = 1+7=8 Gewohnheitszahl															

Eins als Gewohnheitszahl

Sie übertreiben es mit dem angeborenen Durchsetzungsvermögen der Eins und sind rechthaberisch, unwirsch, ungeduldig, stur, arrogant, kompromißlos und ein Gefangener Ihrer eigenen Theorien.

Ist Ihre Verbindung zur Eins eine passive, verhalten Sie sich unbestimmt, zögerlich, schwankend, schüchtern, nachahmend und können sich nicht durchsetzen.

Zwei als Gewohnheitszahl

Sie neigen dazu, Ihre Persönlichkeit zu verlieren, weil Sie anderen zu sehr gefallen möchten, und verlassen sich lieber auf fremde Meinungen als auf Ihre eigenen Überzeugungen. Sie sind sehr schüchtern und können sich nicht durchsetzen. Sie verlieren sich in Einzelheiten, was Sie einschränkt und bremst. Es kann auch sein, daß Sie sich festkrallen, alles analysieren müssen und zu wählerisch sind.

Andererseits könnten Ihnen auch die freundlichen, unterstützenden Eigenschaften der Zwei fehlen, und Sie müssen lernen, geduldig zu sein, zuzuhören und sich zu bremsen, um die Dinge richtig erledigen zu können (vor allem, wenn bei Ihren anderen Zahlen die Eins oder die Acht im Vordergrund stehen). Sie wirken gleichgültig, als seien Ihnen die Gefühle der anderen egal.

Drei als Gewohnheitszahl

Sie sind zerstreut, vergeuden Ihre Zeit und verschwenden Ihr Talent an Nichtigkeiten. Sie verzetteln Ihre Kreativität, indem Sie zuviel klatschen und über Ihre Pläne reden (vor allem, wenn in Ihrem Numeroskop weitere Dreier und Fünfer vorkommen). Sie genießen es mehr, ein Projekt zu planen, als es in die Tat umzusetzen, und neigen zu Faulheit, Genußsucht und Realitätsverlust. Kritisches, eifersüchtiges oder prahlerisches Verhalten steht im Vordergrund. Da Ihre Gedanken so sehr um phantastische Ideen und Möglichkeiten kreisen, fällt es Ihnen schwer, sich an die Arbeit zu machen. Sie sind ichbezogen und können nicht vertragen, daß man an Ihren Schwächen rüttelt.

Bei einer passiven Verbindung dieser Herausforderung vernachlässigen Sie Ihre Kreativität, sind pessimistisch und ein Defätist, der unter Verständnisschwierigkeiten leidet. Mit der Drei als Gewohnheitszahl haben Sie Mühe, loszulassen und sich zu vergnügen (weil Sie Angst haben, genußsüchtig zu sein). Alles Schriftliche bereitet Ihnen Mühe. Gehen Sie öfter aus, lachen Sie, und entspannen Sie sich.

Vier als Gewohnheitszahl

Die »Wirklichkeit« bestätigt Ihre fixen Ideen und trägt zu Ihrer Selbstgerechtigkeit bei. Sie müssen lernen, die engen und konventionellen Überzeugungen loszulassen, die Ihre Weltsicht behindern. Praktische Erwägungen ersticken Ihre Kreativität und Ihre Abenteuerlust. (Diese Tendenz ist stärker, wenn weitere Vierer und Achter in Ihrem Namen sind.)

Andererseits kann es auch sein, daß Sie die Eigenschaften der Vier pflegen und methodischer vorgehen sollten, anstatt immer nach dem Weg des geringsten Widerstands zu suchen (vor allem, wenn in Ihrem Numeroskop wichtige Dreier oder Fünfer sind). Sie geben sich mit einer oberflächlichen Behandlung der Dinge zufrieden und erwarten viel von anderen ohne bereit zu sein, das Ihre dazu beizutragen.

Die Eigenschaften der Vier sind dabei hilfreich, Dingen ihre Form zu geben, Ideen hervorzubringen und praktische Kompetenz zu erlangen, doch neigt diese Zahl zur Strenge.

Ist Ihre Vier als Gewohnheitszahl einer 22/4 zu verdanken (siehe Kapitel 1 »Ausnahmen bestätigen die Regel«), dürften Sie zwanghaft arbeiten und hohe Erwartungen an Ihre Produktivität stellen. Es kann sein, daß Sie sich ständig mit anderen Höchstleistern vergleichen. Sie sollten reisen, Ihren Freundeskreis erweitern. Handwerkliche Hobbys helfen Ihnen dabei, Ihre Energie zu entladen.

Fünf als Gewohnheitszahl

Wahrscheinlich sind Sie so unausgeglichen, daß es Sie ruhelos und ungeduldig macht. Weil Sie das Gefühl haben, andere hätten es besser, stellt diese Zahl ein Problem dar für Beziehungen und regelmäßige Arbeit. Sie kann auch zur körperlichen Maßlosigkeit führen (Überessen, Trinken, Spielsucht, Sex oder Drogen). Sie müssen lernen, Ihr Leben so zu strukturieren, daß Sie über genug Entdeckungsfreiheit verfügen, ohne die produktiven Aspekte in Mitleidenschaft zu ziehen.

Die Eigenschaften der Fünf sind sehr nützlich, indem sie es Ihnen erlauben, Risiken einzugehen und gut mit Veränderungen fertig zu werden. Demzufolge bringt eine passive Verbindung zur Fünf Strenge, Unbeugsamkeit, das Hängen an ausgedienten Überzeugungen und eine Unfähigkeit mit sich, sich zu verändern, sobald eine Veränderung angezeigt wäre. Sie fürchten sich vor neuen Erfahrungen und haben ausgefallene sexuelle Neigungen. Mit einer Fünf als Gewohnheitszahl fühlen Sie sich oft schuldig, weil Sie vieles angefangen, doch wenig beendet haben. Ist Ihre Neugier befriedigt oder haben Sie das bekommen, was Sie von dem Projekt wollten, meinen Sie, es nicht beenden zu müssen. Die wichtigste Aufgabe der Fünf ist zu untersuchen, zu erfahren und zu berühren.

Sechs als Gewohnheitszahl

Sie beraten andere nur allzugern, neigen dazu, sich in fremde Angelegenheiten einzumischen, und glauben dabei allen Ernstes, was Sie täten, sei zu deren Besten. Es dürfte nicht einfach sein, mit Ihnen zu leben, weil Sie zu allem eine Meinung haben: wann man zu Bett gehen, was man essen, wie man Geld ausgeben oder wohin man in den Urlaub fahren sollte. Ihre Schwäche ist einem Bedürfnis zu verdanken, überverantwortlich zu sein. Sind weitere Sechser in Ihrem Namen, verstärkt sich diese Tendenz.

Auf der passiven Seite der Sechs winden Sie sich immer aus Ihren Verpflichtungen heraus oder nehmen Ihre Versprechen zurück. Sie ziehen Ihre Pläne nicht durch und verpassen es, die richtigen Kompromisse mit Ihren Freunden, Ihrer Familie und Ihren Mitarbeitern einzugehen. Sind unter Ihre anderen Zahlen hervorragende Dreier oder Fünfer, bedeutet die Sechs als Gewohnheitszahl im allgemeinen, daß Sie der Verantwortung aus dem Weg gehen.

Sieben als Gewohnheitszahl

Sie neigen dazu, sich zu verschließen und andere Menschen aus Ihren Gedanken und Ihrem Leben auszuschließen. Überanalytisch, überkritisch und sarkastisch, sind Sie an eine intellektuelle Lebenssicht gebunden. Sie stehen nicht in Verbindung mit Ihren Gefühlen und verachten alles Weltliche.

Auf der passiven Seite der Sieben könnten Sie oberflächlich sein und sich weigern, spirituelle Angelegenheiten genügend ernst zu nehmen. Möglicherweise sind Sie desillusioniert, fatalistisch, exzentrisch oder abergläubisch. Siebener fühlen sich in der »guten alten Zeit« zu Hause und erinnern sich gerne an eine bestimmte Arbeit, eine Wohnung oder an außergewöhnliche Jugendfreunde.

Acht als Gewohnheitszahl

Aufgepaßt! Sie neigen dazu zu übernehmen, zu dominieren, zu delegieren und herrisch zu sein. Das mag am Arbeitsplatz funktionieren, aber zu Hause wird man es kaum schätzen. Diese Schwäche kann

Frauen mehr Probleme bereiten als Männern (es sei denn, die Frau verfügt an anderer Stelle in ihrem Numeroskop über Zweier und Dreier, die ihr dabei helfen, diese Wirkung abzuschwächen). Sie müssen lernen, Kontrolle auszuüben, ohne zu manipulieren. Ihr Wunsch, ein professionelles Image auszustrahlen, zwingt Sie dazu, lange Arbeitsstunden auf sich zu nehmen.

Befinden Sie sich auf der passiven Seite der Acht, wird es Ihnen schwerfallen, Entscheidungen zu treffen, da es Ihnen gerade dann an Selbstvertrauen mangelt, wenn Sie es am meisten brauchen. Vielleicht geben Sie vor, sich wenig für Geld oder materiellen Erfolg zu interessieren. Sie ziehen autoritäre Menschen an, um Ihnen als Hindernisse zu dienen und Ihren Mangel an Ehrgeiz zu rechtfertigen.

Passen Sie auf, daß Sie nicht zuviel Nachdruck auf die materiellen Werte im Leben legen, und erinnern Sie sich daran, Mitgefühl mit den Menschen zu haben, die nicht soviel Glück hatten wie Sie. Sie sind nicht hier, um andere zu verurteilen. Versuchen Sie nicht, alles selbst zu machen – delegieren Sie, und vergessen Sie es!

Neun als Gewohnheitszahl

Sie sind ein weltfremder Träumer, großzügiger, als Ihnen guttut, und sich Ihrer Ziele und Fähigkeiten nicht sicher. In Ihren Beziehungen sind Sie zu idealistisch und blauäugig. Sie dürfen Ihr künstlerisches Talent nicht durch Mangel an Engagement vergeuden und sich von Ihrer Nervosität zur Flucht verleiten lassen. Sie sind launisch und neigen zu extremen Gefühlen.

Auf der passiven Seite der Neun sind Sie hingegen recht kühl und distanziert (wobei Sie behaupten, Sie seien aufgeschlossen und sachlich). Beruflich sind Sie ein Hansdampf in allen Gassen, wobei der Nachdruck auf dem Dampf liegt.

Sind in Ihrem Numeroskop wichtige Vierer oder Achter, müssen Sie Toleranz und Mitgefühl lernen und eine großzügigere Sicht der Dinge entwickeln. Liegen hervorragende Dreier oder Sechser vor, sind Sie sehr verletzlich. In Kombination mit starken Siebenern dürften Sie eine Abneigung davor haben, der Wirklichkeit ins Auge zu sehen.

Nutzen Sie die Neun, um sich selbst zu beobachten, zu wachsen und bewußter zu werden. Arbeiten Sie an einem Ort, wo Sie den größtmöglichen Überblick haben. Ihre starken Gefühle werden im Theater, in Lehrberufen oder in der Religion einen positiven Einfluß ausüben. Ihre Großzügigkeit anderen gegenüber (sowie Ihre Unfähigkeit, »nein« zu sagen) führen zu Spannungen in Ihrer Ehe.

KAPITEL 8

Stärken und fehlende Zahlen

Was sind meine besonderen Talente und Fähigkeiten?
Zieht es mich mit meinem Namen in eine besondere Richtung?
Fehlen mir gewisse Eigenschaften?

Während Ihre Hauptzahlen (wie die Schicksals- und Lebenszahl) Muster sind, die Sie anleiten und der allgemeinen Richtung Ihres Lebens Form verleihen, gibt es in Ihrem Numeroskop andere Positionen, die ihren Einfluß auf der alltäglichen Ebene bemerkbar machen. Die Bestandteile Ihres Namens, Ihre Stärken und fehlende Zahlen, bestimmen Ihre Reaktionen auf andere Menschen, Ereignisse und Situationen. Sehen Sie sich die Zahlenverteilung in Ihrem Namen näher an, offenbart sich Ihnen der Rhythmus und die Beschaffenheit Ihres Charakters. Dieses Wissen ist besonders wertvoll, wo es um langfristige Beziehungen und Arbeitsverhältnisse geht. In diesem und dem nächsten Kapitel werden wir Ihren Namen in seine Bestandteile zerlegen und uns seine besonderen Komponenten ansehen. Das machen wir in zwei Schritten.

1. Zählen wir, wie häufig jede Zahl in Ihrem Namen vorkommt.
2. Zweitens listen wir diese Komponenten hinsichtlich ihrer Bedeutung für die vier Ausdrucksebenen auf: Körper, Gefühl, Geist und Intuition. (Anweisungen dazu finden Sie im nächsten Kapitel.)

So berechnen Sie Ihre Stärken

1. Tragen Sie auf Ihrem Numeroskop Ihren vollständigen Geburtsnamen ein. Schreiben Sie, sofern Sie das noch nicht unternommen haben, mittels der Umrechnungstabelle jedem Buchstaben einen Wert zu.

189

2. Zählen Sie, wie oft jede Zahl in Ihrem Namen erscheint, und tragen
Sie die Summen in die dafür vorgesehene Spalten im Numeroskop
ein.

Als Übung wollen wir uns die Bestandteile des Namens von Königin
Elizabeths zweiter Schwiegertochter Sarah Ferguson vornehmen, die
mit Prinz Andrew verheiratet war:

S	A	R	A	H		M	A	R	G	A	R	E	T			F	E	R	G	U	S	O	N
1	1	9	1	8		4	1	9	7	1	9	5	2			6	5	9	7	3	1	6	5

Diesem Beispiel entnehmen wir, daß Sarah sechs Einser in ihrem
Namen hat, was ihr die Merkmale einer Eins verleiht: Unabhängigkeit,
Offenheit, Mut und ein Interesse an neuen Ideen und an der Literatur.
Das beschreibt sie tatsächlich ziemlich gut, denn Sarah besitzt einen
Pilotenschein, arbeitet für ein Verlagshaus und hatte in ihrer Ehe die
Oberhand. Die vier Neuner in ihrem Namen geben ihr einen guten
Überblick, Glück, Wärme und Toleranz gegenüber einer Vielfalt Men-
schen. Sie kümmert sich gerne um andere. Ihre zwei Sechser und eine
Vier machen sie verantwortungsbewußt und zuverlässig mit einem
Hang zu Familie und Tradition, die ihr zweifelsohne dabei halfen, ein
Liebling der Königin zu werden. Wichtig sind auch zwei Siebener, die
ihr einen scharfen, analytischen Verstand sowie die Fähigkeit zu tiefem
Glauben verleihen. Die Zwei, Drei und Acht kommen in ihrem Namen
je einmal vor, was auf Taktgefühl, die Fähigkeit zur Zusammenarbeit
und auf Geschäftssinn schließen läßt. Da ihr keine Zahlen fehlen, kann
Sarah in ihrem Leben auf ein breites Spektrum an Fähigkeiten zurückgreifen. Gehen wir von ihrem Numeroskop aus, stellen wir fest, daß
sich die Zahlen in Sarahs Namen wie folgt verteilen:

1 sechsmal	4 einmal	7 zweimal
2 einmal	5 dreimal	8 einmal
3 einmal	6 zweimal	9 viermal

Um diesen ersten Schritt durchzuführen, tragen Sie die Buchstaben
Ihres vollständigen Geburtsnamens und deren Zahlenwerte an der

190

entsprechenden Stelle in Ihrem Numeroskop ein. Halten Sie fest, wie oft jede Zahl vorkommt.

Ihr Name:

1	4	7
2	5	8
3	6	9

Fehlende Zahlen

Das sind die Zahlen, die nicht in Ihrem Numeroskop vorkommen. Sie werden manchmal auch karmische Zahlen genannt und beschreiben Eigenschaften, die in Ihrem Wesen nur latent vorhanden sind oder überhaupt fehlen. Falls sie mit Ihren Höhepunkten oder Herausforderungen übereinstimmen (die in den Kapiteln 10 und 11 beschrieben werden), weisen Sie auf Problembereiche in Ihrem Leben hin. Kommt in Ihrem Namen zum Beispiel keine Acht vor und haben Sie eine Acht als Höhepunkt oder Herausforderung, werden Sie Hilfe oder Training brauchen, um entschlossen, geschäftlich und sachlich auftreten zu können (die Lehren der Acht).

Für die Beschreibungen Ihrer Stärken und fehlender Zahlen verweise ich Sie auf die auf diesen Abschnitt folgenden Seiten.

Wichtig: Die Wahrscheinlichkeit, mit der bestimmte Zahlen auftreten, ist nicht immer gleich groß. Manche Buchstaben und ihre Zahlenwerte erscheinen relativ selten, wohingegen andere weitaus häufiger vorkommen. Deshalb braucht es mehr als sechs Neuner (I und R), bis man von starken Neunereigenschaften spricht, während drei oder mehr Zweier (B, K und T) schon ein häufiges Auftreten dieser Zahl bedeuten.

Einser

Erscheint die Eins in Ihrem Namen
Fünfmal oder mehr – liegt der Nachdruck auf Führerschaft und müssen Sie Ihren eigenen Weg gehen. Als willensstarker Mensch passen Sie sich nicht leicht an eine bestehende Gruppe an, obschon Sie originell, avantgardistisch und idealistisch sind. Sie brauchen Vierer und Achter, um die Verbindung zur praktischen Seite des Lebens nicht zu verlieren, und mögen es nicht, wenn man Ihnen Vorschriften macht. Sie sind entschlossen, gehen direkt auf Ihr Ziel zu und möchten sich auf Ihrem Gebiet hervortun. Man schätzt Sie wegen Ihres Witzes. Sie haben Talent zum Schreiben und als Designer und lieben Anfänge.

Zwei- bis viermal – können Sie dafür sorgen, daß die Dinge durchgeführt werden und die Leitung übernehmen, ohne zu dominieren. Sie sind ehrlich, setzen sich durch und halten nicht mit Ihrer Meinung zurück.

Einmal oder gar nicht – steuert Ihr mangelndes Durchsetzungsvermögen zu Ihrem niedrigen Selbstwertgefühl bei und läßt überhaupt daran zweifeln, ob Sie Ihre Ziele erreichen können. Ist Ihre Lebens- oder Schicksalszahl eine Eins, fällt es Ihnen schwer, eine führende Rolle zu übernehmen, auch wenn sich dazu die Gelegenheit bietet. Sie tätigen ungerne geschäftliche Anrufe, ordnen sich unter, sind charmant und umgänglich und haben viel Humor.
Ohne den Einfluß der Eins könnten Sie sich unbewußt vom Rampenlicht angezogen fühlen, um sich auf diese Weise zu definieren. Es besteht der Drang, persönliche Opfer darzubringen für das, woran Sie glauben. Hüten Sie sich von der Tendenz, zu bescheiden zu sein oder sich frustriert zu fühlen, weil es Ihnen an Durchsetzungsvermögen fehlt. Sie erreichen Ihre Ziele durch Zusammenarbeit, Rücksicht und Geduld.

Zweier

Erscheint die Zwei in Ihrem Namen
Dreimal oder mehr – haben Sie ein scheues und empfindsames Wesen und können sehr gehemmt sein. Als Mann verfügen Sie über eine gut

entwickelte weibliche Seite, sind empfänglich, geduldig und äußerst rücksichtsvoll gegenüber anderen. Sie sind dazu befähigt, die Dinge richtig zu tun, und führen technische oder Detailarbeiten mit großer Geduld aus. Schönheit, Abwechslung und Freundschaft sind Ihnen sehr wichtig. Sie brauchen die Gesellschaft von Menschen, die ebenso empfindsam sind wie Sie. Wahrscheinlich sind Sie künstlerisch begabt (Fotografie) oder musikalisch (vor allem als Streicher oder Trommler). Sie lieben das Theater und das Ballett. Es kann sein, da Sie schnell nachgeben oder sich vom neuen Situationen und Menschen fürchten. Ein spiritueller Draht ist für Sie von äußerstem Belang. Sie sammeln Dinge oder interessante Artikel, können überängstlich und pingelig sein.

Ein- bis zweimal – sind Geduld und Zusammenarbeit Ihre Stärken. Sie schätzen Kunst und Schönheit und könnten den Beruf des Buchhalters oder eine ähnliche Kleinarbeit ausführen. Als Vermittler bei fremden Auseinandersetzungen sind Sie kein aggressiver Mensch.

Gar nicht – fehlt es Ihnen an Geduld und manchmal auch an Takt. Sie nehmen die Dinge zu persönlich, sind sich dabei Ihrer Wirkung auf andere Menschen nicht bewußt. Sie pirschen vor, um im letzten Moment festzustellen, daß es Ihnen an Mut fehlt. Üben Sie Durchhalten, und lesen Sie Bücher über gutes Benehmen und Psychologie. Sie fühlen sich von künstlerischen Projekten angezogen oder aber von einer Arbeit in der Schönheitsindustrie. Kommen in Ihrem Namen keine Sechser vor, wirken Sie streng.

Dreier

Erscheint die Drei in Ihrem Namen
Viermal oder mehr – haben Sie ein Geschick für das gesprochene oder geschriebene Wort. Sie haben eine schillernde und spontane Seite, lieben Luxus, Freizeit und Klamotten. Da Sie sich lieber mit Menschen als mit Dingen abgeben, gehen Sie manueller Arbeit aus dem Weg. Sie verlieren Energie, wenn Sie die Dinge vor sich herschieben, zuviel reden oder zuviel Geld ausgeben. Ihnen gefallen Bücher, Filme, Zeitschriften, Theateraufführungen, Picknicks, Tanzveranstaltungen

und Sport. Sie wollen oft im Mittelpunkt stehen und sind sehr romantisch. Auch reden Sie gerne von sich und haben viele Pläne, die ganz vernünftig klingen – solange Ihre Begeisterung anhält. Sie sind ein Optimist.

Ein- bis dreimal – sind Sie phantasievoll und können sich gut ausdrücken. Als kreativer Denker probieren Sie viele Dinge aus, die Sie jedoch bald langweilen. Sie mögen Musik, halten sich jedoch nicht für musikalisch, sind kinderlieb und werden lang jung bleiben (es sei denn, Sie seien stark von Vierern und Achtern beeinflußt).

Gar nicht – ist an Ihrem Wesen etwas Ernstes. Sie scheuen davor zurück, freizunehmen oder in Urlaub zu fahren, schreiben ungern und haben dennoch einen Job, bei dem der schriftliche Ausdruck im Vordergrund steht. Nehmen Sie Tanzunterricht, und gönnen Sie sich regelmäßige Ferien. Heiraten Sie einen lebhaften Menschen!

Vierer

Erscheint die Vier in Ihrem Namen
Dreimal oder mehr – sind Sie ein äußerst praktischer Mensch, doch zu Hause leider ein Putzteufel. Sie eignen sich für eine Tätigkeit im Baugewerbe, als Mechaniker oder Ingenieur sowie für alles, was mit Regeln, Maßen und Zahlen zu tun hat. Als sturer Mensch halten Sie nicht viel von neuen Ideen, die Sie erst selbst erproben müssen. Ihre Arbeit soll faßbare Resultate bringen, weshalb aus Ihnen ein guter Archäologe, Geologe, Bauer, Bildhauer oder Gärtner würde. Sie können die Dinge gut einschätzen. Da Sie auf Ihre Gesundheit achten, hegen Sie ungewöhnliche Ansichten zu Nahrung und Küche. Magenprobleme entstehen durch Streß, aufgestaute Gefühle und einem Übermaß an Verantwortung. Sind In Ihrem Numeroskop Sechser vorhanden, können Sie gut organisieren, was Ihrem Bedürfnis nach Reformen zugute kommt.

Ein- oder zweimal – sind Sie praktisch, können gut organisieren und mit Details umgehen. Da Sie die Ideen der anderen gut in die Praxis umsetzen können, ist es Ihnen auch gegeben, eigene Systeme zu entwickeln. Ordnung ist Ihnen sehr wichtig für Ihr Wohlbefinden.

Gar nicht – sind Sie nicht im geringsten praktisch, hassen Hausarbeit und sollten sich eine Putzhilfe leisten. Damit Sie etwas zustande bringen, müssen Sie sich schon angeregt fühlen. Bis dahin schieben Sie die Dinge gerne vor sich hin. Vielleicht sind Sie auch unterfordert. Tritt jedoch in Ihrem Numeroskop eine wichtige Vier auf, deutet das auf den unbewußten Wunsch, sich durch die Arbeit zu beweisen, was Ihnen erlaubt, weitaus produktiver zu sein. Fehlt nur die Vier, dürften Sie Ihr Leben lang bei guter Gesundheit sein.

Fünfer

Erscheint die Fünf in Ihrem Namen
Fünfmal oder mehr – sind Sie ein ausgezeichneter Verkäufer, der andere begeistern und beeinflussen kann. Sie sind impulsiv, spontan und hyperaktiv, ruhelos, energisch, neugierig und risikofreudig. Immer wieder zieht es Sie zu neuen Ufern, ehe Sie alte Projekte abgeschlossen haben. Sie sind unkonventionell, nicht besonders häuslich und lieben Ihre Freiheit, weshalb Sie sich für einen Beruf entscheiden sollten, der Abwechslung und Reisen mit sich bringt. Eine Frau mit vielen Fünfern gilt oft als rechthaberisch (weil Sie andere von Ihrem Standpunkt überzeugen möchte). Als genußsüchtiger Mensch haben Sie ein Lieblingsessen und genießen die Aufregung einer Liebesaffäre.

Drei- bis viermal – deutet dies auf eine durchschnittliche Anpassungsfähigkeit, wenig Lust auf Veränderung, Abenteuer und Reisen und nicht viel Neugier.

Kein- bis zweimal – gilt das als ungewöhnlich und deutet auf ein vorsichtiges Wesen. Es bereitet Ihnen Mühe, Veränderungen vorzunehmen oder sich auf größere Herausforderungen einzulassen. Sie stellen sich nicht gerne selbst dar und meiden die Massen. Falls Sie als Verkäufer tätig waren, hat Ihnen diese Arbeit nicht gefallen. Sie sind nicht sehr ehrgeizig oder wettbewerbsorientiert, es sei denn, Sie verfügten woanders in Ihrem Horoskop über mehrere Einser.

Sechser

Erscheint die Sechs in Ihrem Namen
Dreimal oder mehr – pflegen Sie überlieferte Werte wie die Unantastbarkeit von Heim und Familie. Sie sind sehr voreingenommen und möchten jederzeit wissen, was Ihr Partner treibt – womöglich weil Sie eifersüchtig sind, sobald er sich außer Haus befindet. Obwohl Sie dominierend und fordernd sind, haben Sie das Gefühl, Sie wollten nur das Beste für Ihre Familie, und sind prinzipiell gegen die Scheidung. Sie sorgen sich gerne, sind sich selbst treu und verlangen dasselbe von anderen. Sie lieben gutes Essen und ein gutes Glas Wein.

Ein- bis zweimal – können Sie gut zwischen Recht und Unrecht unterscheiden und sind sehr fürsorglich. Kinder zu haben, gibt Ihnen das Gefühl, sie täten das »Richtige«. Sie lehren, raten und helfen in der Not. Davon abgesehen lieben Sie gute Weine, bequeme Kleidung und viel Platz zum Wohnen. Gleich welchen Beruf Sie wählen, Sie sind immer ein Menschenfreund und ein Heiler. Sind auch Vierer gegeben, können Sie gut organisieren und managen.

Gar nicht – Sie dürften mehr als einmal heiraten, müssen lernen, mehr Verantwortung zu übernehmen, und sind zu zauderlich, vor allem, wenn in Ihrem Numeroskop die Fünf überwiegt.

Siebener

Erscheint die Sieben in Ihrem Namen
Dreimal oder mehr – sind Sie ein Exzentriker mit guten analytischen Fähigkeiten, der sich getrieben fühlt, Tatsachen zu enthüllen, zu *wissen* und zu *verstehen*. Sie erfassen die Lage intuitiv und spüren, wenn etwas nicht stimmt. Ihre Talente liegen auf dem Gebiet der Mathematik, Technik, Forschung, Strategie und Erfindung. Eher neutral als emotional, sind Sie Geld gegenüber mißtrauisch oder gar ein Geizkragen. Sie zeichnen sich im esoterischen oder geistigen Bereich aus.

Ein- oder zweimal – verfügen Sie über eine ungewöhnlich gut entwickelte Intuition und interessieren sich für geistige oder esoterische

Themen. Sie wären ein guter Forscher, Detektiv, Erfinder oder ein Lehrer für geschichtliche oder wissenschaftliche Fächer und verfügen über eine einmalige Mischung aus Glauben und einem forschenden Geist.

Gar nicht – ziehen Sie gerne voreilige Schlüsse, obwohl Sie ein offener Mensch sind. Sie sind weniger vorsichtig als jemand, bei dem wenigstens eine Sieben vorhanden ist, doch machen Sie sich gerne Sorgen (vor allem wenn unter Ihren Hauptzahlen eine Sechs ist). Religiöse oder okkulte Lehren faszinieren Sie. Interessieren Sie sich für ein Projekt, setzen Sie sich unermüdlich dafür ein.

Achter

Erscheint die Acht in Ihrem Namen

Zweimal oder mehr – werden Sie immer wieder geprüft, obwohl Sie sehr hart arbeiten. Da Sie besonders leistungsorientiert sind und sich äußerst schlecht unterordnen können, übernehmen Sie immer wieder die Führung. Entweder Sie arbeiten mit Geld oder machen welches für andere. Sie wissen die Dinge richtig einzuschätzen und haben Chancen im Verlagswesen, in der Regierung, im Bankgeschäft oder beim Militär. Sie sind ein ernster und reifer Mensch.

Einmal – können Sie gut führen und kontrollieren, sind ein Troubleshooter und Mittelbeschaffer, der sich in der Geschäftswelt zu Hause fühlt (vor allem wenn Ihre Hauptzahlen oder andere wichtige Zahlen Eins, Vier oder Acht sind). Stark und tüchtig, können Sie andere Menschen von der Richtigkeit Ihrer Pläne überzeugen und gut mit Krisen umgehen. Sie sind zuverlässig und objektiv.

Gar nicht – wird Ihnen oft Hilfe angeboten. Geld ist bei Ihren Entscheidungen nicht das Wichtigste und fließt Ihnen oft aus anderen Quellen als durch Ihren Verdienst zu. Sie müssen lernen, richtig damit umzugehen und Ihre Finanzen zu planen. Kreditkarten könnten Ihnen Probleme verursachen.

Neuner

Erscheint die Neun in Ihrem Namen

Sechsmal oder mehr – reagieren Sie empfindlich auf äußere Einflüsse, sehr emotional und intuitiv, treffen Sie Ihre Entscheidungen vielmehr aufgrund von Gefühlen als von Tatsachen (es sei denn, Vierer und Achter sind in Ihrem Numeroskop stark vertreten). Die Gegenwart vieler Neuner deutet darauf hin, daß Sie nicht nur dramatisches und poetisches Talent haben, sondern auch Glück und die Gelegenheit, einflußreiche Menschen kennenzulernen. Leider sind Sie launisch, unentschieden und neigen zur Depression. Passen Sie auf, was Sie essen, und nehmen Sie, wenn möglich, keine Stimmungsaufheller. Sie sind ein geborener Heiler und interessieren sich für humanitäre und globale Ideale. Vielleicht heiraten Sie einen Ausländer oder jemanden, der viel älter ist als Sie.

Ein- bis fünfmal – sind Sie mitfühlend, vielseitig interessiert, großzügig und intuitiv, emotional empfänglich und hegen idealistische Vorstellungen für die Menschheit. Sie lieben die Kunst und die Romantik und leben gerne gut.

Gar nicht – bereitet es Ihnen Mühe, Dinge zu Ende zu führen. Sie sind nicht in der Lage, eine philosophische Haltung zu entwickeln, und lassen sich von Details und Konflikten gefangennehmen. Überdies fällt es Ihnen schwer, fremde Standpunkte zu verstehen, wobei Sie die unredliche Erwartung haben, andere würden sich Ihrer Denkweise unterordnen. Es kann sein, daß Sie mit Ausländern arbeiten oder im Ausland leben. Es braucht nur etwas Menschenfreundlichkeit, damit Sie meinen, etwas erreicht zu haben. Geld ist für Sie von geringem Belang, es sei denn, in Ihrem Numeroskop kommen viele Fünfer oder Achter vor. Dann allerdings steht es an erster Stelle.

KAPITEL 9

Ein ausgewogenes Gemüt

Wie stelle ich mich dem Alltag?

Die körperliche, geistige, emotionale und intuitive Ausdrucksebene ist verantwortlich für Ihre Reaktionen auf Ihre Alltagswelt und führt Sie dazu, bestimmte Möglichkeiten zu wählen (die Ihrem Herzenswunsch entsprechen).

In diesem Kapitel entdecken Sie, wie es um Ihr Gemüt bestellt ist, indem Sie untersuchen, wie sich die vier Ebenen zu den Bestandteilen Ihres Namens verhalten. Sind Sie ein Gefühlsmensch, kennt man Sie als gründlichen Denker, gelten Sie als intuitiver oder erdverbundener Typ? Hier finden Sie die Antwort.

Wir gehen jetzt dazu über, jedem Buchstaben Ihres Namens dem körperlichen, geistigen, emotionalen oder intuitiven Bereich zuzuschreiben.

So rechnen Sie Ihre Gemütsanteile aus

1. Tragen Sie Ihren vollständigen Geburtsnamen auf ihrem Numeroskop ein.
2. Schreiben Sie den einzelnen Buchstaben mittels der Umrechnungstabelle einen Wert zu (sofern Sie das nicht schon unternommen haben).
3. Benutzen Sie nachstehenden Schlüssel, um für Ihre körperlichen, geistigen, emotionalen und intuitiven Zahlen zu einem Ergebnis zu kommen.

4 und 5 sind körperliche Zahlen
1 und 8 sind geistige Zahlen
2, 3 und 6 sind emotionale Zahlen
7 und 9 sind intuitive Zahlen

4. Tragen Sie deren Summen in Ihrem Numeroskop ein.

Nehmen wir zum Beispiel den ursprünglichen Namen der Schauspielerin Bette Davis:

R U T H
9 3 2 8
E L I Z A B E T H
5 3 9 8 1 2 5 2 8
D A V I S
4 1 4 9 1

In Bette Davis' Namen finden wir die folgende Verteilung:

Körper = Vier (zwei Fünfer und zwei Vierer) Geist = Sechs (drei Einser und drei Achter) Gefühle = Fünf (zwei Dreier, drei Zweier, keine Sechser) Intuition = Drei (drei Neuner, keine Siebener)

Kurz gesagt, ist Bette Davis eine Frau mit festen Gewohnheiten, die hart arbeitet (vier Körperzahlen), eine praktische, entschlossene Frau, die nicht mit ihrer Meinung und ihrem Rat zurückhält (sechs Geisteszahlen). Sie ist leidenschaftlich, legt ihre Gefühle nicht gerne an die Leine (fünf Gefühlszahlen) und verfügt über eine gute mediale Verbindung zu ihrem Unbewußten (drei Intuitionszahlen). Sicherheit (vier Körperzahlen) ist ihr wichtig, doch auf der Gefühlsebene geht sie Risiken ein (fünf Gefühlszahlen).

Lesen Sie Ihre Beschreibung auf den folgenden Seiten.

Die körperliche Ebene

Ergibt die Summe der Vierer und Fünfer in Ihrem Namen
Eins – sind Sie ein einfallsreicher, begeisterungsfähiger und aktiver Mensch. Sie sind unabhängig und heben sich von der Menge ab. Sie

brauchen das Gefühl, die Kontrolle zu haben und sollten ein eigenes Geschäft führen. Sie haben ziemlich feste Ansichten dazu, wie die Dinge »sein sollten«, was sich durch die von Ihnen bewunderten Prinzipien erklärt. Sie sind äußerst weiblich oder männlich, brauchen viel Abwechslung und langweilen sich schnell. Mit Ihrem Stil und Flair ziehen Sie innovatives Gedankengut und modernes Design vor. Sie lieben Anfänge, haben jedoch Mühe, die Dinge zu Ende zu führen. Festgelegte Termine erlauben Ihnen zu zeigen, was in Ihnen steckt. In Notfällen sind Sie mutig, Hindernisse sehen Sie als Herausforderungen. Sie mögen es nicht, wenn man Ihnen »zu Ihrem Besten« Ratschläge erteilt, und ziehen das Spontane dem Gewohnheitsmäßigen vor. Sie stehen gerne im Rampenlicht.

Zwei – sind Sie ruhig, sensibel und auf Ihre Aufgabe konzentriert, harren Sie eher aus als etwas zu wagen. Sie verfügen nicht über das Selbstvertrauen der Eins, sind jedoch zuverlässiger. Sie machen sich viele Gedanken wegen der Zukunft und analysieren die Vergangenheit. Sie ziehen bekannte Situationen vor und sammeln Dinge, die Ihnen ein Gefühl von »zu Hause« vermitteln. Sie bringen den Menschen starke Gefühle entgegen und versuchen immer, ihnen gefällig zu sein. Gehemmt, wenn Sie die Aufmerksamkeit auf sich ziehen, arbeiten Sie lieber hinter den Kulissen, anstatt viel Verantwortung auf sich zu nehmen.

Drei – sind Sie umgänglich und leutselig und denken nicht an morgen. Ihnen fällt immer etwas Neues ein, und Sie lieben es, über Möglichkeiten (statt Tatsachen) zu sprechen. Sie reisen gern, geben Feste und Geschenke und werden für »verzettelt« oder flatterhaft gehalten. Fröhlich, optimistisch, liebevoll und großzügig wie Sie sind, mögen Sie es nicht, wenn man Sie kritisiert. Sie können sehr sarkastisch oder witzig sein. Vielleicht erreichen Sie nicht so viel wie andere, aber Sie nehmen es sich nicht übel. Sie erholen sich sehr schnell Routine oder körperliche Arbeit mögen Sie nicht, und Sie leben nicht gerne allein.

Vier – sind Sie sind ein praktischer und organisierter Mensch, der feste Gewohnheiten schätzt. Sie arbeiten hart und nehmen dazu gerne Ihre Hände. Auch können Sie gut mit anderen zusammenarbeiten und Pläne in die Wirklichkeit umsetzen; Sie lieben Reform und Erneuerung. Pünktlichkeit ist eine Ihrer Stärken, wie Sie auch gerne Listen anlegen und Geld sparen. Ein körperliches Übungsprogramm täte Ihnen gut. Nicht wie die Drei, ziehen Sie es vor, unangenehme Aufgaben sofort zu erledigen, ehe Sie sich dem Vergnügen zuwenden. Sie sind zuverlässig (aber stur) und mögen sich nicht ändern, wenn Sie etwas einmal gelernt haben, doch zeigen Sie anderen gerne, wie sie ihre Effektivität steigern können. Sie können sehr selbstgerecht sein.

Fünf – sind Sie ein äußerst aktiver Mensch mit einem Hang zu Impulsivität und Geschwindigkeit. Auf der Suche nach immer neuen Erfahrungen sind Sie oft genußsüchtig und ungeduldig, wenn Sie sich nicht kreativ ausdrücken oder eine Situation verändern können. Sie sollten nicht versuchen, einer Routinearbeit nachzugehen oder einer strengen Diät zu folgen, doch brauchen Sie Bewegung, um Ihre Energien zu verbrennen, ziehen Sie Leistungssport vor, weil Sie andere gut manipulieren können und gerne die Führung übernehmen. Die verschiedenen Fähigkeiten, die Sie sich bei einer Reihe von Arbeitsstellen angeeignet haben, sorgen dafür, daß Sie immer durchkommen werden. Ihre Neugier und Abenteuerlust machen Sie unkonventionell und wagemutig.

Sechs – beeinflußt Ihre fürsorgliche Seite alles, was Sie unternehmen. Sie sind von Natur aus einfühlsam und haben den starken Wunsch, Lösungen für Probleme zu finden. Die Menschen wenden sich um Rat an Sie. Sie sind äußerst verantwortungsbewußt und könnten unbewußt Situationen schaffen, in denen andere sich auf Sie verlassen müssen. Ihr Heim ist ein warmes und bequemes Nest, wo Sie gerne gärtnern, malen, lehren oder heilen. Sie müssen sich nützlich fühlen, um glücklich zu sein, und sollten sich in den Dienst Ihres Nächsten stellen. Es kann sein, daß Sie übergewichtig sind. Erfolg winkt in der Mode, der Kosmetik, der Innenarchitektur und in Lehrberufen.

Sieben – dürfen Sie erwarten, daß Sie einen tadellosen Geschmack und verfeinerte Manieren haben, daß man Sie wie einen König oder eine Königin behandelt. Sie lieben Antiquitäten, die Geschichte, spezielle Wissensgebiete und alles Außergewöhnliche oder Ausgefallene. Sie haben einige wenige gute Freunde und ziehen Menschen von Format und Tiefe vor. Ihren Kindern gegenüber sind Sie möglicherweise nicht so gefühlvoll, doch sorgen Sie für eine gute Ausbildung. Als Exzentriker sollten Sie alleine arbeiten oder aber in einer Situation, über die Sie die Kontrolle haben. Als analytischer und scharfsichtiger Mensch sind Sie auf technischem, wissenschaftlichem oder spirituellem Gebiet zu Hause. Sie begehen nicht den Fehler, »dazugehören« oder für eine große Firma arbeiten zu wollen.

Acht – haben Sie die Macht, um gut in einer Gruppe arbeiten zu können und große Dinge zu vollbringen. Als Geschäftsführer oder Akademiker sind Sie ehrgeizig und brauchen kompetente und mächtige Freunde. Sie können gut mit Geld umgehen und es für sich und andere arbeiten lassen. Mit Ihrem eigenen Vermögen gehen Sie vorsichtig um, kaufen aber immer nur das Beste und geben sich nicht mit weniger zufrieden. Ihr Lebensstil verlangt nach einem großen Haus, guten Kleidern, Status und Anerkennung. Sie machen oft Überstunden und sind ja auch ziemlich belastbar. Als Frau haben Sie in einer Karriere Erfolg, die normal von Männern besetzt ist. Als Mädchen wollten Sie ein Junge sein.

Neun – verfügen Sie über ein ungewöhnliches Maß an persönlicher Macht und werden oft Gelegenheit haben, sich selbst darzustellen. Sie haben Erfolg auf Gebieten, wo Sie mit großen Menschengruppen in Berührung kommen, vielleicht auf internationalem Parkett. Sie haben einen Sinn für Dramatik und wirken anziehend auf Ihre Umgebung. Können Sie diese Eigenschaften nicht ausleben, wirken Sie abwesend, »weggetreten« und unsicher. Sie möchten, daß man Sie wegen Ihrer Großzügigkeit und Ihres liebevollen Wesens schätzt, handeln aber oft impulsiv und versprechen mehr, als Sie halten können. An Ihnen ist etwas Extravagantes, Romantisches und Träumerisches. Hüten Sie sich vor Ihrer Genußsucht, und gehen Sie keinen Sektenguru oder deren Bewegungen auf den Leim. Sie haben gute Erfolgsaussichten, wenn Sie lernen, auf dem Boden und mit Ihrer Umgebung in Kontakt zu bleiben. Arbeiten Sie zum Wohl unseres Planeten!

Die Verstandesebene

Ergibt die Summe der Einser und Achter in Ihrem Namen

Eins – haben Sie inspirierte Momente und dringen schnell zum Kern einer Sache vor. Ihre hohen Ideale machen Sie zu einem ehrlichen und direkten Menschen. Da Sie selbst witzig und originell sind, haben Sie nicht viel Geduld mit langsamen Denkern. Vertrauen Sie Ihrem ersten Eindruck. Routine und herkömmliche Denkmuster langweilen Sie.

Zwei – verleiht Ihnen Ihr gutes Gedächtnis die Fähigkeit, Fakten in einen Zusammenhang zu stellen und verschiedene Informationen zusammenzuführen. Sie sammeln Zeitungs- und Zeitschriftenartikel für die Zukunft und sind perfektionistisch, wenn Sie einen Bericht abgeben müssen. Sie strahlen etwas Wohlwollendes aus, reagieren jedoch überempfindlich auf fremde Meinungen und müssen lernen, die Dinge nicht so persönlich zu nehmen.

Drei – geben Sie sich nicht gerne mit ernsten Angelegenheiten ab, sondern verfolgen lieber modische, gesellschaftliche und psychologische Trends. Ihnen gefallen Kreuzworträtsel, Persönlichkeitstests und Moderatgeber. Kreativ und opportunistisch wie Sie sind, brauchen Sie ein ausgefülltes Gesellschaftsleben, um Ihre Arbeitszeit kompensieren zu können (damit Sie nicht das Gefühl haben, Sie hätten etwas verpaßt). Sie sind auch aktiv und pflegen in Ihrer Freizeit diverse Hobbys, haben jedoch das Gefühl, Sie müßten mehr leisten. Sie lernen lieber aus Erfahrung als aus einem Buch.

Vier – haben Sie immer einen Plan und tragen Ihre Bemühungen meistens Früchte. Sie sind sehr vorsichtig, machen sich jedoch zu sehr von vergangenen Erfahrungen abhängig. Als begabter Geschäftsführer planen Sie jetzt schon für Ihr eigenes Geschäft. Bereiche wie die Vermessung, das Bauwesen, die Buchhaltung oder die Kostenanalyse passen gut zu Ihnen.

Fünf – sind Sie offen für neue Ideen und fühlen sich von der Avantgarde ebenso angezogen wie von allem, das mit dem Althergebrachten bricht. Von Natur aus neugierig, ziehen Sie ungewöhnliche Menschen an (damit Sie sie studieren können). Routine macht Sie ungeduldig und rastlos. Sie halten sie nur solange aus, wie es etwas zu lernen gibt. In der Vorstadt fühlen Sie sich nicht zu Hause.

Sechs – sehen Sie die Dinge von einer reifen und verantwortungsbewußten Warte aus und finden Lösungen für Probleme aller Art. Sie spielen den Retter, machen sich einen Haufen Sorgen und lassen sich auf gesellschaftliche Verpflichtungen ein, an denen Ihnen nicht wirklich etwas liegt. Sie geben einen guten Lehrer ab und üben diese Tätigkeit auch dann aus, wenn Sie nicht am Arbeitsplatz sind. Um diesem Bedürfnis entgegenzukommen, sollten Sie als Freiwilliger Gutes tun. Lernen Sie, kein Märtyrer zu sein, nur weil Sie es nötig haben, gebraucht zu werden.

Sieben – sind Sie ein tiefer Denker und brauchen Zeit für sich allein. Als ausgezeichneter Forscher und Diagnostiker beobachten Sie und wenden Ihr Wissen an. Sie sind leicht exzentrisch, haben selten dieselben Ansichten als Ihre Umgebung, arbeiten am besten allein und sind mathematisch und technisch begabt. Auf Ihre Intuition können Sie sich verlassen.

Acht – sind Sie ein Zahlenmensch, der gut Probleme lösen kann, weshalb Sie ohne weiteres als finanzieller Planer oder Geschäftsführer arbeiten konnten. Ihre Leistungen erfüllen Sie mit Stolz, und Sie brauchen es, daß man Ihren Erfolg anerkennt. Dabei haben Sie das Gefühl, zusätzliche Privilegien und Status (oder das Interesse der Medien) seien Ihr Geburtsrecht. Achter gehören gerne einer Gruppe oder Organisation an.

Neun – spüren Sie im Einklang mit den universellen Bedürfnissen der Menschheit, was mit anderen los ist, und ahnen Trends und Moden voraus. Es ist besser, wenn Sie zum Wohle anderer arbeiten als sich um Ihre eigenen Belange zu kümmern. Sie sehen den »größeren Zusammenhang« einer Sache, brauchen jedoch Hilfe mit den kleinen Einzelheiten. Ohne ein klares Ziel oder einen Plan fallen Sie leicht der Verwirrung anheim. Sie haben eine einmalige Betrachtungsweise und eine heilende Gegenwart. Wenn Sie das Interesse an etwas verlieren, können Sie kühl und distanziert wirken.

Die Gefühlsebene

**Ergibt die Summe der Zweier, Dreier und Sechser in Ihrem Namen
Eins** – reagieren Sie stark auf neue Menschen und machen sich sofort
ein Bild von ihnen. Im allgemeinen haben Sie keine Mühe, Ihre Gefühle
auszudrücken, und treffen oft Entscheidungen aus dem Bauch heraus.
Sie erwarten viel von Ihrem Partner, und während Sie jemanden brauchen, der es mit Ihnen aufnehmen kann, mögen Sie es nicht, wenn man
sich an Sie klammert oder nörgelt. Schönheit oder gutes Aussehen, Talent oder Geschick – das Außerordentliche zieht Sie an. Sie bewundern
intelligente Menschen. Passen Sie auf, daß Sie sich nicht überfordern.

Zwei – brauchen Sie eine nahe Bezugsperson, doch dürfen Sie die
Dinge nicht so persönlich nehmen und müssen Ihre Bedürfnisse und
Grenzen kennenlernen, um zu merken, wann »es reicht«. Als über-
empfindlicher Mensch gehen Sie gerne auf Ihre Ängste ein und setzen
Ihrer Phantasie keine Grenzen. Sie teilen Ihre Gefühle gerne Ihrem
Partner, Ihren Freunden und Ihrem Kreis mit. Ihre große Einfühlsam-
keit führt Sie dazu, andere »retten« zu müssen. Im allgemeinen
brauchen Sie etwas Zeit, ehe Sie sich auf Veränderungen einlassen,
und leiden unter vagen Depressionen und Befürchtungen. Sie sind sehr
empfänglich für Musik und Kunst und fühlen sich von Menschen
angezogen, die sich besser durchsetzen können und umgänglicher sind
als Sie, da es Ihnen schwerfällt, sich ohne äußere Bestätigung selbst zu
akzeptieren. Ihr Lebensgefährte ist vorsichtig und kultiviert.

Drei – sind Sie gerne aktiv und fühlen sich in geschäftlichen Situationen am wohlsten. Ihr Sinn für Humor ist außergewöhnlich gut entwickelt, Sie verbringen Ihre Freizeit aktiv und lieben das Gesellschaftsleben. Sie sind risikofreudig. Da es Ihnen nicht liegt, Ihre Gefühle zu
analysieren, geben Sie sich im allgemeinen damit zufrieden anzunehmen, daß alles sich zum Guten wenden wird, doch hacken Sie gerne auf
Kleinigkeiten herum und klatschen viel. Sie sind nicht immer fähig, die
Versprechen zu halten, die Sie so unbekümmert geben. Ihr Partner
dürfte kreativ, lebhaft, spielerisch und umgänglich sein und genauso
gerne Spaß mögen wie Sie. Sie betrachten die Dinge oft eine Weile und
handeln dann impulsiv nach dem Motto »wer nicht wagt, der nicht
gewinnt«. Sie brauchen es, geliebt und bewundert zu werden.

Vier – ziehen Sie Menschen vor, die Sie aufgrund Ihres Alters, Ihres Intellekts oder Ihrer Erfahrung dominieren können – entweder Menschen, die jünger sind als Sie oder die von Ihren Leistungen beeindruckt sind. Ungleich der Drei, haben Sie ein starkes Bedürfnis, die Dinge zu verstehen, die um Sie herum geschehen, und sind (vor allem als Frau) bereit, an Ihren Beziehungen zu arbeiten. Lenken Sie Ihre Gefühle in praktische Bahnen. Zum Beispiel in eine Arbeit als Berater oder Krankenschwester, in die Sie Ihr großes Einfühlungsvermögen einbringen können. Sie blühen auf, wenn man Sie lobt, und welken schon bei der geringsten Kritik, weil Sie dazu neigen, sich in übertriebener Weise für Ihre Handlungen verantwortlich zu fühlen. In Ihrem Unterbewußten lebt eine starke Elternfigur, die Ihnen sagt, was Sie zu tun haben. Während Sie es nicht mögen, in einer untergeordneten Position zu sein, passen Sie sich an, wenn der erste Versuch keine Veränderung bringt. Sie sind ein ausgesprochen treuer Mensch, müssen jedoch darauf achten, daß Sie sich nicht zu Ihrem Nachteil mit anderen vergleichen, weil Sie meinen, Sie hätten nicht genug geleistet. Sie haben einen Haufen Knöpfe, die Ihr Partner drücken kann.

Fünf – bedeutet Ihre starke innere Vitalität, daß Sie äußere Reize, Aktivität und Veränderungen genießen. Sie mögen es, Menschen kennenzulernen, die anders sind als Sie, und neigen zur Objektivität: Wenn etwas nicht funktioniert, können Sie leicht loslassen und zum Nächsten übergehen. Sie verwechseln sexuelle Anziehung gerne mit Liebe und empfinden leidenschaftliche Gefühle für jemanden, an den Sie sich jahrelang erinnern, auch wenn Sie schnell Ersatz gefunden haben. Sie sind immer auf der Suche nach neuem Wissen. Ihr Bedürfnis, über den Status quo hinauszuwachsen, führt Sie dazu, andere Ansichten zu hegen als Ihre Freunde und Mitarbeiter.

Sechs – sind Sie ein absoluter Gefühlsmensch (es sei denn, Ihr Numeroskop weist Einser oder Achter auf). Zärtlich und demonstrativ mischen Sie sich gerne in anderer Leute Leben ein und möchten deren Probleme lösen. Sie können ziemlich eingebildet sein und sich zwanghaft Sorgen machen, wenn Sie mitansehen müssen, wie jemand (vor allem Ihre Kinder) den »falschen« Weg wählt. Sie haben starke Ideale und heiraten einen pflichtbewußten und familienorientierten Menschen. Sie können niemals glücklich sein, wenn man Sie nicht braucht und schätzt. Gesundheit und Ernährung interessieren Sie, was Sie mit Ihrer Begabung als Lehrer und Berater verknüpfen könnten. Auch mit betonten Karrierezahlen (Eins und Acht) werden Sie sich in den Dienst der anderen stellen. Nehmen Sie die Dinge nicht zu schwer. Sie müssen lernen loszulassen.

Sieben – reichen Ihre Gefühle tief, wobei Sie lange benötigen, ehe Sie bemerken, wo Sie der Schuh drückt. Sie brauchen ruhige Stunden, um es Ihren wahren Gefühlen zu erlauben, an die Oberfläche zu dringen. Es kann Ihnen schwerfallen, Ihre Gefühle Ihrem Partner mitzuteilen, weil Sie sie oft nicht ernst genug nehmen oder glauben, Ihr Partner wisse, was in Ihnen vorgeht. Sie sind sehr intuitiv und trauen Ihren Eingebungen. Es kann sein, daß Sie sich von einem älteren Partner angezogen fühlen, der Autorität ausstrahlt, denn Sie bewundern Kultur und Finesse. Sie interessieren sich sehr für das Verhalten anderer Menschen. Meditieren Sie.

Acht – sind Sie ein äußerst gefühlsbetonter Mensch, der seine Gefühle gut beherrschen kann, doch keine Mühe hat, seinen Ansichten, Wünsche und Abneigungen Ausdruck zu verleihen. Diese Fähigkeit, sich in der Hand zu haben, kommt Ihnen bei einer Karriere als Schauspieler oder Therapeut sehr entgegen. Sie sind stolz auf Ihre Leistungen und mögen es nicht, wenn man Sie in einem unbeobachteten Moment erwischt, wenn Sie nicht so vorteilhaft dastehen. Sie erwarten von Ihren Mitmenschen, daß sie ebenso motiviert und beharrlich sind wie Sie selbst, die Sie sich nur mit dem Besten zufriedengeben und lange Überstunden machen können, um Ihr Ziel zu erreichen. Sie brauchen eine Beziehung mit einem ebenbürtigen Partner, wahrscheinlich einem Akademiker oder Geschäftsmann. Diese Zahl ist sehr günstig für einen Anwalt, Geschäftsführer, Richter, Vater oder Mannschaftscoach.

Neun – sind Sie zu sehr tiefen Gefühlen fähig, was Sie in einem Heilberuf oder als Schauspieler einsetzen könnten. Mit Ihrem Flair für das Außergewöhnliche wissen Sie allem, was Sie anpacken, eine besondere Bedeutung zu verleihen. Sie sind sehr begeisterungsfähig, doch wenn Sie das Interesse verlieren, verhalten Sie sich kühl und distanziert. Da Sie Stimmungsschwankungen unterliegen, hat Ihre Umgebung einen starken Einfluß auf Sie, weshalb Sie darauf achten sollten, sich positiv eingestellte Freunde und Bekannte auszusuchen. Ihre Gabe, alltägliche Erfahrungen mit höheren Prinzipien in Verbindung zu bringen, läßt Sie wachsen und reifer werden. Sie sind ein Romantiker, lieben die schönen Dinge des Lebens und halten es für selbstverständlich, daß Sie sich zu den höchsten Höhen emporarbeiten werden. Es ist gut möglich, daß Sie nicht heiraten werden, weil Sie sich nicht für einen Partner entscheiden können. Ungewöhnliche und ältere Menschen, von denen Sie etwas lernen können, üben eine starke Anziehung auf Sie aus, wie Sie auch immer wieder einflußreiche Leute kennenlernen.

Die intuitive Ebene

Ergibt die Summe der Siebener und Neuner in Ihrem Namen
Eins – ist es Ihnen gegeben, für Probleme eine außergewöhnliche Lösung zu finden. Sie verfügen über eine ausgezeichnete Intuition und können sich immer auf Ihren ersten Eindruck verlassen. Sie brauchen einen Leitsatz, an den Sie sich halten können (und sei es nur ein so vager Begriff wie »freiheitsliebend«, »umweltbewußt« oder »für eine angemessene Landesverteidigung«).

Zwei – sind Sie ein sehr empfindlicher Mensch mit felsenfesten Überzeugungen, die Sie leicht fanatisch wirken lassen, wobei Sie sich wundern, warum andere Menschen sich nicht so stark einbringen wie Sie. Fremde Tragödien bringen Sie leicht zum Weinen. Aus Ihnen wird ein ausgezeichneter Lebenberater oder Therapeut, wenn Sie lernen, sich vom Wunsch zu distanzieren, fremde Probleme lösen zu wollen.

Drei – sind Sie ein gutes Medium und können gut überzeugen. Von Natur aus optimistisch, möchten Sie nicht für oberflächlich gehalten werden. Es fällt Ihnen leicht, den Humor in einer Situation zu sehen.

Vier – sind Sie praktisch und leicht skeptisch veranlagt und basieren Ihre Entscheidungen auf Tatsachen, statt auf Eingebungen und vage »Gefühle«. Sie haben gute Gründe, wenn Sie etwas tun, und rationalisieren Ihre Einstellung gerne. (Ziehen Sie zum Beispiel um, betonen Sie die sich dadurch ergebenden Vorteile wie etwa den besseren

Verdienst oder den kürzeren Arbeitsweg und achten nicht auf die Gefühle, die dieser Umzug in Ihnen bewirkt.) Sie haben sich gut in der Hand und halten sich für sachlich und vorsichtig.

Fünf – meldet sich Ihre Intuition oft durch Ihren Körper, weshalb Sie auf Symptome achten sollten, die Ihnen Hinweise auf Ihre inneren Prozesse geben. Sie halten sich für einen Freidenker, doch hängt das von Ihren anderen Zahlen ab. Ihre vielen Beschäftigungen sind dazu da, Sie von der Untätigkeit und Langeweile zu schützen, vor der Sie sich fürchten.

Sechs – vertrauen Sie auf den Wert guter Werke und akzeptieren Ihren Glauben als führendes Prinzip und nicht als leeres Geschwätz. Es liegt Ihnen mehr, Ihren Nächsten beizustehen als einer Kirche beizutreten, für die Sie sich gefühlsmäßig nicht engagieren können. Sie spüren, was andere brauchen, und gehen wenn möglich auf deren Gefühle ein. Sie sind ein Idealist, der viel von anderen erwartet.

Sieben – sind Sie äußerst intuitiv und spirituell veranlagt, haben starke moralische Vorstellungen und spüren das Bedürfnis, anderen den Weg zu zeigen. Sie geben sich nicht mit dem äußeren Eindruck zufrieden und verfügen über eine ausgesprochene Spürnase – es fällt Ihnen leicht, Wissen zu erlangen, gleich aus welcher Quelle. Vielleicht praktizieren Sie eine ungewöhnliche Religion.

Acht – sind Sie der geborene Anführer von Gruppen und Organisationen, weil Sie ganz klar sehen, wo Sie Ihre Leute einsetzen müssen. Sie bauen darauf, daß Sie erreichen werden, was Sie sich vorgenommen haben. Ihre Voraussicht kommt Ihnen bei geschäftlichen Angelegenheiten zugute (vor allem bei der Geldanlage). Lesen Sie Bücher über gesellschaftliche und nationale Trends. Sie lassen sich von Ihren aufschlußreichen Träumen führen.

Neun – sind Sie leicht zu beeindrucken und müssen lernen, sich abzugrenzen. Sie sollten keinen Alkohol trinken und keine Medikamente oder Drogen nehmen, da Sie sehr empfindlich darauf reagieren. Mit Ihrer Intuition können Sie das Gras wachsen hören. Sie gehen die Dinge nicht »rational« an (es sei denn, Ihr Numeroskop weist viele

Vierer oder Achter auf). Sie interessieren sich eingehend für Religion oder Esoterik und wären ein guter spiritueller Lehrer, sofern Ihre anderen Zahlen nicht dagegen sprechen. Sie sind ein Idealist und halten es nicht an einem Arbeitsplatz aus, der Ihnen nicht entspricht. Sie könnten auch ein begabter Schauspieler oder Mime sein.

KAPITEL 10

Die Höhepunkte

Kann ich mit einer Ehe rechnen?
Wie steht es mit meinen finanziellen Aussichten?
Sollte ich mich selbständig machen oder für andere arbeiten?
Wird meine finanzielle Lage sich bessern?

Die Höhepunkte Ihres Numeroskops beschreiben Ihre Reaktionen auf Ihre Umwelt und auf die Menschen, Ereignisse und Erfahrungen, denen Sie während einer bestimmten Zeitspanne ausgesetzt sind. Höhepunkte und Herausforderungen (siehe Kapitel 11) entsprechen den vier Hauptabschnitten ihres Lebens. Im allgemeinen gilt die Zahl, die während eines bestimmten Höhepunkts aktiv ist, als günstiger Einfluß.

Höhepunkte müssen immer in bezug auf andere wichtige Zahlen betrachten werden, vor allem im Vergleich zur Schicksals- und Lebenszahl. Beim Lesen der Erklärungen zu Ihren Höhepunkten sollten Sie sich deshalb fragen, inwiefern sie Ihre anderen Zahlen unterstützen, behindern, erweitern oder ergänzen.

So berechnen Sie Ihre Höhepunkte

1. Tragen Sie die reduzierte Summe Ihres Geburtstags und -jahrs in Ihr Numeroskop ein (falls Sie es nicht schon getan haben).
   Zum Beispiel:

25. März 1952 =
7 + 3 + 8

2. Zählen Sie Ihren Geburtstag und Ihren Geburtsmonat zusammen und reduzieren Sie das Resultat auf eine einstellige Zahl. Das ist Ihr erster Höhepunkt.

$$7 + 3 = 10 = 1$$

3. Zählen Sie Ihr Geburtstag und Ihr Geburtsjahr zusammen, und reduzieren Sie das Resultat auf eine einstellige Zahl. Das ist Ihr zweiter Höhepunkt.

$$7 + 8 = 15 = 6$$

4. Jetzt zählen Sie den ersten und den zweiten Höhepunkt zusammen und reduzieren das Resultat auf eine einstellige Zahl. Das ergibt Ihren dritten Höhepunkt.

$$1 + 6 = 7$$

5. Zählen Sie Ihren Geburtsmonat und Ihr Geburtsjahr zusammen. Das ergibt Ihren vierten und letzten Höhepunkt.

$$3 + 8 = 11 \text{ (Meisterzahl)}$$
$$\text{oder 2 (reduzierte Zahl)}$$

Gehen wir noch einmal zum Beispiel von Mutter Teresa zurück. Sie wurde am 26. August 1910 geboren. Reduziert bedeutet das:

$$8\ 8\ 11/2$$

Um Mutter Teresas vier Höhepunkte auszurechnen, zählen wir ihre Zahlen in der folgenden Anordnung zusammen:

Erster Höhepunkt (Tag + Monat) $8 + 8 = 16 = 7$
Zweiter Höhepunkt (Tag + Jahr) $8 + 2 = 10 = 1$
Dritter Höhepunkt (Erster + Zweiter Höhepunkt) $7 + 1 = 8$
Vierter Höhepunkt (Monat + Jahr) $8 + 2 = 10 = 1$

So berechnen Sie die Übergangsphasen

Ziehen von der Zahl 36 die reduzierte Zahl Ihres Lebenswegs ab. Diese Summe ist Ihr Alter *im letzten Jahr des ersten Höhepunkts.* Der zweite Höhepunkt fängt im darauffolgenden Jahr an Ihrem Geburtstag an und dauert neun Jahre; der dritte Höhepunkt beginnt dann im daran anschließenden Jahr und dauert ebenfalls neun Jahre. Der vierte Höhepunkt währt für den Rest Ihres Lebens.

Schreiben Sie die Zahl	36
Ziehen Sie Ihre Lebenszahl ab (9 im Fall von Mutter Teresa)	– 9
	27

Diese Zahl bestimmt das Alter, im dem Mutter Teresa war, als ihr erster Höhepunkt *endete.* Im darauffolgenden Jahr, als sie 28 war, begann Mutter Teresa mit ihrem zweiten Höhepunkt, der neun Jahre dauerte und endete, als sie 36 Jahre war. Ihr dritter Höhepunkt fing im folgenden Jahr an, als sie 37 war, und dauerte neun Jahre, wodurch er zu Ende war, als sie 46 wurde. Dann begann der vierte Höhepunkt, der so lange dauerte, wie sie lebte.

Es ist hilfreich, wenn Sie die Höhepunkte (und die entsprechenden Herausforderungen, die wir im nächsten Kapitel durchgehen) folgendermaßen festhalten:

MUTTER TERESA		
Höhepunkt	Herausforderungen	Alter
8 + 8 = 7	8 – 8 = 0	Geburt – 27
8 + 2 = 1	8 – 2 = 6	28 – 36
7 + 1 = 8	6 – 0 = 6	37 – 45
2 + 8 = 1	8 – 2 = 6	46 bis zum Tod

In diesem Beispiel begann Mutter Teresa ihr Leben unter dem Höhepunkt der Sieben, die sie eindeutig auf einen spirituellen Weg brachte (auch wenn nicht alle Siebener eine derart intensive Seelenentwicklung durchmachen). Wahrscheinlich fühlte sie sich isoliert, einsam oder als sei sie nicht Teil des normalen Lebens. Ihr zweiter Höhepunkt, die Eins, gab ihr das Gefühl, eine Lebensaufgabe zu haben, eine außergewöhnlichen Mission. Ihre Aufgabe bestand darin, ein Gefühl für ihr Ziel, Führerschaft und Engagement zu entwickeln, um Hindernisse überwinden zu können. Es ist anzunehmen, daß ihre persönliche Gegenwart immer ausgeprägter wurde. Sie lernte den Anfang zu machen und neue Türen zu öffnen.

Ihr dritter Höhepunkt brachte Verwaltungsaufgaben mit sich. Sie hatte eine große Organisation zu leiten und mußte ihre Manager-Fähigkeiten einsetzen. Mit einer Acht als Höhepunkt geht es um unermüdliche Arbeit, Kontakt mit Menschen, die Macht und Geld haben, aber auch um die Art, wie man Probleme löst.

Ihr vierter und letzter Höhepunkt führte sie wieder zur Führerrolle der Eins zurück. Es ist offensichtlich, daß Mutter Teresa während dieser Zeit weltweiten Ruhm erlangte.

Rechnen Sie nun Ihre eigenen Höhepunkte aus sowie das Alter, in dem sie auftreten. Tragen Sie die auf Ihrem Numeroskop ein und lesen Sie Ihre Beschreibungen.

Wichtig: Der ersten Höhepunkt Ihres Lebens wird einen langfristigen Einfluß auf Ihre Haltung ausüben, weil Sie auf gewisse Weise durch diese erste Perspektive geformt wurden und über keine andere Erfahrung verfügen, mit der Sie ihn vergleichen können. Fingen Sie Ihr Leben zum Beispiel mit einer Fünf als Höhepunkt an, sind Sie häufig umgezogen, haben öfters die Stelle gewechselt, diverse Sexualpartner gehabt und sich Sorgen gemacht, daß Sie es einfach nirgends »aushalten«. Dadurch lehrte Sie dieser Höhepunkt, sich auf Ihr schnelles Denken zu verlassen, vielseitig und flexibel zu sein und mit Menschen umzugehen, wodurch Sie über eine breite Palette an Erfahrungen verfügten, ehe Sie sich für einen Beruf entschieden. Viele Menschen betrachten diese Zeit als Ihr »wahres« Ich, doch ist es eigentlich erst der Anfang.

Es kann aber auch vorkommen, daß der erste Höhepunkt eine langfristigere Wirkung zeitigt. Ist Ihr erster Höhepunkt zum Beispiel die Sieben, sind Sie Ihr ganzes Leben ein Beobachter – ruhig und lernbegierig. Es kann sein, daß Sie schon früh ein bestimmtes Gebiet meistern und das Gefühl kennen, etwas erreicht zu haben. Sie fühlen sich aber Ihr ganzes Leben als Einzelgänger.

Ein Mensch, dessen erster Höhepunkt die Eins ist, wird immer das Gefühl haben, sich selbst zu genügen (falls er während seiner Zeit unter dem ersten Höhepunkt eine positive Prägung erfuhr).

Eins als Höhepunkt

Die Jahre der Stärke

Gleich, unter welchem Höhepunkt die Eins auftritt, Sie werden lernen, sich durchzusetzen, Probleme zu lösen, innovativ, mutig, außergewöhnlich, risikofreudig und aufbauend zu sein, Ihren Verstand zu entwickeln und allein zu arbeiten. Es ist Ihre Aufgabe, Ihre Individualität oder ein besonderes Talent zu entwickeln. Ihr Erfolg stammt schließlich eher daher, auf einem neuen Gebiet etwas geleistet zu haben, als auf einem, wo Sie bereits Erfahrung hatten.

Während des Übergangs zur Eins fehlt es Ihnen an Bezugspersonen, haben Sie niemanden, an den Sie sich anlehnen können, niemanden, der Sie zurückhält oder Ihnen sagt, was Sie tun sollen. Steht der erste Höhepunkt unter dem Zeichen der Eins, lernen Sie schon früh im Leben, unabhängig zu sein. Als zweiter oder dritter Höhepunkt bringt die Eins gute Gelegenheiten, etwas Außergewöhnliches zu leisten. Es kann sein, daß Sie eine völlig neue Laufbahn einschlagen oder ein eigenes Geschäft beginnen (vor allem wenn die dazugehörige Herausforderung eine Vier oder eine Acht ist – siehe Kapitel 11).

Tritt die Eins als Ihr letzter Höhepunkt auf, werden Sie in diesem Zeitraum wahrscheinlich Ihren gesamten Lebensstil ändern, was ihn zur aufregendsten Zeit Ihres Lebens werden läßt.

Während der Zeit, in der die Eins Ihr Höhepunkt ist, werden Sie deren Lehren leichter erfassen, wenn Ihre Schicksals-, Lebens- oder Herzenszahl ebenfalls die Eins ist. Fehlt die Eins in Ihrem Numeroskop, müssen Sie härter um Ihre Unabhängigkeit kämpfen und wird es Ihnen am Selbstvertrauen mangeln, das Sie während dieses Einflusses brauchen.

Zwei als Höhepunkt

Die Jahre der Zusammenarbeit

Mit einer Zwei als erstem Höhepunkt lernen Sie empfindsam und verständnisvoll zu sein und sich bei anderen anzulehnen, damit Sie dort Unterstützung finden. Mit diesem Einfluß gleich zu Anfang Ihres Lebens kommen Sie nicht sehr schnell voran, doch erlaubt die Zwei als Höhepunkt Ihnen zu jeder Zeit in Ihrem Leben, Wissen zu sammeln, das Ihnen später nützlich ist. Lernen Sie, sich um die Details zu kümmern und die Dinge richtig zu machen. Rückschläge geben Ihnen mehr Zeit, um zu wachsen. Menschen und Beziehungen sind Ihnen sehr wichtig. Sie entwickeln wenig Ehrgeiz (es sei denn, Ihre Lebens- oder Schicksalszahl ist die Eins) und lernen, eine Aufgabe so auszuführen, wie sie Ihnen aufgetragen wurde. Die Betonung liegt auf den Gebieten der Kunst, Musik, Freundschaft, Liebe, Geduld, Diplomatie, Zusammenarbeit, Dienstleistung, des Theaters oder Heilens. Es ist nicht viel Geld vorhanden. Während dieser Zeit stellen Sie die Gefühle der anderen über Ihre eigenen Bedürfnisse.

Mit einer Zwei als letztem Höhepunkt setzen Sie sich zur Ruhe und führen ein ruhiges Leben in einer angenehmen Umgebung. Diese Zeit eignet sich nicht dazu, extravagant zu sein oder Risiken einzugehen. Freundschaften stehen im Vordergrund; eine feste Beziehung oder Partnerschaft ist wahrscheinlich.

Sie lernen Ihre Lehren leichter, wenn Sie eine Zwei als Schicksals- zahl, Lebensweg oder Herzenswunsch haben. Fehlt die Zwei in Ihrem Namen, haben Sie gegen das langsame Tempo und die Beschränkun- gen dieser Zahl anzukämpfen. Passen Sie gut auf Ihre Gesundheit auf, denn Sie könnten sich nur langsam erholen.

Drei als Höhepunkt

Die Jahre der Spontaneität und des Ausdrucks
Mit einer Drei als Höhepunkt führen Sie ein leichtes Leben und richten Ihre Gedanken mehr auf die Gegenwart als auf die Zukunft. Als erster Höhepunkt besteht die Neigung, sich von einem Beruf zum anderen treiben zu lassen, um ihn auszuprobieren und herauszufinden, was Ihnen gefällt. Sie lernen Menschen kennen, führen ein reges Gesellschaftsleben und verbringen Ihre Zeit mit angenehmen Beschäf- tigungen. Das Leben kommt auf Sie zu. Ihr Haltung ist jugendlich, wie gewonnen, so zerronnen.

Da die Drei jede Art Kreativität unterstützt, deutet dieser Höhe- punkt sowohl auf Kinder als auch auf eine künstlerische Tätigkeit. Falls Sie sich für Tanz, Theater, Design, Schriftstellerei, Sprachen – alles, was gut aussieht oder Luxus ist – interessieren, nutzen Sie diese Zeit. Pflegen Sie den Kontakt zu Ihren Freunden, machen Sie kurze Reisen (vor allem geschäftlicher Art), und genießen Sie das Leben. Geld ist meistens kein Problem, aber übertreiben Sie es nicht. Eine langfristige oder regelmäßige Arbeit liegt Ihnen nicht.

Üben Sie positives Denken, und setzen Sie Ihre Einbildungskraft ein, um Ihre Ziele zu bekräftigen. Träumen Sie. Verschönern Sie sich und Ihre Umgebung. Eine Dreiecksbeziehung ist möglich, doch im allgemeinen ist dies eine gute Zeit, um zu heiraten.

Als letzter Höhepunkt dürfen Sie erwarten, sich früh zur Ruhe zu setzen, daß finanzielle Probleme nachlassen und Sie die Gelegenheit haben werden zu reisen – oder sogar einen Bestseller zu schreiben!

Vier als Höhepunkt

Die Jahre des Aufbaus

Als erster Höhepunkt führt die Vier Sie dazu, das Leben realistisch einzuschätzen. Ihre Familie und der Staat haben einen großen Einfluß auf Ihre Weltsicht. Sie fühlen sich dem traditionellen, konventionellen Lebensstil verpflichtet. Es kann sein, daß Sie schon früh heiraten, denn die Vier zieht Verantwortung an. Zu jeder Zeit richtet eine Vier Sie auf Tatsachen aus, auf Dinge, mit denen Sie faßbar arbeiten und die Sie beweisen können. Es ist eine produktive Zeit, wobei Beharrlichkeit der Schlüssel zum Erfolg ist.

Dies ist die Zahl von Ordnung und System, der Machbarkeit. Es ist eine Zeit, um eine Grundlage für die Zukunft zu schaffen – um Ihr Leben aufzubauen. Sparen Sie Geld, kaufen Sie ein Grundstück, und bauen Sie ein Haus. Eine Familie, treue Freunde und das Gefühl, etwas erreicht zu haben, sind Ihre Belohnung. Sie lernen wahrscheinlich etwas über Disziplin (vor allem, wenn keine Vierer in Ihrem Namen vorkommen). Bei Ihrer Arbeit geht es um die Geschäftsführung, um Überwachung, Kontrolle, Anordnung oder Arbeit mit Grundbesitz.

Als zweiter oder dritter Höhepunkt ist die Vier ungewöhnlich produktiv, verleiht ein gutes Selbstwertgefühl (vor allem, wenn Ihre Hauptzahlen Vier oder Zwei sind). Sind Ihre Hauptzahlen jedoch Einer, Achter oder Neuner, könnten Sie frustrierende Einschränkungen erfahren.

Als letzter Höhepunkt könnten Sie weiterhin auf Ihrem Gebiet arbeiten, für andere verantwortlich sein und sparen. Sie haben das Gefühl, daß es in dieser letzten Phase immer noch etwas zu erreichen gibt.

Fünf als Höhepunkt

Die Jahre der Freiheit und des Abenteuers
Als erster Höhepunkt wird die Fünf Sie ermutigen, Ihr Leben nach Ihrem eigenen Gutdünken zu gestalten (auch wenn Sie aus einem traditionellen Heim kommen). Sie sind offen für Veränderung, Abwechslung und Anregung. Es ist Ihre Aufgabe, das Leben auf eine großzügige Art zu erfahren, statt sich auf einen engen oder routinemäßigen Weg festzulegen. Vielleicht heiraten Sie früh, doch könnte Ihr Verlangen nach Unabhängigkeit die Beziehung beenden. Sexuelle Aktivität und Reisen stehen ganz oben auf Ihrer Prioritätenliste. Mit einer Fünf als erstem Höhepunkt entwickeln Sie Ihre Geschicklichkeit, Ihre Fähigkeit, mit wechselhaften oder unsicheren Umständen fertig zu werden. Er bringt Ihnen auch eine große Fülle an Information. Spontaneität und Impulsivität sind verstärkt, sobald wir es mit einer Fünf als Höhepunkt zu tun haben.

Die Fünf als Höhepunkt steht für die Öffentlichkeit, das weltliche Leben. Passende Berufe finden sich in der Kommunikation, den Medien, dem Verkauf, dem Vertrieb, der Werbung, im Theater, der Reisebranche und als Abenteurer. Die Fünf ist nicht häuslich. Während eines zweiten oder dritten Höhepunkts erfahren Sie mit dieser Zahl eine Zeit der relativen Freiheit, weil Sie in beratender Tätigkeit oder nur teilzeitbeschäftigt sind. Es ist keine gute Idee, alles hinter sich zu lassen (sei es beruflich oder häuslich), weil Sie sich auf Entdeckung begeben möchten. Arbeiten Sie während dieser Zeit auf ausgeglichene Weise, um gute Resultate zu erzielen.

Als letzter Höhepunkt werden Sie wahrscheinlich aktiv, gesund und beschäftigt sein und keine finanziellen oder häuslichen Probleme haben.

Sechs als Höhepunkt

Die Jahre der Verantwortung
Mit einer Sechs als erstem Höhepunkt werden Sie Verantwortung übernehmen und für andere sorgen lernen. Die Werte Ihrer Familie und Gesellschaft haben einen großen Einfluß auf Sie. Sie sind kein Freidenker, sondern halten sich lieber an das Altbewährte. Sie heiraten

und bleiben verheiratet und wählen einen erzieherischen oder heilenden Beruf. Gleich, wo die Sechs als Höhepunkt auftaucht, Ihre Lehre geht dahin, daß Sie mit und für andere arbeiten lernen – lernen, sich in die Bedürfnisse der anderen einzufühlen. Während dieser Zeit sollen Sie sich den Forderungen stellen, die auf Sie zukommen, und sich Ihrer Familie und Ihren guten Freunden widmen.

Solange Sie unter dem Einfluß eines Sechser-Höhepunkts stehen, werden Sie stark von den anderen beeinflußt sowie von Ihrer verinnerlichten Elternfigur, die Ihnen diktiert, was Sie tun *sollen*. Es ist keine spekulative, sondern eine relativ geschützte Zeit. Ihre eigenen Meinungen sind stark ausgeprägt und führen in Ihrer Ehe vielleicht zu Problemen. Ängste kommen häufig vor. Es ist eine gute Zeit, um zu heiraten, sich niederzulassen, eine Familie zu gründen und sich um Verwandte zu kümmern. Ihre Arbeit steht in Verbindung mit einer Dienstleistung, die mit einer Gruppe oder einer Gemeinschaft zusammenhängt. Sechs als Höhepunkt ist eine gute Zeit für Künstler und Menschen in heilenden und helfenden Berufen sowie für Menschen, die ein schönes und harmonisches Umfeld schaffen.

Die Sechs als letzter Höhepunkt bringt als Lohn die Familie, Sicherheit und Komfort. Indem Sie andere belehren, werden Sie die Erfahrungen weitergeben, die Sie in Ihrer Jugend gewonnen haben.

Sieben als Höhepunkt

Die Jahre des Nachdenkens
Als erster Höhepunkt kann die Sieben recht schwierig sein; Sie stoßen möglicherweise auf einen ungewöhnlichen Umstand, der dazu führen kann, daß Sie sich anders oder isoliert fühlen. Sie verlassen sich nicht auf Ihre Familie, wie das jemand mit einer Sechs als erstem Höhepunkt tut. Ungewöhnliche Umstände bringen immer die Gelegenheit für ein tieferes Verständnis der Geheimnisse des Lebens mit sich (sofern man sich nicht dagegen wehrt oder sie leugnet).

Sie sind exzentrisch und verfügen über besondere Fähigkeiten auf technischem oder wissenschaftlichem Gebiet. Sie könnten sich aber auch für religiöse Fragen interessieren (weil Ihre Eltern gläubig sind). Sie sind wählerisch, was Ihre Freunde und Ihre Interessen angeht.

Tritt die Sieben als zweiter oder dritter Höhepunkt auf, haben Sie die Gelegenheit, sich zu spezialisieren und Ihre Fähigkeiten zu vertiefen – weiter in das von Ihnen gewählte Gebiet einzudringen. Sie machen sich nicht sehr viel daraus, was andere von Ihnen halten.

Zu jeder Zeit Ihres Lebens ist die Sieben eine Zeit der Seelenentwicklung. Vielleicht legen Sie sich »Launen« zu, damit man Sie in Ruhe läßt. Während der Zeit mit einem Siebener-Höhepunkt lebt man gerne auf dem Land. Es ist eine Phase, um zu lernen, allein zu sein, um sich selbst kennenzulernen, rechtes Leben und die richtige Einstellung zu pflegen. Die Sieben als Höhepunkt kann Eheprobleme mit sich bringen, die durch Vertrauen gelöst werden müssen und indem man Abstand davon nimmt, seinen Gefährten kontrollieren zu wollen. Die besten Beziehungen finden zwischen zwei Menschen statt, die ähnliche Ziele oder Weltanschauungen haben. Haben Sie Geduld in Gelddingen. Die Menschen kommen zu Ihnen wegen Ihres Wissens.

Als letzter Höhepunkt bringt die Sieben eine spirituelle Tiefe in Ihr Leben.

Acht als Höhepunkt

Die Jahre der Macht

Mit einer Acht als erstem Höhepunkt sind Sie aufgerufen, eine realistische, fleißige, leistungsorientierte Einstellung zu pflegen. Möglicherweise haben Sie es auf den Status einer Karriere als Akademiker abgesehen und werden schon früh als »Macher« erkannt. Ihr natürliches Milieu ist eine körperschaftliche oder eine institutionelle Einrichtung. Mit einer Acht als erstem Höhepunkt entwickeln Sie Ihren Sinn für Gerechtigkeit, etwas, das Ihnen Ihr Leben lang am Herzen liegen wird.

Die Lehren der Acht betreffen Geld, Macht und Autorität. Sie lernen, sich Ziele zu setzen und Entscheidungen zu treffen. Sie sind effektiv, verantwortungsbewußt und meistens der Vorgesetzte. Es ist von großem Belang, Ihre Kosten effektiv zu planen.

Während eines zweiten oder dritten Höhepunkts haben Sie gute Chancen, Geschäftsführer zu werden (oder einen zu heiraten). Ihr Urteil wird ständig geprüft, wobei Sie sich mehr auf Ihren rationalen Verstand als auf Ihre Gefühle verlassen. Mit einer Acht als Höhepunkt werden Sie Mühe haben loszulassen und sich zu entspannen. Sie sind gut angezogen und treten förmlich, geschäftsmäßig und selbstsicher auf. Gleichgültigkeit und Menschen ohne Ehrgeiz begegnen Sie mit wenig Toleranz. Ihr häusliches Leben kommt an zweiter Stelle – die Karriere ist alles.

Als letzter Höhepunkt läßt die Acht es vielleicht nicht zu, daß Sie sich zur Ruhe setzen, oder aber Sie beziehen einen professionellen Status aus Ihren Hobbys! Gleich zu welcher Zeit, die Acht bringt Erfolgschancen im materiellen Lebensbereich und fordert Sie auf, das Beste daraus zu machen. Gepaart mit einem spirituellen Bewußtsein sind Sie unschlagbar.

Neun als Höhepunkt

Die Jahre des Wachstums
Mit einer Neun als erstem Höhepunkt sind Sie außergewöhnlich frühreif. Die Neun führt zu Erfahrungen, die Ihnen eine breite Palette an Gaben bringt, die sich später als nützlich erweisen. Während dieser Zeit sind Sie ungewöhnlich lernfähig und haben unverschämtes Glück. Die Neun ist dafür bekannt, emotionale Krisen heraufzubeschwören, doch gibt sie immer mehr, als sie nimmt. Ihre Aufgabe besteht darin, eine philosophische Einstellung zu entwickeln – lassen Sie sich so oft wie möglich vom Universum führen (durch Ihre intuitiven Wünsche).

Die Neun ist immer eine Zeit, um die menschliche Lage verstehen zu lernen und mit Menschen zu arbeiten – meistens über die Kunst, das Theater, höhere Bildung, helfende und heilende Berufe oder eine spirituelle Tätigkeit. Sich für andere einzusetzen (vor allem als Freiwilliger) bringt während dieser Zeit sehr viel. Sie werden weite Reisen unternehmen und mit Ausländern zusammenarbeiten.

Die Neun als Höhepunkt ist eine Zeit, um sich zur Reife zu entwickeln – Sie integrieren das, was Sie gelernt haben, und geben es der Welt zurück. Die Neun interessiert sich oft mehr für die anstehende Arbeit als für persönliche Beziehungen.

Jeder Neuner-Höhepunkt lehrt Sie, nachzugeben, um etwas zu bekommen. Sie dürfen erwarten, alles zu erhalten, was Sie brauchen. Kleinlicher Groll oder Konflikte müssen losgelassen werden, damit der Erfolg dieser Zeit sich zeigen kann.

Als letzter Höhepunkt verspricht die Neun ein Gefühl von Vollständigkeit sowie materiellen und spirituellen Reichtum.

Elf als Höhepunkt

Die Jahre des Lichts
Die Meisterzahl Elf kann auch als deren reduzierte Summe, die Zwei, gelesen werden und wird auch sehr häufig so erfahren. Operieren Sie tatsächlich auf der Ebene der Elf (die das Übersinnliche und nicht das Materielle betont), werden Sie den ersten Elfer-Höhepunkt als sehr anstrengend für Körper und Geist empfinden (was Sie verletzlich und reizbar macht), oder aber er bringt Ihnen frühen Ruhm. Die Elf richtet des Rampenlicht auf Sie und Ihre Tätigkeit. Vielleicht sind Sie ein Kinderstar, ein junges Genie.

Als zweiter oder dritter Höhepunkt besteht eine größere Chance, etwas auf der höheren Schwingung der Elf zu beziehen und durch Ihre Fähigkeiten zu Ruhm und Anerkennung zu gelangen. Gebiete, die während dieser Zeit bevorzugt werden, sind Kunst, Dichtung, Psychologie oder Arbeit beim Film oder Fernsehen.

Als letzter Höhepunkt deutet die Elf auf die Höhe einer Karriere. Eine Ehe wäre denkbar, so lange Sie Ihren Partner nicht übertreffen! Unter dieser flüchtigen Zahl sind plötzliche Veränderungen Ihres Lebensstils immer möglich.

Zweiundzwanzig als Höhepunkt

Die Jahre der Herausforderung
Die Zweiundzwanzig tritt als Höhepunkt nur dann auf, wenn ihr zwei Elfer als Höhepunkt vorausgegangen sind, was relativ selten vorkommt. Es kann sein, daß die beiden vorhergehenden Phasen zu frühem Ruhm geführt haben, weshalb Sie jetzt einen noch viel größeren Ruf zu verteidigen haben. Es kann auch sein, daß Sie durch die beiden Elfer einer körperlichen Behinderung oder einer radikalen Bewußtseinsveränderung ausgesetzt werden.

Während eines Zweiundzwanziger Höhepunkts haben Sie die Gelegenheit, etwas von großer Bedeutung zu vollbringen, wovon viele Menschen auf nationaler und vielleicht auch internationaler Ebene betroffen sind. Es geht oft um Bauten. Dies ist die Zeit, um ein Supermanager, Direktor oder Macher zu sein. Sie realisieren endlich, wie umfassend Ihre bisherigen Erfahrungen waren, deren

Früchte Sie jetzt ernten können. Produktivität ist hier die Schlüssel-frage.

Wegen der der Zweiundzwanzig zugrunde liegenden Zweier sind Sie wohlmöglich sehr empfindlich und leiden sogar unter Selbstzweifel. Sie fühlen sich hin- und hergerissen. Sie leisten Ihre beste Arbeit, wenn Sie Ihren Prinzipien treu sind und zum Wohl anderer wirken, anstatt nur Geld machen zu wollen.

Sie werden das, was Sie anfangen, zu Ende führen müssen, also wählen Sie Ihre Projekte vorsichtig. Sogar etwas, das Sie nur auf sich nehmen, um die Miete zahlen zu können, wird von Ihnen verlangen, daß Sie ihm Ihre ganze Aufmerksamkeit und Arbeitskraft widmen. Es wird sich schließlich auszahlen, vielleicht auf unerwartete Weise. Ab-kürzungen und »linke« Methoden werden garantiert ans Licht kom-men. Die Menschen schauen zu Ihnen auf.

KAPITEL 11

Die Herausforderungen

Warum fallen mir diese Dinge so schwer?
Warum habe ich immer wieder mit denselben Problemen zu kämpfen?
Welche Schwächen muß ich überwinden?
Was kann ich von meinen Rückschlägen und Schwierigkeiten lernen?

Während die Höhepunkte die Ereignisse und das Umfeld Ihres Lebens beschreiben, geht es bei den entsprechenden Herausforderungen um Ihre inneren Einschränkungen, Ängste oder Behinderungen, mit denen Sie zu kämpfen haben werden, solange ihr Einfluß dauert.

Wenn Sie die Beschreibungen Ihrer individuellen Herausforderungen lesen, müssen Sie sich folgendes vor Augen halten:

Ist Ihre Herausforderung gleich wie Ihre Schicksalszahl, dürfte es Ihnen Mühe bereiten, den richtigen Beruf oder Ihren Platz im Leben zu finden. Gleichzeitig werden Ihnen die Mittel gegeben, um die Eigenschaften zu entwickeln, die Sie brauchen, um Ihr Schicksal auszuleben. Ihre Mühe wird nicht umsonst sein.

Ist Ihre Herausforderung dieselbe wie Ihr Lebensweg, werden Sie feststellen, daß Sie über die nötigen Ressourcen verfügen, um daraus eine fruchtbare Zeit zu machen.

Ist Ihre Herausforderung dieselbe wie Ihr Herzenswunsch, werden Sie sehr motiviert sein, Ihre Schwächen anzugehen und sich die nötigen Fertigkeiten anzueignen, die es braucht, um die Hindernisse auf dem Weg zum Erfolg aus dem Weg zu räumen.

Ist Ihre Herausforderung dieselbe wie Ihre Persönlichkeitszahl, dürften Sie feststellen, daß Sie die Aspekte dieser Zahl so intensiv aufweisen, daß man Sie nicht leicht akzeptiert. Sind Ihre Herausforderung und Ihre Persönlichkeitszahl zum Beispiel die Vier, sind Sie vielleicht einfach zu stur, um mit anderen Menschen auszukommen.

Denken Sie an dieser Stelle auch an Ihre fehlenden Zahlen (siehe Kapitel 8). Entspricht Ihre Herausforderung einer Ihrer fehlenden Zahlen, könnte es Ihnen ziemlich schwerfallen, die Lehre zu lernen, die diese Zahl Ihnen abverlangt.

So berechnen Sie Ihre Herausforderung

1. Tragen Sie die Summen Ihres Geburtstags, -monats und -jahrs in Ihrem Numeroskop ein (sofern Sie das noch nicht getan haben). Zum Beispiel:

> 22. Juni 1951
>
> 4 6 7

2. Subtrahieren Sie Monat und Tag, wobei Sie die kleinere Zahl von der größeren abziehen. Sie können auch eine Null erhalten. Das ist Ihre erste Herausforderung.

> $6 - 4 = 2$

3. Subtrahieren Sie Tag und Jahr, wobei Sie die kleinere Zahl von der größeren abziehen. Das ist Ihre zweite Herausforderung.

> $7 - 4 = 3$

4. Jetzt ziehen Sie die erste und die zweite Herausforderung voneinander ab, immer die kleinere von der größeren Summe. Das ist Ihre dritte Herausforderung.

> $3 - 2 = 1$

5. Subtrahieren Sie auf dieselbe Weise Monat und Jahr. Das ergibt Ihre vierte Herausforderung.

> $7 - 6 = 1$

Schauen wir uns noch einmal das Beispiel Mutter Teresas an:

28. August 1910
8 8 2
Erste Herausforderung – ziehen Sie Monat und Jahr voneinander ab: 8 – 8 = 0
Zweite Herausforderung – ziehen Sie Tag und Jahr voneinander ab: 8 – 2 = 6
Dritte Herausforderung – ziehen Sie die beiden Summen der ersten und zweiten Herausforderung voneinander ab: 6 – 0 = 6
Vierte Herausforderung – ziehen Sie Monat und Jahr voneinander ab: 8 – 2 = 6

Die Lebensabschnitte der Herausforderungen sind dieselben wie bei den Höhepunkten. Sie berechnen Sie nach der folgenden Methode:

Ziehen Sie von der Zahl 36 die reduzierte Summe Ihres Lebenswegs ab. Das ergibt Ihr Alter im *letzten Jahr der ersten Herausforderung*. Die zweite Herausforderung fängt im darauffolgenden Jahr an Ihrem Geburtstag an und dauert neun Jahre; dann beginnt die dritte Herausforderung, die ebenfalls neun Jahre währt. Die vierte Herausforderung dauert den Rest Ihres Lebens.

Schreiben Sie die Zahl	36
Ziehen Sie davon Ihre Lebenszahl ab (eine Neun für Mutter Teresa)	– 9
	27

Die Zahl entspricht Mutter Teresas Alter im letzten Jahr der ersten Herausforderung. Im nächsten Jahr, als sie 28 war, begann ihre zweite Herausforderung, die endete, als sie 36 war. Die dritte Herausforderung begann im nächsten Jahr, als sie 37 war, und endete, als sie 46 wurde. Dann fing die vierte Herausforderung an, die den Rest ihres Lebens dauerte.

Am einfachsten ist es, Sie schreiben die Herausforderungen und Höhepunkte folgendermaßen auf:

Mutter Teresa		
Höhepunkte	Herausforderung	Alter
8 + 8 = 7	8 – 8 = 0	Geburt bis 27
8 + 2 = 1	8 – 2 = 6	28 – 36
7 + 1 = 8	6 – 0 = 6	37 – 45
2 + 8 = 1	8 – 2 = 6	46 bis zum Tod

Mutter Teresas erste Herausforderung war eine Null. Das bedeutet (besonders unter Berücksichtigung ihrer Neun als Lebensweg und Sieben als Schicksalszahl), daß sie eine »alte Seele« ist, ein Ausdruck, den ich verwende, um anzuzeigen, daß es sich um einen Menschen handelt, der sich schon über viele Leben hinweg seines spirituellen Wegs bewußt ist und seine Lebenslehren gut in seine gegenwärtige Lebensphilosophie integriert hat. Gleich, welchen Beruf alte Seelen wählen, sie sind hier, um zu lehren und zu geben.

Als Mutter Teresa 26 wurde, wurde die Sechs als Herausforderung in ihrem Leben aktiv, die auch ihre dritte und vierte Herausforderung war und bis ans Ende ihrer Tage dauerte. Es erstaunt uns nicht, daß es die Zahl der Fürsorglichkeit, des sich Kümmerns und der Übernahme von Verantwortung ist.

Tragen Sie jetzt die reduzierten Summen Ihres Geburtstags, -monats und -jahrs in Ihr Numeroskop ein, und machen Sie Ihre Berechnungen. (Bitte beachten Sie, daß weder die Meisterzahlen noch die karmischen Zahlen hier eine Rolle spielen.) Die folgenden Seiten beschreiben Ihre Herausforderungen.

Eins als Herausforderung

Mit einer Eins als Herausforderung lernen Sie, sich auf sich selbst zu verlassen, die Initiative zu ergreifen, sich durchzusetzen und Probleme zu lösen. Sie sind unabhängig, übernehmen die Führung oder üben eine selbständige Tätigkeit aus. Möglicherweise haben Sie sich gegen einen starken Vater, Chef, Ehepartner oder anderen Mann zu behaupten und gehen gestärkt aus dieser Auseinandersetzung hervor. Versuchen Sie, sich nicht auf Diskussionen einzulassen oder nachtragend zu sein. Sie haben diese Probleme selbst geschaffen, um sich auf die Probe zu stellen. (Die Eins lernt immer durch Schwierigkeiten.) Lernen Sie, sich auf Ihren ersten Eindruck, Ihren Einfallsreichtum und Ihren Verstand zu verlassen und den Wert Ihrer originellen Einfälle zu schätzen.

Es kann aber auch sein, daß Sie die Eigenschaften der Eins im Überfluß besitzen und dominierend und stur sind. Dann besteht Ihre Herausforderung darin, Empfindsamkeit und Geduld zu entwickeln. Seien Sie kein elitärer Snob, sondern hören Sie anderen zu, und beziehen Sie deren Auffassungen freundlich in Ihren Standpunkt mit ein. Unabhängigkeit ist keine Einbahnstraße.

Zwei als Herausforderung

Mit einer Zwei als Herausforderung erfahren Sie Selbstzweifel und einen Mangel an Selbstvertrauen. Scheuheit oder Verlegenheit sind ein Problem. Sie lassen sich zu leicht von dem, was andere vielleicht auch unabsichtlich sagen, beeinflussen und stellen deren Meinung über die Ihre. Entscheidungen schieben Sie auf die lange Bank, und Sie ziehen eine Arbeit an, bei der Sie nicht das letzte Wort haben. Sie haben das Gefühl, von den Umständen behindert zu werden, und wollen dennoch nichts unternehmen, um es zu ändern. Während dieser empfindlichen Zeit sammeln Sie Wissen und Weisheit durch Geduld und Liebe zum Detail. Passen Sie auf, daß Sie die Dinge nicht zu persönlich nehmen.

Sie fühlen sich am besten in einer ruhigen und harmonischen Umgebung. Freundschaften bedeuten Ihnen viel. Nutzen Sie diese Zeit, um Ihre Kompromißbereitschaft zu respektieren und auf ruhige Art zu wachsen. Lassen Sie sich nicht von Einzelheiten überwältigen, die Sie davon abhalten, das ganze Bild zu sehen. Verlassen Sie sich auf das, was sich ergibt, und nicht auf das, was Sie hervorbringen.

Drei als Herausforderung

Mit einer Drei als Herausforderung möchten Sie sich als Maler, Tänzer, Autor, Sänger oder Referent ausdrücken und empfinden das Bedürfnis, sich künstlerisch oder auf ungewöhnliche Weise selbst darzustellen. Während dieser Zeit können Sie das Leben »fließen« lassen; es muß nicht immer eine regelmäßige Arbeit sein. Sie müssen sich disziplinieren, um Ihre Ziele zu erreichen, denn die Drei neigt dazu, ihre Energien zu verzetteln. Sie führen während dieser Zeit ein reges Gesellschaftsleben. In einer Partnerschaft oder Beziehung gibt es vielleicht einen Dritten. Diese Zeit hält Sie dazu an, sich klar auszudrücken (Ihre Phantasie macht des öfteren Überstunden), nehmen Sie sich also die Mühe, die Dinge aufzuschreiben, auch wenn Sie nur ein Tagebuch führen, das niemand sonst zu Gesicht bekommt. Bringen Sie Ihre Talente zum Ausdruck, und pflegen Sie Ihre Freundschaften; machen Sie Reisen.

Die Drei ist impulsiv. Hüten Sie sich vor voreiligen Bemerkungen, Kritik oder Klatsch, die mehr Schaden anrichten, als Sie beabsichtigen. Sie reagieren jetzt vielleicht auch selbst überempfindlich auf Kritik. Versuchen Sie, eine positive Einstellung zu behalten, und überschätzen Sie Ihre Fähigkeiten nicht. Verschaffen Sie sich die Fakten, ehe Sie sich auf Ihre großartigen Pläne einlassen.

Vier als Herausforderung

Mit einer Vier als Herausforderung lernen Sie praktische Angelegenheiten auf dem Weg der Beschränkung; nichts fällt Ihnen in den Schoß. Sie haben Ziele und arbeiten hart, um sie zu erreichen. Diese Zahl erlaubt Ihnen, Ihre Ideen in die Wirklichkeit umzusetzen. Sie haben viele Verpflichtungen und Menschen, um die Sie sich kümmern müssen. Wahrscheinlich werden Sie heiraten, eine Familie gründen, ein Haus kaufen oder etwas von bleibendem Wert schaffen. Hier lernen Sie aufzupassen, zu planen, beharrlich zu sein, zu bauen, zu sparen und bei der Sache zu bleiben. Seien Sie nicht ungeduldig oder rebellisch, stur oder streitsüchtig. Behalten Sie die Tatsachen Ihrer Situation im Kopf, ohne sie zu wörtlich aufzufassen oder engstirnig zu sein. Hüten Sie sich vor Selbstgerechtigkeit oder falschen moralischen Haltungen. Konzentrieren Sie sich nicht so sehr auf Ihre Arbeit, daß Sie unempfindlich für die Bedürfnisse anderer sind. Diese Zeit verspricht wahres Wachstum für diejenigen unter Ihnen, die wichtige Fünfer oder Einser aufweisen. Sie werden lernen, sich für Ihre Familie, Angestellten oder Vorgesetzten einzusetzen. Verträge, Termine und Geld sind Ihre Lehrer.

Fünf als Herausforderung

Mit einer Fünf als Herausforderung lernen Sie etwas über persönliche Freiheit. Diese Zahl weckt in Ihnen den Wunsch, unabhängig zu sein oder sich gegen die Regeln aufzulehnen. Sie gehen einer abwechslungsreichen Arbeit nach oder arbeiten Teilzeit. Sie neigen dazu, die Dinge fallenzulassen, ehe Sie sie zu Ende geführt haben, und lassen sich auf Liebesverhältnisse ein, die nicht lange dauern. Weil es bei der Zahl Fünf um Mäßigung geht, werden Sie mit einer Tendenz zu kämpfen haben, zu viel zu trinken, Drogen zu nehmen, zu spielen oder sexbesessen zu sein.

Sie arbeiten im Verkauf, in der Reisebranche, in der Öffentlichkeitsarbeit oder als Unterhaltungskünstler. Die Welt erlaubt es Ihnen nicht, sich zurückzuziehen, seien Sie also bereit, die Gelegenheiten und Veränderungen zu nutzen, die sich Ihnen in den Weg stellen. Verlieren Sie nicht den Mut, weil Sie Angst vor einer Veränderung haben. Sie lernen zu wachsen, indem Sie Risiken auf sich nehmen und flexibel sind. Wahrscheinlich begegnen Sie während der Zeitspanne mit diesem Einfluß ungewöhnlichen Bekanntschaften und Tätigkeiten.

Sechs als Herausforderung

Mit einer Sechs als Herausforderung lernen Sie, verantwortlich zu sein und anderen zu dienen. Es ist eine fürsorgliche und erzieherische Zeit. Es kann sein, daß Sie eine Familie haben, die Ihnen viel abverlangt, oder Sie Lehrer oder Berater sind. Sie können nicht vermeiden, anderen von sich zu geben.

Die Falle der Sechs als Herausforderung ist Ihre Tendenz, stur und festgefahren in Ihren Meinungen zu sein. Sie werden nichts als Frust ernten, wenn Sie darauf bestehen, das Leben Ihrer Mitmenschen zu bestimmen. Während dieser Zeit sind Sie vielleicht der dominierende Vater, die erdrückende Mutter, die den Glauben zu wissen, was das »Beste« für die Kinder sei, der eigenen Kontrollsucht verdankt. Passen Sie auf, nicht in die Märtyrerrolle zu schlüpfen, sondern trachten Sie vielmehr danach, zu Hause ein warmes und schönes Umfeld zu schaffen. Kultivieren Sie traditionelle Werte, und feiern Sie Rituale. Sie könnten diese Energie auch einsetzen, um für Ihre Gemeinde zu arbeiten. Arbeiten Sie ehrenamtlich mit, seien Sie ein Großer Bruder oder eine Große Schwester. Kümmern Sie sich um Ihre älteren Verwandten.

Sieben als Herausforderung

Mit einer Sieben als Herausforderung gehen Sie einer ernsten Zeit entgegen, weil Sie sich mit tiefen spirituellen Fragen auseinandersetzen. Sie dürften sich manchmal einsam und isoliert fühlen, bis Sie die Tiefe des Kampfs verstehen, der in Ihnen stattfindet. Mit einer Sieben als Herausforderung ist Ihr inneres Ich sehr aktiv und sucht nach Erfahrungen, die Sie wachsen lassen. Während die Fünf als Herausforderung in der Außenwelt nach Entwicklungsmöglichkeiten sucht, führt die Sieben als Herausforderung zu innerem Gewahrsein. Vertiefen Sie Ihre Bildung, verfeinern Sie Ihre Fertigkeiten, verlassen Sie sich auf Ihre Intuition und Ihre eigenen Ressourcen.

Oberflächliche Beziehungen langweilen Sie. Versuchen Sie, nicht zynisch zu werden oder den Glauben zu verlieren. Anstatt sich zurückzuziehen (möglicherweise durch Drogen oder Alkohol), pflegen Sie Freundschaften mit Menschen, für die Sie eine Affinität spüren. Versuchen Sie, in Ihren Beziehungen nicht geheimnistuerisch oder verhalten zu sein. Es ist eine gute Zeit, um mit einem Therapeuten oder einer Studiengruppe zu arbeiten, die sich mit religiösen oder übersinnlichen Themen befaßt. Sie sollten die Dinge weniger wörtlich auffassen, sondern das Leben vielmehr als eine Metapher betrachten.

Acht als Herausforderung

Eine Acht als Herausforderung verlangt von Ihnen, daß Sie etwas leisten. Es ist eine Zeit der Macht und Anerkennung. Halten Sie nach Gelegenheiten Ausschau, um Verantwortung zu übernehmen, und halten Sie sich nicht zurück. Sie kennen Ihren Wert und fühlen sich sicher. Versuchen Sie aber gleichzeitig, nicht dominierend oder hart zu sein oder Leute auszunutzen, um zu Ihrem Ziel zu gelangen. Sie dürfen nicht zu materialistisch sein oder Geld vergöttern. Realisieren Sie, daß nicht alle so kompetent oder engagiert sind wie Sie, und pflegen Sie

Mitgefühl. Es kann sein, daß Sie jetzt ein finanzielles Imperium aufbauen. Bei Ihrer Arbeit dreht es sich um Konzerne, große Firmen, Kartelle, die Regierung und Institutionen.

Mit Ihrem Leistungstrieb können Sie lange Arbeitsstunden auf sich nehmen und Widerstände und Frust einstecken. Sie müssen allerdings dafür sorgen, daß Sie sich erholen bei einem guten Glas Wein, gutem Essen und im intelligenten Gespräch mit Freunden und Angehörigen, die Sie respektieren. Nehmen Sie sich Zeit, um sich zu entspannen und zu meditieren. Schauen Sie über Fakten und Zahlen hinaus, um die Bedeutung einer Situation zu erfassen.

Null als Herausforderung

Die Esoterik lehrt uns, daß ein Mensch seine eigenen Lebenserfahrungen schafft, um auf der spirituellen Ebene zu lernen und zu wachsen. Mit einer Null als Herausforderung besteht die Chance, daß Sie eine »alte Seele« sind, die schon viele Leben gelebt hat oder bereit ist, sich für des Leben zu öffnen. Es besteht keine besondere Herausforderung; das heißt, daß Sie sehr gefordert sein oder praktisch keine Herausforderungen vor sich haben können. Während dieser Zeit ist Ihre Chance, sich zu entwickeln, größer denn je – die Chance, die Bedeutung des Lebens zu erfassen. Sie können jetzt wählen. Werden Sie sich auf Ihren Lorbeeren ausruhen oder etwas Neues versuchen? Es liegt an Ihnen.

Während dieser Zeit kann Ihr Schicksal oder Ihr Lebensweg sich voll entfalten. Nichts hält Sie zurück. Sie werden jetzt zur Welt beitragen, statt von ihr zu beziehen.

Ihre Möglichkeiten sind unbeschränkt. Meditieren Sie und visualisieren Sie positive Resultate, um Ihre ideale Welt zu schaffen.

KAPITEL 12

Persönliche Jahres- und Monatszahlen

Welche Richtung sollte ich dieses Jahr einschlagen?
Ist es eine gute Zeit für einen Umzug? Um zu heiraten?
Welche Aufgabe stellt sich mir diesen Monat?
Warum fühle ich mich so rastlos?

Stehen Sie vor einer Entscheidung oder wollen Sie die Wahrscheinlichkeit bestimmter Ereignisse wissen, halten Sie sich am besten an Ihre persönliche Jahreszahl.

Jedes Jahr arbeiten Sie sich vom 1. Januar an durch eines Ihrer persönlichen Jahre (von Eins bis Neun). Das Wesentliche, woran Sie sich bei Ihrem persönlichen Jahr erinnern müssen, ist, daß es genau beschreibt, *was Sie während seines Verlaufs erledigen sollen.* Es ist wie eine starke Tide, die Sie in einen sicheren Hafen führen kann. Indem Sie ihr folgen, können Sie alles erreichen, was es für Sie zu tun gibt. Wenn Sie das wissen, können Sie viel von Ihren Befürchtungen darüber, was Sie glauben, tun zu müssen, auszuschließen. Innerhalb jedes persönlichen Jahrs befindet sich ein weiterer Zyklus, der Ebbe und Flut seines Einflusses weiter reguliert.

Das persönliche Jahr unterscheidet sich vom universellen Jahr, indem es Ihre eigenen spezifischen Einflüsse beschreibt. (Im Gegensatz dazu ist das universelle Jahr die allgemeine planetarische Schwingung des Jahres; um das universelle Jahr auszurechnen, zählen Sie alle Zahlen des gegenwärtigen Jahres zusammen, zum Beispiel: $1 + 9 + 9 + 8 = 27 = 9$).

Ihr persönlicher Zyklus fängt natürlich mit einem Einser-Jahr an – die Zeit, um neue Samen zu pflanzen, neue Ideen in die Welt zu setzen. Alles, was Sie jetzt beginnen, hat eine gute Chance, Früchte zu tragen. Darauf folgt das Jahr der Zwei, das eine geduldige Entwicklung ermöglicht. Das Jahr der Drei breitet sich aus und ist kreativ, bringt vermehrte Tätigkeit, Energie, Begeisterung und Interaktion mit der Welt. Das Jahr der Vier übt seinerseits Druck aus, um zu organisieren, zu konsolidieren und zu erhalten. Es ist nicht die Zeit, um aufzugeben oder umzukehren. Das Jahr der Fünf eröffnet unerwartete Möglichkeiten, wobei Sie sehr geschickt, anpassungsfähig und risikofreudig sein müssen, um voranzukommen.

Das Jahr der Sechs ist eine Zeit, um Ihre Beziehungen in den Vordergrund zu stellen und anderen auf produktive und fürsorgliche Art zu dienen. Es gilt, zum Wohl der anderen Kompromisse einzugehen. Im Jahr der Sieben legen Sie grundsätzlich eine Pause ein, um zu sehen, ob Sie sich auf dem richtigen Weg befinden, um Ihr Ziel zu erreichen. Es ist Zeit zum Verschnaufen; viele Menschen kehren zur Natur zurück, geben ihre Arbeit auf oder werden sogar krank, weil sie sich weigern, dem Streß durch Entspannung zu begegnen. Es besteht der Wunsch nach Besinnung, Einsamkeit und Nachdenken, was das, was man macht, zu bedeuten hat.

Im Jahr der Acht kehrt man zur Welt der Leistungen zurück und braucht sein ganzes Geschick und viel Einsatz. Sie müssen aufpassen, organisieren und den Kampf des Lebens wiederaufnehmen. Oft gibt es einen guten finanziellen Lohn oder eine Beförderung, doch die Kosten (wie zum Beispiel die Investition in ein Geschäft) sind ebenfalls groß.

Schließlich kommen wir zum persönlichen Jahr der Neun – und promovieren. Es ist eine der komplexesten Zeiten, begleitet von Verwirrung, Dramen und Desintegration. Es bereitet den Weg für die Rückkehr zum persönlichen Jahr der Eins und einem neuen Anfang.

Ungewöhnlich viele Klienten kommen während eines Neuner-Jahrs zu mir, weil sie so viele Veränderungen erfahren, ihre Einstellungen, Ziele und Beziehungen wechseln und sie sich fragen, wo das um Himmels willen hinführt. Ich habe festgestellt, daß sie mit Erleichterung reagieren, wenn ich ihnen sage, daß es sich eigentlich um eine positive Zeit des Beendens handelt, in der man zwischen gut und ausrangiert entscheidet. Ich rate, vor dem Herbst dieses Jahres keine großen Entscheidungen zu treffen, und weise darauf hin, daß sie sich zu neuen Höhen aufmachen (und sich vielleicht auch auf einen neuen Höhepunkt zubewegen), deren Bedeutung sich klären wird, wenn sie dem nächsten Januar näher kommen. Dieser Zusammenbruch wird besonders stark empfunden in dem Neuner-Jahr der Lebensmitte. Ich habe das Gefühl, daß alle Lehren, denen wir uns in den vorhergehenden neun Jahren widersetzt haben, oder die Geschäfte, die wir unerledigt ließen beim Erreichen vom Ziel des entsprechenden Höhepunkts, jetzt zurückkehren, damit wir uns darum kümmern können. Es ist aber auch möglich, daß sich das Jahr der Neun wie ein Triumph anfühlt!

So berechnen Sie Ihr persönliches Jahr

1. Zählen Sie die reduzierten Summen Ihres Geburtsjahrs und -monats zusammen (aber nicht das Jahr). Zum Beispiel:

13. September =
$1 + 3 + 9 = 4$

2. Fügen Sie dieser Summe die reduzierte Zahl des gegenwärtigen Jahrs hinzu:

$1 + 9 + 9 + 8 = 9$
$4 + 9 = 13 = 4$ als persönliches Jahr

Im folgenden Beispiel für das Jahr 1987 nehmen wir den Geburtstag von Mary Tyler Moore, den 29. November 1937. Um das persönliche Jahr zu berechnen, zählen wir den Tag (29) und den Monat (11) zum Jahr (1987 oder 7). Also:

$29 + 11 + 1987 =$
$2 + 2 + 7 = 11 = 2$

Demnach war Marys persönliches Jahr eine Zwei – eine Zeit, um die Dinge sich langsam entwickeln zu lassen, ruhige Stunden mit Freunden zu verbringen und sich geduldig und hilfsbereit um Einzelheiten zu kümmern. Erzwungene und hastige Maßnahmen würden nur zu Enttäuschungen führen. Erinnern sich daran, daß das persönliche Jahr immer im Januar anfängt und einem progressiven Entwicklungszyklus folgt bis zum Dezember des persönlichen Jahrs – hier die Neun. (Beachten Sie, daß ein Höhepunkt immer in einem Jahr der Neun zu Ende geht.)

So berechnen Sie Ihren persönlichen Monat

1. Berechnen Sie Ihre persönliche Jahreszahl.
2. Addieren Sie Ihre persönliche Jahreszahl zur Zahl des betreffenden Monats, und reduzieren Sie die Summe auf eine einstellige Zahl. Nehmen wir an, Sie befänden sich in einem persönlichen Jahr der Sieben. So finden Sie Ihre persönliche Zahl für den Monat Januar:

$$1 + 7 = 8$$

In Ihrem persönlichen Siebener-Jahr ist der Januar ein Achter-Monat. Für Februar rechnen Sie:

$$2 + 7 = 9$$

Februar ist ein Neuner-Monat in Ihrem persönlichen Jahr. So berechnen Sie auch die weiteren Monate.

September ist immer dieselbe Zahl wie Ihre persönliche Jahreszahl, erwarten Sie also, daß die Lehren sich um diese Zeit verstärken.

Berechnen Sie jetzt Ihre persönliche Jahreszahl, und lesen Sie die Beschreibungen auf den folgenden Seiten.

Eins als persönliches Jahr

Die Eins als persönliches Jahr ist eine gute Zeit, um

- etwas Neues zu beginnen
- sich sicherer zu fühlen
- sich durchzusetzen
- zu forschen und zu untersuchen
- seine Energie zu spüren
- entschlossen und beharrlich zu sein
- auf seinen Wünschen zu bestehen
- neue Essensgewohnheiten anzunehmen
- sich mehr zu bewegen
- die Führung zu übernehmen
- eine Liste seiner Ziele anzulegen
- sich weiterzubilden oder persönlich zu entwickeln
- eine neue Garderobe anzuschaffen
- sich der Bereiche bewußt zu sein, auf denen man sich am sichersten fühlt
- Leute zu besuchen, die man bewundert

Im Jahr der Eins werden Sie das Bedürfnis empfinden, die Richtung zu wechseln. Haben Sie keine Angst, etwas auszuprobieren, was Sie immer schon machen wollten. Es ist eine ausgezeichnete Zeit, um zu planen und neue Sachen zu beginnen. Denken Sie an Ihre Wünsche (doch seien Sie kompromißbereit). Suchen Sie die Leute auf. Gehen Sie öfters aus. Schauen Sie in die Zukunft, denn Sie bestimmen jetzt Ihren Kurs für die nächsten neun Jahre.

Wählen Sie lohnende Ziele, die Sie wirklich spannend finden. Sie sollten sehr ehrlich, offen und sogar schroff sein in diesem Jahr. Es bietet sich wahrscheinlich mehr als eine Gelegenheit, um zu zeigen, wie entscheidungsfreudig Sie sind.

Dieses Jahr ist der Anfang eines neuen Zyklus; machen Sie das Beste aus Ihrer Zeit. Folgen Sie Ihren Impulsen, und fangen Sie an zu visualisieren, was Sie sich im Leben am meisten wünschen.

Monatlicher Führer für das persönliche Jahr der Eins

Januar (Zwei als persönliche Monatszahl) – Zwei starke Kräfte wirken auf Sie ein: Sie würden gerne handeln, müssen sich jedoch um viele Einzelheiten kümmern, die Sie bremsen. Seien Sie jetzt diplomatisch und vorsichtig. Beziehungen stehen unter einem guten Stern, aber Sie müssen Kompromisse eingehen.

Februar (Drei als persönliche Monatszahl) – Eine äußerst kreative Zeit für kurze Reisen, alles Schriftliche und neue Freunde. Rechnen Sie damit, durch ihre Frivolität und Extravaganz Geld zu verlieren. Sie haben das Bedürfnis, neue Kleider und Möbel zu kaufen, ins Kino zu gehen und auswärts zu essen.

März (Vier als persönliche Monatszahl) – Eine Zeit, um Änderungen vorzunehmen im Geschäft, bei der Arbeit, in der Karriere oder in Ihrer Familiensituation. Übernehmen Sie mehr häusliche Verantwortung. Machen Sie langfristige Pläne, oder setzen Sie sich ein Ziel; beginnen Sie mit dem Aufbau von etwas Faßbarem. Ein ziemlich einschränkender Monat, der von Ihnen verlangt, daß Sie Entscheidungen treffen, die die Zukunft beeinträchtigen. Setzen Sie nicht auf das Ungewisse; forschen Sie nach.

April (Fünf als persönliche Monatszahl) – Ein sehr wechselhafter und überraschender Monat, in dem Konflikte und Ausbrüche zu erwarten sind. Achten Sie auf legale Verpflichtungen. Seien Sie darauf vorbereitet, umzuziehen oder eine Reise zu machen. Sie fühlen sich mutiger und unabhängiger denn je zuvor. Riskieren Sie das Ungewöhnliche. Erwarten Sie nicht, daß Liebesverhältnisse sich jetzt als beständig erweisen. Sie essen mehr Schnellgerichte, da Sie viel unterwegs sind. Ihr Sexualtrieb ist verstärkt. Bewegen Sie sich!

Mai (Sechs als persönliche Monatszahl) – Ein guter Monat für Eheschließungen und häusliche Veränderungen. Sie werden viel Zeit damit zubringen, sich um andere zu kümmern. Eine Zeit der Mutterschaft, des Lehrens, des Dienens, des Familienlebens und der Haus- oder Wohnungsreparaturen. Sie sind sich Ihrer Meinungen und Ansichten sicher und neigen zur Sturheit. Ihre Entscheidungen reflektieren eher emotionale als intellektuelle Werte.

Juni (Sieben als persönliche Monatszahl) – Dies ist eine spirituelle Zeit, in der der Nachdruck weniger auf dem materiellen Bereich liegt. Ziehen Sie sich zurück, gehen Sie in ein Kloster auf Zeit. Nehmen Sie eine Veränderung in Ihren Essensgewohnheiten und Ihren Körperübungen vor. Ruhen Sie sich aus. Verbringen Sie Zeit auf dem Land. Analysieren Sie Ihre Träume. Ändern und verfeinern Sie Ihre Ideen und Ziele. Legen Sie Ihre Spezialität fest. Ein Geheimnis offenbart sich.

Juli (Acht als persönliche Monatszahl) – Eine wichtige Entscheidung in bezug auf Geld, Beförderung, mehr Verantwortung und Autorität steht an. Sie beurteilen sich selbst, arbeiten hart und bis spät in die Nacht. Ihr Verstand regiert Ihr Herz.

August (Neun als persönliche Monatszahl) – Reisen Sie und erweitern Sie Ihre Kontakte. Lassen Sie das Unpraktische fallen. Beenden Sie alte Projekte und unfertige Angelegenheiten. Haben Sie Vertrauen und hoffen Sie das Beste. Genießen Sie das Gefühl, etwas erreicht zu haben, aber fangen Sie vor dem nächsten Monat nichts Neues an.

September (Eins als persönliche Monatszahl) – Ein neuer Anfang könnte nicht von Dauer sein. Neue Energie. Eine unerwartete Gelegenheit. Das Gefühl, neu anzufangen, ohne zu wissen, wohin der Weg führt. Rastlosigkeit, der Wunsch nach Bewegung. Ein Anlaß, an den Sie sich lange erinnern werden. Herausforderungen durch andere.

Oktober (Zwei als persönliche Monatszahl) – Rückschläge rund um fremde Terminkalender, unfertige Details, Geldmangel. Persönliche Beziehungen gewinnen jetzt an Bedeutung. Eine Frau bietet ihren Rat an. Üben Sie Geduld und analysieren Sie die Lage.

November (Drei als persönliche Monatszahl) – Kurze Reisen, viele Telefonate, kreative Energie, aber zuviel Nervosität. Gut für Theaterstücke und künstlerische Belange. Eine ausgezeichnete Zeit für die Verkaufspromotion. Eine kurze Trennung vom Lebenspartner ist möglich.

Dezember (Vier als persönliche Monatszahl) – Beenden Sie die Arbeit, die abgeschlossen werden muß, vor Ende des Jahres. Sie

erfahren ein Gefühl von Tradition und Familienzugehörigkeit, ein
starkes Pflichtempfinden. Arbeit am oder rund um das Heim. Die
Verwirklichung eines Plans, der später Früchte tragen wird. Sich einem
Zeitplan verpflichtet fühlen. Zu wenig Geld, es sei denn, Sie hätten das
ganze Jahr gespart.

Zwei als persönliches Jahr

Die Zwei als persönliches Jahr ist eine gute Zeit, um

- viel zu warten
- mehr zu helfen
- überzeugend zu sein
- Notlügen zu erzählen
- zu lesen, in Vorträge zu gehen, Informationen zu sammeln
- zu zeichnen und zu skizzieren
- in ein Museum zu gehen

Das Jahr der Zwei ist eine Zeit der langsamen Entwicklung und nicht
der richtige Moment, um sich vorzudrängen und durchzusetzen. Sie
erreichen mehr durch Kooperationsbereitschaft, die Arbeit in einer
Partnerschaft und stillen Kompromissen. Nach der Planung des vergangenen Jahres gibt es jetzt viele Einzelheiten, um die Sie sich
kümmern müssen; machen Sie eine Liste. Dies ist eine Zeit der
Integration, um neue Aspekte in Ihr Leben einzubeziehen. Machen Sie
sich keine Sorgen, wenn Blockierungen auftreten oder die Dinge sich
in die Länge zu ziehen scheinen. Situationen und Leute können Sie
bremsen, doch besteht unter der Zwei keine Eile.
   Sie sind dieses Jahr feinfühlig und beginnen, einige Ihrer Schritte des
letzten Jahres zu hinterfragen, weil jetzt die Neigung zur Analyse und
zum Überdenken vorherrscht. Machen Sie sich keine Gedanken, auch
wenn es scheint, als gehe es nicht voran. Es ist nur die unvermeidliche
Verzögerung, die zum neuen Wachstum nötig ist.
   Geben Sie sich Mühe, taktvoller als bisher zu sein und mehr
zuzuhören. Pflegen Sie Ihre Freundschaften – schließen Sie sich einer

Gruppe an, und laden Sie Leute zu Diskussionsabenden ein, ohne sich zum Märtyrer zu machen oder zu überfordern.

Die Zwei hat einen Hang zu Extremen. Hüten Sie sich davor, und lassen Sie sich nicht von Depressionen beherrschen. Eine tiefe Beziehung zu einem Menschen des anderen Geschlechts ist möglich.

Monatlicher Führer für das persönliche Jahr der Zwei
Januar (Drei als persönliche Monatszahl) – Sie werden an ein Projekt erinnert, das Sie im November begonnen haben, und werden Freunde aus dieser Zeit antreffen. Es scheint schwer, etwas zu erreichen. Sie fühlen sich verwirrt. Ihre Inspiration kommt von Kunst und Musik.

Februar (Vier als persönliche Monatszahl) – Sie haben das Gefühl, durch Beschränkungen rund um Geld und Arbeit behindert zu werden. Kümmern Sie sich um Ihre Familie und Ihre Ehe. Frustgefühle wegen Details oder Kleinigkeiten. Um jetzt Erfolg zu haben, brauchen Sie emotionale Unterstützung und jemand, der Ihre Bemühungen lobt. Achten Sie auf Ihre Gesundheit, und setzen Sie sich realistische Ziele.

März (Fünf als persönliche Monatszahl) – Veränderungen kommen, machen Ihre Lage aber nicht klarer. Es fällt Ihnen schwer zu entscheiden, was Sie tun sollen, und Sie haben Mühe, das zu Ende zu führen, was Sie angefangen haben. Konflikte in Beziehungen. Liebe und Sex passen nicht immer zusammen.

April (Sechs als persönliche Monatszahl) – Sie sehen jetzt ein, was Ihr Leben harmonischer gestaltet. Jemand möchte etwas von Ihnen, und Sie können schwer nein sagen. Richten Sie Ihr Herz auf das Traditionelle, und bleiben Sie dabei. Belehren, unterstützen und dienen Sie.

Mai (Sieben als persönliche Monatszahl) – Es ist immer noch eine emotionale Zeit für Sie. Sie neigen zur Depression, können aber viel Frieden finden in der Meditation, durch Lernen und Lesen. Verschaffen Sie sich auf Ihrem Interessengebiet mehr Wissen. Achten Sie auf Ihre Gesundheit, und nehmen Sie Vitamine. Seien Sie vor allem vorsichtig im Umgang mit Ihrer Familie, weil sie Ihre Unruhe spürt. Seien Sie in allem geduldig.

Juni (Acht als persönliche Monatszahl) – Das Leben scheint schwerer, als Sie es möchten, aber Sie wissen, daß es sich lohnen wird, wenn Sie sich diesen Monat anstrengen. Erwarten Sie eine kleine Gehaltserhöhung. Verkaufen Sie etwas, das Sie lange besessen haben. Stellen Sie einen Wirtschaftsprüfer ein. Sie müssen sich geschäftlich geben, aber Entscheidungen fallen Ihnen schwer. Geld und Macht sind Ihre Herausforderungen.

Juli (Neun als persönliche Monatszahl) – Mitte des Jahres geht etwas zu Ende, das Sie dazu führt, sich an neue Umstände anzupassen. Bringen Sie Ihre Projekte zu Ende. Machen Sie eine Reise in weite Fernen, falls Sie es sich leisten können. Sie sind jetzt besonders verletzlich und beeindruckbar. Eine gute Zeit für künstlerische Inspiration und spirituelle Verwirklichung. Zwingen Sie anderen nicht Ihren Willen auf.

August (Eins als persönliche Monatszahl) – Eine Veränderung wirkt sich aus, bringt neue Lösungen für alte Probleme. Setzen Sie sich mehr durch. Lernen Sie etwas Neues kennen. Sehen Sie einen neuen Aspekt Ihrer selbst.

September (Zwei als persönliche Monatszahl) – Seien Sie sehr geduldig. Es könnte eine frustrierende Zeit sein. Sie müssen taktvoll sein und auf alle Einzelheiten aufpassen. Sammeln Sie Informationen, statt zur Tat zu schreiten. Behandeln Sie sich gut; seien Sie liebevoll und einfühlsam.

Oktober (Drei als persönliche Monatszahl) – Eine phantasievolle, romantische Zeit; nehmen Sie es etwas leichter, und lassen Sie den Alltag hinter sich. Machen Sie eine Reise, wenn Sie können. Arbeiten Sie mit Frauengruppen. Seien Sie optimistisch, und lassen Ihre alten Sorgen los. Erinnern Sie sich an Ihren Sinn für Humor und seien Sie großzügig in kleinen Dingen, ohne zu übertreiben.

November (Vier als persönliche Monatszahl) – Reorganisieren Sie Ihr Zuhause, bringen Sie Ihre Kleider in die Reinigung, machen Sie Ihre Ablage. Unternehmen Sie ein langfristiges Projekt. Passen Sie auf Ihr Geld auf. Widerstehen Sie dem Drang, stur, negativ oder streng zu sein, weil andere nachlassen. Keine Reisen.

Dezember (Fünf als persönliche Monatszahl) – Eine Veränderung findet statt, doch nur für ein paar Monate. Eine Liebesaffäre? Sie sind ruhelos und sehnen sich nach Veränderung. Reisen Sie, wenn möglich.

Drei als persönliches Jahr

Die Drei als persönliches Jahr ist eine gute Zeit, um

- die Leute zu foppen und öfters zu scherzen
- mehr Farbe zu bekennen
- anzufangen zu malen
- Gespräche zu beginnen
- eine These zu schreiben
- flexibel zu sein
- Feinkost zu kaufen
- Zeit mit Kindern zu verbringen
- sich vor Dreiecksverhältnissen zu hüten
- sich der Macht von Klatsch bewußt zu sein

Mit der Drei als persönlicher Jahreszahl sollten Sie Ihre altbekannten Trampelpfade verlassen, nach neuen Ausdrucksmöglichkeiten zu suchen und Spaß haben. Es kann ein goldenes Jahr sein, wenn Sie richtig damit umgehen – verausgaben Sie sich nicht zu sehr, und geben Sie nicht all Ihr Geld aus. Nehmen Sie es leicht, seien Sie sozial und gesellig, fahren Sie übers Wochenende weg, laden Sie Gäste ein, gehen Sie ins Kino, mieten Sie ein Segelboot, gehen Sie ins Theater.

Dieses Jahr steckt Ihr Kopf voller »verrückter Ideen«. Sie sitzen mit Freunden herum und überlegen sich, wie Sie es anstellen sollen, um zu viel Geld zu kommen, wie Sie Ihr Haus verkaufen und auf Reisen gehen sollen. Sie sehen die Dinge mit anderen, inspirierten Augen und fühlen sich rastlos, weil Sie viel Phantasie haben. Ändern Sie Ihr Aussehen: Kaufen Sie neue Kleider, und verwenden Sie neues Make-up. Sie fühlen sich vitaler und jünger.

Es fällt Ihnen vielleicht schwer, die Dinge auf die Reihe zu bringen, aber es macht Ihnen nicht so viel aus, wenn es Ihnen nicht gelingt.

Schreiben Sie Briefe, kommunizieren Sie, führen Sie ein Tagebuch und hängen Sie Ihren Tagträumen nach. Optimismus überwiegt dieses Jahr Ihre Schuldgefühle. Es ist Ihnen nicht so klar, was Sie erreichen wollen – überdenken Sie Ihre Ziele, doch treffen Sie keine wichtigen Entscheidungen, wenn Sie nicht absolut sicher sind, daß sie richtig sind.

Nutzen Sie diese kreative Zeit. Ihr nächstes Jahr ist die arbeitsame Vier.

Monatlicher Führer für das persönliche Jahr der Drei

Januar (Vier als persönliche Monatszahl) – Verschaffen Sie sich einen Überblick über Ihre finanzielle Lage, und geben Sie nicht zuviel Geld aus. Kaufen Sie nur Dinge von bleibendem Wert. Räumen Sie Ihre Schränke auf, und bringen Sie Ordnung in Ihr Leben. Es sind noch Dinge aus dem letzten Jahr übrig, die erledigt werden müssen.

Februar (Fünf als persönliche Monatszahl) – Ein Monat voller Veränderungen und Abwechslung. Eine Reise ist angesagt. Sie ändern Ihre Beziehung zu Ihrem Lebensgefährten und verbringen weniger Zeit zusammen. Konflikte mit Freunden sind möglich. Sie fühlen sich ruhelos und möchten eine alte Situation aus dem Weg schaffen. Eine gute Zeit für Verkäufe, Beförderungen und Risiken, aber handeln Sie nicht zu impulsiv.

März (Sechs als persönliche Monatszahl) – Sie empfinden das kreative Bedürfnis, sich auszudrücken, doch müssen Sie Ihre Wünsche denen Ihrer Familie unterordnen. Eine Zeit der vermehrten Verantwortung, ausgezeichnet für die Neueinrichtung oder jede Art künstlerisches Vorhaben. Eine Zeit des Dienens, der Bildung und der gefühlsmäßigen Bindung.

April (Sieben als persönliche Monatszahl) – Zeit, die Dinge zu überdenken. Ziehen Sie sich zurück, schränken Sie Ihre Pläne ein, damit Sie mehr Zeit für sich haben. Sie wollen Abstand von Ihrem Alltag nehmen und möchten speziellen Interessen nachgehen, etwa sich mit technischen Themen befassen oder in ein Kloster auf Zeit gehen. Haben Sie Geduld mit Geld – es kann zu Verzögerungen kommen, weil etwas noch nicht aufgetaucht ist. Stellen Sie eine Entscheidung zurück, und eröffnen Sie ein Sparkonto.

Mai (Acht als persönliche Monatszahl) – Ein entscheidender Monat. Sie werden vielleicht befördert und verdienen mehr Geld. Sie arbeiten jetzt sehr hart, und Ihre Pläne werden gefördert. Gehen Sie ein größeres Vorhaben an, und benutzen Sie Ihre Phantasie. Vergewissern Sie sich jetzt, daß Sie sich das, was Sie auf Raten kaufen, auch wirklich leisten können. Ein guter Monat, um Besitz zu kaufen, zu verkaufen oder auszutauschen. Sie fühlen sich wohl in Ihrer Haut.

Juni (Neun als persönliche Monatszahl) – Eine Zeit der Vollendung, vor allem für kreative Projekte. Gehen Sie auf andere zu, und seien Sie besonders großzügig. Es ist eine einflußreiche und glücksverheißende Zeit. Sie sollen lernen, Ihr Bedürfnis nach Kontrolle loszulassen und die Dinge sich entfalten lassen. Sie sind leicht zu beeinflussen durch das, was andere sagen. Fangen Sie an, die Macht des Schicksals in Ihrem Leben anzuerkennen und Ihren Drang nach spirituellem Sinn zu befriedigen. Seien Sie anderen gegenüber tolerant. Beginnen Sie bis nächsten Monat nichts Neues. Räumen Sie in Ihrem Kopf und in Ihrem Leben auf.

Juli (Eins als persönliche Monatszahl) – Es fließt Ihnen neue Energie zu, die vielleicht den wirklichen Nachdruck des gesamten Jahre versinnbildlicht. Machen Sie eine Reise, suchen Sie sich eine neue Arbeit (oder zwei – Sie könnten dieses Jahr mehr als eine Arbeit haben). Beginnen Sie mit ihrer Dissertation. Schreiben Sie ein Theaterstück, kaufen Sie Wasserfarben und Papier. Gehen Sie in ein Museum oder Konzert. Machen Sie diesen Monat wenigstens etwas, vor dem Sie bis jetzt zurückgescheut sind. Setzen Sie sich durch. Warten Sie nicht. Machen Sie eine Liste.

August (Zwei als persönliche Monatszahl) – Fangen Sie mit der Arbeit an den Einzelheiten an, die Sie letzten Monat hervorgebracht haben. Die Dinge gehen jetzt langsamer vonstatten, haben Sie also Geduld. Verbringen Sie Zeit mit Ihrem Lebensgefährten und Ihren Freunden. Passen Sie gut auf bei allem, was Sie unternehmen. Hören Sie zu, und zeigen Sie sich kooperativ. Vereinfachen Sie Ihr Leben. Analysieren Sie Ihre Begegnungen mit anderen – was wollen sie Ihnen sagen?

September (Drei als persönliche Monatszahl) – Ein sehr verzettelter Monat. Hüten Sie sich vor einer großen Versuchung, extravagant zu sein, und lassen Sie Ihre Kreditkarte zu Hause. Machen Sie kurze Reisen. Eine ausgezeichnete Zeit, um zu verkaufen, Fachmessen und Märkte zu besuchen.

Seien Sie der Star in einem Theaterstück. Schreiben oder tanzen Sie. Laden Sie Gäste ein. Vielleicht sind Sie eine Weile von Ihrem Partner getrennt.

Oktober (Vier als persönliche Monatszahl) – Jetzt können Sie bei der Arbeit aufholen. Erwarten Sie nicht, daß man Ihnen zu viel durchläßt. Es ist nicht die beste Zeit, um zu reisen. Frust durch Einschränkungen.

November (Fünf als persönliche Monatszahl) – Möglicherweise ein explosiver Monat. Erwarten Sie, daß Willen aufeinanderprallen. Viele Dinge verändern sich und überraschen Sie. Sie haben jetzt bessere Chancen als im Februar, jemanden kennenzulernen, mit dem Sie eine langfristige Beziehung eingehen werden.

Sie reisen, experimentieren und erfahren eine vorübergehende Trennung von Ihrem Partner. Es bieten sich Ihnen Gelegenheiten für Werbung, Auftritte, Verkauf und Spiel. Sie verfügen über außergewöhnlich viel Energie, was Sie anziehend macht. Eine gute Zeit, um sich von einem Eingriff zu erholen.

Dezember (Sechs als persönliche Monatszahl) – Vielleicht phantasieren Sie jetzt über eine Hochzeit, aber Sie sollten damit bis zum Februar warten. Im Januar kommt es zu Veränderungen, die Ihre Entscheidung beeinflussen könnten. Jetzt ist eine gute Zeit, um Weihnachten im Schoße ihrer Familie zu verbringen. Übernehmen Sie Verantwortung. Stellen Sie sich anderen zur Verfügung, arbeiten Sie an Ihrem Heim. Ausgezeichnet für kreative Arbeit. Sie fühlen sich jetzt liebevoll und sicher.

Vier als persönliches Jahr

Die Vier als persönliches Jahr ist eine gute Zeit, um

- sich anzustrengen
- effektiver zu werden
- ernsthafte Gespräche zu führen
- angefangene Projekte zu beenden
- Grundbesitz zu kaufen
- Listen anzufertigen
- eine Versicherung abzuschließen
- sich gründlich untersuchen zu lassen
- wissenschaftliche Artikel zu lesen
- Nägel und Abdeckband zu kaufen
- neue Haushaltgeräte anzuschaffen
- des Dach neu zu decken
- im Hof aufzuräumen
- zu versuchen, nicht streitsüchtig oder stur zu sein
- mit einer Diät anzufangen

Mit der Vier als persönlichem Jahr empfinden Sie das Bedürfnis, sich zu beruhigen, seßhaft zu werden und sich einzurichten. Schauen Sie sich Ihre Ziele an, und unternehmen Sie etwas Kurzfristiges, um sie konkret voranzutreiben. Machen Sie ein Sparkonto auf. Arbeiten und heiraten Sie. Gehen Sie zur Schule.

Während dieser Zeit werden Sie Verantwortung übernehmen und die Dinge zu Ende führen. Sie haben es mit Verwandten, Angehörigen, Besitz und Landschaftsgestaltung zu tun. Informieren Sie sich, und gehen Sie keine Risiken ein. Verbringen Sie weniger Zeit mit Tagträumen und mehr mit Korrekturen und Reparaturen. Sie stellen andere in Frage, Ihre Meinungen sind ausgeprägter, und Sie nehmen eine weniger entspannte Haltung ein. Sie stehen dem Lebensstil der anderen kritischer gegenüber. Arbeiten Sie an etwas, was Sie bereits einmal gemacht haben, fühlen Sie sich gelangweilt und eingeengt. Suchen Sie nach Vorhaben, die eine neue Herausforderung bringen. Kämpfen Sie nicht gegen Budgets und Routine an. Halten Sie Ihre Versprechen, und arbeiten Sie an schwierigen Beziehungen. Erinnern Sie sich daran, daß Sie sich nicht immer eingeschränkt und ernst fühlen werden. Dieses Jahr bringt viele Probleme, aber Sie werden am Ende das Gefühl haben, etwas erreicht zu haben.

Monatlicher Führer für das persönliche Jahr der Vier
Januar (Fünf als persönliche Monatszahl) – Sie ändern Ihren Entschluß vom letzten Monat wieder. Eine ausgezeichnete Zeit, um in geschäftlichen Dingen voranzukommen, zu verkaufen, zu vermarkten und zu werben. Sie werden in diesem Jahr hart arbeiten müssen, profitieren Sie also von einer Chance gleich zu Anfang. Sie unternehmen wesentliche Veränderungen in Ihrer Wohnsituation und empfinden des Bedürfnis, Ihr Umfeld zu kontrollieren und sich nach einer Zeit der anfänglichen Rastlosigkeit niederzulassen.

Februar (Sechs als persönliche Monatszahl) – Eine der besten Heiratseinflüsse des ganzen neunjährigen Zyklus. Verschönern Sie Ihr Zuhause. Sie brauchen jetzt eindeutig ein Sparkonto. Versprechen Sie nicht mehr, als Sie halten können. Es gibt in diesem Jahr für Sie viel zu tun und zu Ende zu führen.

März (Sieben als persönliche Monatszahl) – Eine kritische Zeit für Ihre Gesundheit. Arbeit Sie nicht zu hart, sondern machen Sie auch mal Pause, und ruhen Sie sich aus. Sie lernen mehr über Ihren Beruf und üben Ihre Fertigkeiten aus. Keine so guten Geldaussichten.

April (Acht als persönliche Monatszahl) – Etwas kostet mehr, als Sie erwarteten. Sie werden befördert oder bekommen mehr Verantwortung aufgebürdet. Eine ausgezeichnete Zeit, um größere Anschaffungen vorzunehmen und Grundbesitz zu kaufen. Fangen Sie ein Geschäft an, oder lassen Sie Ihre Buchhaltung prüfen. Bleiben Sie zentriert, und verschwenden Sie keine Zeit. Ihr Urteilsvermögen ist ausgesprochen gut, und Sie wissen, wie man Risiken vermeidet.

Mai (Neun als persönliche Monatszahl) – Ein großer Teil von Ihrem Job befindet sich im Übergang. Führen Sie so viele größere Vorhaben als möglich zu Ende, und fangen Sie bis zum nächsten Monat nichts Neues an. Vergessen Sie nicht, auf andere zu hören. Überdenken Sie Ihre Pläne ganz allgemein.

Juni (Eins als persönliche Monatszahl) – Ein Neubeginn bei Ihrer Arbeit oder in Ihrem Familienleben. Eine aktive Zeit voller neuer Pläne. Eine ausgezeichnete Zeit für eine Hochzeit, die Geburt eines Kindes oder um ein neues Geschäft anzufangen. Gehen Sie diszipliniert vor, und gebrauchen Sie Ihren Verstand. Seien Sie stolz auf Ihre Leistungen, doch seien Sie sich bewußt, daß Sie noch viel zu tun haben.

Juli (Zwei als persönliche Monatszahl) – Einzelheiten führen zu vielen Einschränkungen. Unternehmen Sie arbeitsbezogene Nachforschungen, prüfen Sie Ihre Bücher. Verbringen Sie Zeit mit Ihrem Lebensgefährten und Ihren Freunden. Es kommt nur wenig Geld rein. Seien Sie geduldig, hilfsbereit und diplomatisch. Achten Sie auf Ihre Gesundheit.

August (Drei als persönliche Monatszahl) – Seien Sie diesen Monat kreativ. Unternehmen Sie eine kurze Reise. Laden Sie Freunde zum Essen ein. Eine Zeit, um optimistisch zu sein und ein Kind zu gebären. Das Leben bevorzugt Sie.

September (Vier als persönliche Monatszahl) – Arbeit, Arbeit und nochmals Arbeit. Sie lernen viel durch Hindernisse und Herausforderungen. Die Verantwortung für Ihre Familie steht im Vordergrund, doch vergessen Sie nicht, auf sich aufzupassen.

Oktober (Fünf als persönliche Monatszahl) – Die Last wird vorübergehend leichter, weil es zu Veränderungen, Überraschungen und Störungen kommt. Gut für den Verkauf und den Vertrieb. Bleiben Sie diszipliniert – geben Sie nicht auf oder nach. Widerstehen Sie der Versuchung, sich auf eine Affäre einzulassen. Bleiben Sie jetzt sehr flexibel und anpassungsfähig. Erwarten Sie nicht, daß die Dinge nach Plan verlaufen werden.

November (Sechs als persönliche Monatszahl) – Alle wenden sich an Sie um Hilfe; eine häusliche Zeit im Dienste der anderen, vielleicht der Ehe. Achten Sie auf Ihre Versprechungen und halten Sie sie ein. Sie fühlen sich sehr sicher – oder eingeengt? Eine wichtige Zeit für emotionales Wachstum.

Dezember (Sieben als persönliche Monatszahl) – Eine Zeit, um regelrecht zu überwintern. Sie haben ein großes Bedürfnis nach Entspannung und möchten analysieren, was Sie unternommen haben und wohin der Weg Sie führt. Ein schlechter Monat für Geld, es sei denn, Sie hätten eine beliebte Spezialität anzubieten. Verbringen Sie Zeit allein. Kämpfen Sie nicht gegen die Umstände an, sondern nehmen Sie Kontakt zu Ihrer spirituellen Seite auf.

Die Fünf als persönliches Jahr

Die Fünf als persönliches Jahr ist eine gute Zeit, um

- ein Riskio einzugehen
- Ausschau nach glücklichen Fügungen zu halten
- von sexuellen Begegnungen zu lernen
- aufzupassen bei Verträgen
- anzufangen zu joggen
- Ihr Geschäft bekanntzumachen
- sich einer Theatergruppe anzuschließen
- das zu untersuchen, was Sie fasziniert
- nichts zu versprechen
- Erfolg zu visualisieren
- sich Geld in Ihrem Briefkasten vorzustellen
- öfter Backgammon zu spielen
- wettbewerbsorientiert zu sein

Mit der Fünf als persönlichem Jahr können Sie sich auf Veränderungen gefaßt machen. Sie befinden sich in der Mitte des neunjährigen Zyklus, also können Sie davon ausgehen, daß die Welt Ihnen Überraschungen schicken wird, vor allem im Mai und im September. Seien Sie flexibel und geben Sie Ihrer Neugier nach. Es ist ein aktives Jahr. Es kann sein, daß Sie sich nach den Einschränkungen des vergangenen Jahres ruhelos fühlen. Machen Sie die geplante Reise, für die Sie gespart haben. Vermeiden Sie impulsive Schritte, und lassen Sie alles offen. Sie verfügen über neue Energie, und es dürfte Ihnen eine neue Arbeit angeboten werden. Vielleicht ergibt sich eine Liebesaffäre.

Seien Sie nicht bescheiden – stellen Sie sich selbst und Ihr Licht nicht unter den Scheffel. Bemühen Sie sich, neue Leute kennenzulernen, ihnen vorgestellt zu werden und an die Öffentlichkeit zu gelangen. Die Leute fühlen sich von Ihrer Energie und Begeisterung angezogen.

Achten Sie auf Ihre Tendenz, es mit Essen und Trinken zu übertreiben. Nutzen Sie Ihre Energie auf konstruktive Weise. Sie werden dieses Jahr weniger bereit sein, sich an die Regeln zu halten.

Monatlicher Führer für das persönliche Jahr der Fünf

Januar (Sechs als persönliche Monatszahl) – Eine verantwortungsvolle Zeit. Kümmern Sie sich um Ihre Familie und Ihr Heim. Es kann zu einer Veränderung auf häuslichem Gebiet kommen. Sie haben weniger das Gefühl zu wissen, was läuft. Vielleicht lernen Sie Ihren zukünftigen Partner kennen. Stellen Sie sich in den Dienst der anderen.

Februar (Sieben als persönliche Monatszahl) – Sie haben dieses Jahr viel zu tun und sollten sich jetzt etwas ausruhen. Überdenken Sie die Dinge. Untersuchen Sie den Markt, und orten Sie Ihr Zielpublikum. Machen Sie sich keine Sorgen, wenn Sie unbeschäftigt sind; Geld kommt, wann Sie es am meisten brauchen. Es besteht ein Mißverhältnis zwischen dem, was Sie wollen, und dem, was Sie bekommen.

März (Acht als persönliche Monatszahl) – Falls Sie auf Arbeitssuche sind, finden Sie in diesem Monat etwas Besseres, als Sie erwartet haben. Eine Beförderung, mehr Geld, aber auch mehr Ausgaben. Ausgezeichnete Geschäftseinflüsse. Benutzen Sie Ihren gesunden Menschenverstand. Riskieren Sie nur, was Sie gut untersucht haben. Üben Sie Selbstbeherrschung.

April (Neun als persönliche Monatszahl) – Schließen Sie alle Ihre Projekte ab. Es handelt sich um eine eher verwirrende Zeit. Sie fühlen sich getrieben, rastlos, begierig, etwas Neues anzufangen, aber was? Verlassen Sie sich auf Ihre Intuition, und bitten Sie Ihre Traumbilder um Anleitung. Machen Sie eine lange Reise, um eine neue Perspektive zu gewinnen. Lassen Sie den Alltagstrott hinter sich, doch forcieren Sie nichts. Das Leben wird sich auch ohne Ihr Dazutun genügend verändern. Verzeihen Sie. Seien Sie tolerant. Geben Sie die Kontrolle auf.

Mai (Eins als persönliche Monatszahl) – Aufregende Möglichkeiten tauchen auf, doch müssen sie auf ihre Langlebigkeit geprüft werden. Genießen Sie Ihre neue Energie, und lernen Sie neue Leute kennen. Eine wettbewerbsorientierte Zeit im Geschäftsleben mit ausgezeichneten Wachstumschancen. Ein guter Monat, um etwas zu riskieren, zu entwerfen, zu reisen und zu forschen.

Juni (Zwei als persönliche Monatszahl) – Große romantische Möglichkeiten. Ein langsamer Monat. Eine Zeit der Integration und der sich verändernden Freundschaften. Kleine Details machen einen großen Unterschied. Vorübergehende Verzögerungen in Gelddingen. Seien Sie empfänglich, weniger forsch. Fahren Sie vorsichtig.

Juli (Drei als persönliche Monatszahl) – Diesen Monat haben Sie ein starkes Bedürfnis, sich durchhängen zu lassen. Nehmen Sie Urlaub, spielen Sie und setzen Sie sich über Ihre Verantwortung hinweg, aber stecken Sie Ihre Kreditkarte weg. Ein verzettelter Monat, in dem Sie nicht viel auf die Reihe kriegen, aber sehr beschäftigt und aktiv sind. Ihre Energie dreht sich um Freunde, Kontakte, Ihr Gesellschaftsleben. Sofern Sie sich konzentrieren können, ist es ein kreativer Monat.

August (Vier als persönliche Monatszahl) – Zurück zur Arbeit mit einem Seufzer. Veränderungen in Ihrem Arbeitsplan bringen mehr Einschränkungen, als Ihnen lieb ist. Ihre Familie verlangt nach Ihnen. Haustiere müssen unerwartet zum Tierarzt. Bleiben Sie zentriert, und machen Sie eine Liste Ihrer Ziele.

September (Fünf als persönliche Monatszahl) – Ein sehr ruheloser Monat. Sie fühlen sich verwirrt und verzettelt. Achten Sie darauf, sich nicht auf Konflikte einzulassen (auch wenn Ihnen scheint, Sie bräuchten sie, um die Luft zu reinigen). Reisen Sie. Arbeiten Sie teilzeit, wenn es möglich ist. Befördern Sie sich, treten Sie auf oder verkaufen Sie. Sie dürfen sexuelle Probleme erwarten. Treffen Sie in dieser unsicheren Zeit keine wichtigen Entscheidungen.

Oktober (Sechs als persönliche Monatszahl) – Veränderungen in Ihrem häuslichen Umfeld. Heiraten Sie plötzlich? Kümmern Sie sich um Ihre Angehörigen. Reparieren Sie Ihr Haus. Man lehnt sich bei Ihnen an. Sie fühlen sich etwas sicherer und glücklicher. Eine Zeit, um zu dienen, und nicht, um stur zu sein.

November (Sieben als persönliche Monatszahl) – Zeit, um sich zu entspannen. Nehmen Sie es ruhiger. Geld kommt zu seiner eigenen Zeit. Es gibt da etwas, was Sie nicht lernen wollen. Sie treffen jemanden, von dem Sie das Gefühl haben, Sie würden ihn bereits kennen. Lassen Sie Finger von einer Affäre mit einer verheiraten Person!

Dezember (Acht als persönliche Monatszahl) – Sie haben diesen Monat ausgezeichnete geschäftliche Chancen, da die längst erwartete Gelegenheit kommt. Sie arbeiten hart und ernten Erfolg. Eine Zeit, um befördert zu werden, Geld zu erhalten, Autorität auszuüben, die Dinge im Auge zu behalten und mit Gruppen und Institutionen zusammenzuarbeiten. Kaufen, verkaufen und tauschen Sie. Sie neigen zu herrschsüchtigem Verhalten, weil Sie sich stark und sicher fühlen.

Sechs als persönliche Jahreszahl

Die Sechs als persönliches Jahr ist eine gute Zeit, um

- zu verstehen, was Ihre Familie Ihnen bedeutet
- einen Vorschlag anzunehmen oder zu machen
- Verantwortung zu übernehmen
- Trainer zu werden
- Ihr Haus umzubauen
- einen Garten anzulegen
- einen Austauschstudenten aufzunehmen
- ein großer Bruder oder eine große Schwester zu sein
- in die Kirche zu gehen
- Ihre Verwandten zu besuchen
- jemanden zu umarmen und mit ihm verbunden zu sein
- zu singen und zu malen

Mit einer Sechs als persönlicher Jahreszahl sind Sie sich vermehrt Ihrer Verantwortung und Pflicht bewußt. Der Sinn dieser Zeit ist, Ihnen die Möglichkeit zu geben, eine harmonische Atmosphäre zu schaffen. Ihre wichtigsten Zahlen unterstützen Sie möglicherweise in Ihrem häuslichen Leben und im Dienst am Nächsten. Haben Sie viele Dreier, Fünfer oder Einser, heißen Sie diese etwas konventionelle und traditionelle Zeit vielleicht nicht sehr willkommen.

Häusliche Angelegenheiten nehmen viel Zeit in Anspruch. Sie müssen an andere denken und deren Bedürfnisse manchmal den eigenen vorziehen. Die Ehe ist ein Thema, ob Sie nun glücklich verheiratet sind oder streiten. Es ist eine ausgezeichnete Zeit, um eine bleibende Beziehung einzugehen, ein Kind zu bekommen, ein Haus zu bauen oder Lehrer zu werden.

Es ist sowohl eine nährende als auch eine Zeit der Prüfung – Sie werden lernen, etwas von dem Überfluß zurückzugeben, den Sie erhalten haben. Es ist keine Zeit für impulsives Handeln, schmollendes Benehmen oder egozentrische Haltung, sondern um großzügig zu sein, zu verzeihen, zu wachsen und zu reifen.

Monatlicher Führer für das persönliche Jahr der Sechs
Januar (Sieben als persönliche Monatszahl) – Ein langsamer Jahresbeginn. Ihre Gesundheit könnte Sie vor Probleme stellen, und Sie werden sich auf Ihre Familie verlassen, um Sie durchzubringen. Sie haben Lust, etwas Neues zu lernen. Ihre spirituelle Seite steht im Vordergrund.

Februar (Acht als persönliche Monatszahl) – Ein Monat voller Verantwortung und harter Arbeit. Sie fassen einen wichtigen Entschluß in bezug auf Ihr häusliches Leben. Schließen Sie eine Versicherung ab, reparieren Sie Ihr Haus, renovieren Sie, bauen Sie es um. Kaufen Sie einen Mercedes, wenn Sie die Mittel dazu haben. Es ist eine Beförderung zu erwarten; Sie haben es mit Gruppen und Institutionen zu tun. Kaufen und verkaufen Sie. Sie fühlen sich sicher.

März (Neun als persönliche Monatszahl) – Das starke Gefühl, etwas vollbracht zu haben, aber fangen Sie noch nichts Neues an. Sie fühlen sich von Religion und Kommunalpolitik angezogen. Vielleicht verlieren Sie einen Angehörigen. Es kommt durch einen Verwandten oder eine Dienstleistungsgruppe zu weiten Reisen. Sie erben.

April (Eins als persönliche Monatszahl) – Grünes Licht für ein neues Projekt. Frische Energie und Vitalität, die mit dem Gefühl einhergehen, etwas erreicht zu haben. Ausgezeichnete Zeit, um zu heiraten oder Ihren zukünftigen Partner kennenzulernen. Günstig auch für die Geburt eines Kindes. Kaufen Sie ein neues Haus, oder ziehen Sie in eine größere Wohnung.

Mai (Zwei als persönliche Monatszahl) – Es gibt viele Gesichtspunkte in Betracht zu ziehen. Nehmen Sie es ruhiger. Es braucht Zeit, um reifer zu werden und zu wachsen. Verbringen Sie Zeit mit Ihrem Partner, Ihrer Familie und Ihren Freunden. Ein Krankenhausaufenthalt ist möglich, aber nicht gravierend. Nehmen Sie Stunden, und informieren Sie sich.

Juni (Drei als persönliche Monatszahl) – Mehr Lebenskraft als vergangener Monat; ein neuer kreativer Drang, gut für Kunst und Musik. Kaufen Sie neue Kleider, machen Sie eine Reise, empfangen Sie Gäste, schaffen Sie sich ein Kind an, pflanzen Sie einen Garten. Kaufen Sie Teppiche, Vorhänge, Tapeten oder Blumen. Geld scheint Ihnen im Augenblick keine Sorgen zu machen. Sie bringen Licht in die Probleme anderer.

Juli (Vier als persönliche Monatszahl) – Eine Zeit mit vielen Einschränkungen und Verantwortungen. Reisen Sie nicht. Erledigen Sie Ihre Arbeit zu Hause und am Arbeitsplatz. Mehr Kontrolle und Anleitung. Besuchen Sie kranke Angehörige. Füllen Sie Ihr Sparkonto wieder auf. Arbeiten Sie an Ihrem Haus oder Ihrer Wohnung. Sie lernen Geduld, Ausdauer und Beharrlichkeit.

August (Fünf als persönliche Monatszahl) – Sie erfahren zu Hause Veränderungen oder Konflikte. Seien Sie jetzt flexibel und anpassungsfähig. Es ist Zeit für Ihren jährlichen Urlaub. Dienen Sie der Öffentlichkeit. Sie lernen einen möglichen Lebenspartner kennen. Folgen Sie Ihrer Neugier, untersuchen Sie neue Ideen.

September (Sechs als persönliche Monatszahl) – Ein körperlich sehr anstrengender Monat für Sie. Passen Sie gut auf, wie Sie die Dinge einteilen. Versprechen, die Sie abgegeben haben, müssen jetzt eingelöst werden. Halten Sie sich aus Familienstreitigkeiten heraus, und verwenden Sie Ihre Energie, um Veränderungen an Ihrem Haus oder Ihrer Wohnung vorzunehmen. Seien Sie sich Ihrer Prioritäten sicher. Die anderen sind sehr fordernd, und Sie brauchen einige Sturheit, um Ihre Position zu verteidigen.

Oktober (Sieben als persönliche Monatszahl) – Die Dinge laufen etwas ruhiger – oder Sie brechen zusammen! Verbringen Sie Zeit allein. Geben Sie sich Mühe, die Projekte zu Ende zu führen, an denen Ihnen am meisten gelegen ist. Erklären Sie Ihrer Familie, daß Sie etwas Platz für sich brauchen. Eine Zeit, um sich zurückzuziehen.

November (Acht als persönliche Monatszahl) – Sie sind noch einmal aufgefordert, etwas zu leisten. Realisieren Sie, wie kompetent Sie sind. Kaufen Sie eine Alarmanlage. Machen Sie regelmäßig Körperübungen. Sie werden befördert oder erhalten Geld, das Ihnen schon längst zustand. Kaufen Sie etwas von bleibendem Wert. Treffen Sie eine wichtige Entscheidung in bezug auf Ihr Familienleben. Werden Sie Mitglied einer Jury.

Dezember (Neun als persönliche Monatszahl) – Eine Zeit größerer Errungenschaften und vermehrter Befriedigung. Führen Sie alle Ihre Projekte zu Ende, und fangen Sie nichts Neues an. Seien Sie in allen Dingen tolerant und philosophisch. Lassen Sie Ihr höheres Selbst (und nicht Ihr Ego) entscheiden. Lassen Sie los, und spenden Sie für humanitäre Zwecke.

Sieben als persönliches Jahr

Die Sieben als persönliche Jahreszahl ist eine gute Zeit, um

- zu lernen und zu meditieren
- sich auszuruhen, zu erholen und Dinge zu integrieren
- Ihre Talente zu entwickeln
- die Dinge gut zu tun
- sich vor Ihrem kritischen Selbst zu hüten
- Ihre Ziele neu zu definieren
- Ihre Fortschritte zu messen
- das Ausgediente abzulegen
- eine neue Liste mit Affirmationen zu erstellen
- sich der Religion zu widmen und einer Kirche anzuschließen
- eine Therapie zu machen

260

In einem Siebenerjahr nähern Sie sich einer Zeit der Neubewertung und sich verändernder Werte. Es ist eine Pause im Zyklus, in der Sie zurückblicken, die Dinge analysieren und sie dort integrieren, woran Sie die letzten sieben Jahre gearbeitet haben. Lösen Sie sich, und beobachten Sie, was in Ihrem Leben nicht länger funktioniert. Wem sind Sie über den Kopf gewachsen? Sie sind aufgerufen, etwas Wertvolles aufzugeben, damit es zu gegebener Zeit zu Ihnen zurückkehrt.

Konzentrieren Sie sich auf Ihre Fertigkeiten – verfeinern Sie sie und bilden Sie sich. Empfinden Sie ein neues Gefühl von Reife und Selbstwert. Bewegen Sie sich langsam und geduldig. Geld kommt, wenn Sie bereit sind zu warten, es ist keine Zeit, um zu drängen. Müdigkeit ist ein Zeichen, daß Sie es leichter nehmen und schauen sollen, wie Sie Ihr Leben ausgleichen können. Ehe und Partnerschaft stellen Sie vor Probleme, denn es besteht ein Interessenkonflikt, doch sollten Sie es mit Übereinkünften versuchen, statt sich zu Gefühlsausbrüchen hinreißen zu lassen.

Dieses Jahr fällt zwischen zwei äußerst anstrengende Abschnitte; es erlaubt Ihnen, die Teile Ihrer selbst zu erkennen, die am wichtigsten sind. Gleich was geschieht, es ist zum Besten.

Monatlicher Führer für das persönliche Jahr der Sieben
Januar (Acht als persönliche Monatszahl) – Eine wichtige Entscheidung fällt schon früh in diesem Jahr. Geld kommt zu Ihnen durch eine neue Arbeit oder eine Beförderung. Arbeiten Sie hart an langfristigen Projekten. Möglicherweise Ausgaben und vielleicht Enttäuschungen, bei denen es um größere Geldbeträge geht. Sie haben die Gelegenheit, sich sowohl mit der materiellen als auch mit der spirituellen Seite des Lebens auseinanderzusetzen.

Februar (Neun als persönliche Monatszahl) – Ein sehr schwieriger und emotionaler Monat. Sehen Sie die Dinge von einer reifen Warte aus. Während des ganzen Jahrs ist eine spirituelle Sehnsucht vorhanden; es ist eine ausgezeichnete Zeit, um über Ihr Leben zu reflektieren und Ihre Ziele zu überdenken. Unerwartete Belohnung oder Enttäuschung. Seien Sie tolerant.

März (Eins als persönliche Monatszahl) – Jetzt ist die Zeit, um ein neues Projekt zu beginnen. Sie verfügen über neue Energie. Ihr Ziel steht fest, der Erfolg hängt von Ihrem besonderen Talent oder Geschick ab. Lernen Sie etwas Neues über etwas Altes. Sie könnten jetzt Ihren zukünftigen Lebensgefährten kennenlernen. Sie fühlen sich vielleicht isoliert, doch befinden Sie sich in einem Reifeprozeß, der Alleinsein, Verständnis und Weisheit verlangt. Erkennen Sie, daß Sie nicht alles wissen können. Geben Sie etwas auf.

April (Zwei als persönliche Monatszahl) – Sie lernen jemand Spezielles oder Exzentrisches kennen. Ihre Intuition ist jetzt ausgezeichnet. Ihr Unterbewußtsein führt Sie an den richtigen Ort. Geld kommt nur sehr langsam zu Ihnen, und Sie sind gezwungen, auf alles zu warten. Man verlangt von Ihnen, ein Perfektionist zu sein. Seien Sie sehr nachgiebig und kooperativ. Versuchen Sie gar nicht erst, sich durchzusetzen. Seien Sie beharrlich in all Ihren Projekten.

Mai (Drei als persönliche Monatszahl) – Ein schöpferischer Drang führt zur Geburt von etwas Neuem aus Ihrem Unterbewußten. Hinterfragen Sie alte Muster und Gewohnheiten. Eine sehr interessante Zeit für Verbindungen auf der psychischen Ebene. Ihr Gesellschaftsleben blüht auf, während Geldprobleme in den Hintergrund treten.

Juni (Vier als persönliche Monatszahl) – Machen Sie Zukunftspläne. Arbeiten Sie. Beschränkungen zu Hause, am Arbeitsplatz oder mit Geld sind möglich. Geben Sie nicht zu viel aus. Organisieren Sie sich neu. Passen Sie auf beim Autofahren. Nehmen Sie Stunden, und bringen Sie das hervor, was Sie sich ausgedacht haben.

Juli (Fünf als persönliche Monatszahl) – Viel Aufregung und viele Möglichkeiten. Ändern Sie Ihre Lebensbedingungen. Reisen und kommunizieren Sie. Sollte es zu Konflikten kommen, hinterfragen Sie Ihre Beweggründe, um zu sehen, ob Sie Ihre Absichten klar ausdrücken. Sie fühlen sich rastlos und leidenschaftlicher.

August (Sechs als persönliche Monatszahl) – Das Familienleben steht im Vordergrund. Mehr Leute wenden sich an Sie um Hilfe. Ein Gefühl von Sicherheit. Ein altes Familienproblem taucht wieder auf. Sie müssen Ihre Versprechen jetzt halten. Überfordern Sie sich nicht. Bleiben Sie zentriert durch eine spirituelle Praxis (dieses ganze Jahr ist ausgezeichnet für Meditation und Studium). Nehmen Sie Stunden. Gut für Schauspielerei, Nähen und Kochen. Laden Sie gute Freunde zum Essen ein.

September (Sieben als persönliche Monatszahl) – Sie machen sich ernste Gedanken über Ihre Ziele und Ihren Lebensstil. Jetzt ist die Zeit, um Kontakt mit Ihrem höheren Selbst aufzunehmen. Benutzen Sie Ihre Intuition, und versuchen Sie nicht, Ihren Willen durchzusetzen. Hüten Sie sich vor Überstimulation und Müdigkeit. Nehmen Sie Vitamine, und ziehen Sie sich aufs Land zurück. Haben Sie Geduld in Gelddingen.

Oktober (Acht als persönliche Monatszahl) – Lesen Sie sämtliche juristischen Dokumente sorgfältig durch. Lang ersehnte Nachrichten oder Geld könnten jetzt eintreffen. Günstig für Analytiker, um Prüfungen zu bestehen, Grundbesitz zu verkaufen oder sich operieren zu lassen. Persönliche Anerkennung für Forscher, Literaten oder Erfinder. Aus Verwirrung entsteht Klarheit. Neue Entscheide betreffend Karriere oder Investitionen.

November (Neun als persönliche Monatszahl) – Eine Zeit der Vollendung. Seien Sie nicht verzweifelt, wenn Sie arbeitslos sind; nächsten Monat tut sich eine Gelegenheit auf. Üben Sie Geduld. Gehen Sie auf andere zu, und stellen Sie sich vor, was Sie gerne verwirklicht sehen möchten. Seien Sie tolerant. Verzeihen Sie, lassen Sie los. Machen Sie eine Reise.

Dezember (Eins als persönliche Monatszahl) – Ein Neubeginn. Mehr Chancen und Energie. Riskieren Sie etwas. Schließen Sie sich einer Kirche an. Lernen Sie neue Freunde kennen, die Ihre spezifischen Interessen teilen. Suchen Sie einen neuen Ort auf. Sie können Ihre Bedürfnisse jetzt sehr klar zum Ausdruck bringen. Bitten Sie um das, was Sie wollen. Setzen Sie sich durch, und seien Sie entschlossen. Wählen Sie eine neue Frisur. Nehmen Sie Stunden.

Acht als persönliches Jahr

Die Acht als persönliches Jahr ist eine gute Zeit

- um Diamanten zu kaufen
- ein Grundstück zu kaufen
- fair zu sein bei allem, was Sie unternehmen
- stark zu sein und sich durchzusetzen
- zu realisieren, wie sehr Sie sich entwickelt haben
- bis in die Nacht zu arbeiten
- für einen guten Zweck zu spenden
- einen neuen Anzug zu kaufen
- Visitenkarten drucken zu lassen
- geschäftlich und professionell zu sein
- sich erfolgreich, aber nicht getrieben zu fühlen
- den Tatsachen ins Gesicht zu sehen
- vorwärts zu kommen
- seiner Intuition zu vertrauen
- sich zu bemühen, Vergangenes abzuschließen
- alle Probleme als Herausforderungen zu sehen
- sich mit älteren Menschen anzufreunden
- ein neues Auto zu kaufen

Im Jahr der Acht spüren Sie, wie Ihr Ehrgeiz sich regt nach dem trägen vergangenen Jahr. Sie spüren Ihre Kraft und sind bereit, neuen Herausforderungen entgegenzutreten. Sie müssen jetzt eine wichtige Entscheidung treffen, denn Sie befinden sich im Erfüllungsjahr des Zyklus (vorausgesetzt, Sie scheuen keine Mühe). Sie fühlen sich selbstsicherer, haben das Gefühl, dazuzugehören, zu wissen, wer Sie sind und wohin Sie gehen. Dieses Jahr ist wie das Abschlußjahr in der Schule – Sie werden geprüft und eingeschätzt.

Geld ist die große Lehre. Ein- und Ausgaben halten sich oft die Waage, doch bekommen Sie jetzt das, was Ihnen zusteht. Sie können sich auf Ihr Urteil verlassen und sind beharrlich. Es wird verlangt, daß Sie mehr leisten als je zuvor. Halten Sie sich ran, wenn Sie sich einmal entschieden haben. Eine gute Zeit für Investitionen, Gruppen, die

Arbeit mit Institutionen, An- und Verkauf von Grundbesitz. Sie ziehen Überfluß an. Es kann eine Zeit sein, um sich geistig zu entwickeln; Ihre Fragen werden jetzt beantwortet. Denken Sie an die Zukunft und nicht an vergangene Fehler. Jeder Rückschlag ist jetzt vorübergehender Art.

Monatlicher Führer für das persönliche Jahr der Acht

Januar (Neun als persönliche Monatszahl) – Sie müssen ein Projekt zu Ende führen, ehe das Jahr beginnen kann. Scheuen Sie keine Mühe, um Unerledigtes aus dem Weg zu räumen. Dieser Monat bringt einige unerwarteten finanzielle Belohnungen. Ihre Autorität ist gefragt. Die Menschen erkennen Ihren Wert. Sie fühlen sich viel wohler in Ihrer Haut: selbstsicher, glücklich, zufrieden. Sie gewinnen an Weisheit und Reife.

Februar (Eins als persönliche Monatszahl) – Sie sind jetzt in der Lage, mit Volldampf vorauszufahren. Ein sehr wichtiges Jahr für Sie, um die Früchte dessen zu ernten, was Sie in den vergangenen sieben Jahren gesät haben. Fürchten Sie sich nicht vor Herausforderungen und Veränderungen. Sie werden in größerem Überfluß leben denn je zuvor, wenn Sie nur hart arbeiten und konsequent sind. Finden Sie Ihre Aufgabe in Institutionen oder Gruppen. Arbeiten Sie mit Geld.

März (Zwei als persönliche Monatszahl) – Dieser Monat zwingt Sie dazu, die Dinge etwas langsamer anzugehen, gründlich zu sein und auf Details zu achten; seien Sie eher kooperativ als sich durchsetzen zu wollen. Sie fühlen sich eingeschränkt und möchten Änderungen vornehmen, für die die Zeit noch nicht reif ist. Sie denken viel an Liebe, sind gefühlvoll, doch können Sie Ihre starken Gefühle beherrschen. Starker Gerechtigkeitssinn.

April (Drei als persönliche Monatszahl) – Ein verwirrender Monat. Gut für Geschäfte, die mit Unterhaltung oder dem Verkauf von Luxusartikeln zu tun haben. Ihr Gesellschaftsleben ist interessant, stellt sich jedoch Ihren Leistungen in den Weg. Sie haben das Gefühl, nicht viel zu erreichen, doch handelt es sich um eine kreative Zeit. Malen Sie, treten Sie auf, schreiben oder lehren Sie. Machen Sie kurze Reisen, seien Sie extravagant.

Mai (Vier als persönliche Monatszahl) – Ein sehr arbeitsorientierter Monat. Reisen Sie nur, sofern Ihre Arbeit es verlangt, aus einem besonderem Grund. Viele Einschränkungen. Geben Sie nicht zuviel Geld aus, und kaufen Sie Dinge, die nötig und nicht überflüssig sind. Viel Verantwortung für Familienmitglieder oder Angehörige.

Juni (Fünf als persönliche Monatszahl) – Überraschende Veränderungen. Sie müssen sich anpassen und flexibel sein. Lassen Sie sich nicht auf einen Machtkampf ein. Großer geschäftlicher Einfluß: Werben Sie für sich selbst, gehen Sie öfters aus, lernen Sie reiche Leute kennen. Kaufen Sie Reiseschecks. Reisen Sie, übernachten Sie in den besten Hotels. Investieren Sie in das Ungewöhnliche.

Juli (Sechs als persönliche Monatszahl) – Zeit für ein größeres Engagement – eine Ehe? Sie fühlen sich sicher und an Ihrem Platz. Ihr häusliches Leben verdrängt vorübergehend geschäftliche Überlegungen. Schenken Sie den Kindern Fahrräder. Bauen Sie Ihr Haus aus, und kaufen Sie einen Familienwagen. Gehen Sie auf die Bedürfnisse der anderen ein. Sie haben es mit einer Erbschaft zu tun. Unterstützen Sie eine Organisation. Gehen Sie in die Schule.

August (Sieben als persönliche Monatszahl) – Zeit, um sich auszuruhen. Gehen Sie in ein Kloster auf Zeit. Meditieren Sie, achten Sie auf Ihre Gesundheit und Ihre Neigung, zu viel zu arbeiten. Machen Sie etwas Einmaliges und Besonderes. Die Menschen kommen zu Ihnen wegen Ihrer Expertise. Seien Sie geduldig, wo es um die Ankunft von Geld geht. Falls Sie auf Arbeitssuche sind, werden Sie nächsten Monat etwas finden.

September (Acht als persönliche Monatszahl) – Ein sehr geschäftiger Monat voller Arbeit, Aufgaben, Geld. Ihre Autorität setzt sich durch. Man bittet Sie, sich zu beweisen. Ihre Ausbildung steht im Vordergrund. Gehen Sie, wenn nötig, in die Schule. Seien Sie vorsichtig bei Investitionen, und geben Sie nicht auf. Es ist eine Zeit der Prüfung, sehr wichtig für Ihr Wachstum auf der materiellen Ebene.

Oktober (Neun als persönliche Monatszahl) – Sie fühlen sich erleichtert. Eine schwierigen Situation findet ihr Ende. Fangen Sie noch nichts

Neues an. Geben Sie eine kleinliche Einstellung, die Ihnen Energie raubt, ein für allemal auf. Das Ende einer Krankheit.

November (Eins als persönliche Monatszahl) – Ausgezeichnete geschäftliche Einflüsse. Zeit, um ein wichtiges Projekt zu beginnen. Unglaubliche Energie vorhanden und nötig, um vorwärts zu kommen. Entscheidungen, Anschaffungen, Beförderungen, Vorschüsse. Machtkämpfe. Schwere Geschütze. Veröffentlichungen. Lancierungen. Heldentum.

Dezember (Zwei als persönliche Monatszahl) – Ein niedergeschlagenes Gefühl nach vielen Errungenschaften. Einzelheiten führen zu frustrierenden Einschränkungen. Nehmen Sie eine Drohung zurück. Lange Gruppensitzungen. Das Bedürfnis, vorsichtig zu analysieren und zu reformieren. Eine Beziehung verlangt Aufmerksamkeit. Verdiente Ruhe. Starker weiblicher Einfluß.

Neun als persönliches Jahr

Das Jahr der Neun ist eine gute Zeit, um

- eine Reise zu machen
- das Haus zu verkaufen
- sich scheiden zu lassen
- sich von Gewohnheiten und Frust zu befreien
- die Schultern zu zucken und zu lachen
- eine Fremdsprache zu lernen
- Anstehendes abzuschließen
- keine Angst zu haben
- seinen Horizont zu erweitern und Kontakte zu knüpfen
- zu geben, sich freiwillig zu melden, zu lehren und zu heilen
- auf seine Intuition zu hören.

Mit dem persönlichen Jahr der Neun geht Ihr Zyklus zu Ende. Es ist eine Zeit der Erfüllung und Beendung. Ereignisse führen zu Veränderungen am Arbeitsplatz, zu Hause und in Ihrem Lebensstil. Sie haben das Gefühl, etwas gelernt zu haben, und bereiten sich auf einen Neuanfang und einen wichtigen Übergang im kommenden Jahr vor. Versuchen Sie, alle Ihre Angelegenheiten zu regeln, als würden Sie sich für eine Reise rüsten. Lange Reisen sind jetzt auch möglich.

Lassen Sie das Alte los. Distanzieren Sie sich von Menschen, die Sie ermüden, und schaffen Sie Platz für jemanden, der jetzt zu Ihnen paßt. Leeren Sie Ihre Kleiderschränke. Seien Sie tolerant, und rücken Sie die Dinge ins rechte Licht. Leben und leben lassen. Verzeihen Sie. Es ist nicht die Zeit, um kleinlich zu sein, zu nörgeln oder sich in Depressionen zu ergehen. Etwas Besseres wartet an der nächsten Ecke.

Fangen Sie nichts Neues an, sondern warten Sie mit einem Umzug oder einer Heirat. Alles, was Sie zwischen Januar und September beginnen, gehört zum alten Zyklus. Warten Sie wenigstens bis September, ehe Sie wichtige Entscheidungen treffen.

Dieses Jahr wird dramatisch, umwälzend, emotional, doch es bietet Ihnen großen Überfluß. Sie werden auf unerwartete Weise belohnt. Statt zu versuchen, sich um jeden Preis durchzusetzen, sollten Sie die Dinge lieber auf sich zukommen zu lassen, ohne sie zu forcieren.

Monatlicher Führer für das persönliche Jahr der Neun

Januar (Eins als persönliche Monatszahl) – Es liegt ein Gefühl von zusätzlicher Macht und Veränderung in der Luft, doch erwarten Sie nicht, daß Pläne, die Sie jetzt machen, das Jahr überdauern werden. Zeit, um einen neuen Aspekt eines alten Projekts zu entdecken oder einen neuen Weg zu finden, ihm zum Durchbruch zu verhelfen. Sie fühlen sich optimistisch und hegen den Wunsch nach Reformen.

Februar (Zwei als persönliche Monatszahl) – Seien Sie jetzt sehr vorsichtig, Ihrer schlechten Stimmung und Müdigkeit nicht nachzugeben. Ruhen Sie sich aus. Lassen Sie sich gründlich untersuchen. Geben Sie nicht zuviel Geld aus. Machen Sie eine Therapie, wenn Sie das Bedürfnis verspüren, mit jemandem zu reden. Eine Beziehung kann jetzt zu Ende gehen. Fangen Sie nichts Wichtiges an. In dieser spirituellen Zeit sollten Sie Ihr Leben überdenken.

März (Drei als persönliche Monatszahl) – Ein überraschender, kreativer Auftrieb für Künstler. Schreiben oder malen Sie. Machen Sie kürzere oder längere Reisen. Laden Sie Freunde ein. Seien Sie großzügig. Lernen Sie eine Fremdsprache. Sie führen ein aktives Gesellschaftsleben. Sie geben und sind einfühlsam.

April (Vier als persönliche Monatszahl) – Zeit für harte Arbeit und für Einzelheiten sowie, um Verträge abzuschließen. Es gibt Streit mit Verwandten oder Veränderungen in der Familie. Schließen Sie alle Ihre Projekte ab. Geben Sie Geld an eine Wohltätigkeitsorganisation, wenn Sie es sich leisten können. Diese Periode erdet Sie, kann sich aber einschränkend anfühlen. Stellen Sie sicher, daß alle Pläne gut ausgearbeitet sind.

Mai (Fünf als persönliche Monatszahl) – Eine neue Gelegenheit bringt unerwartete Veränderungen, vielleicht auch Konflikte. Seien Sie flexibel. Sie sind jetzt frei, um zu reisen. Schwerwiegende sexuelle und romantische Einflüsse (die sich als Eintagsfliegen erweisen könnten). Eine dynamische, magnetische Zeit. Veranstalten Sie etwas, treten Sie auf.

Juni (Sechs als persönliche Monatszahl) – Eine sehr häusliche Zeit, die zu Veränderungen in Ihrem Familienleben führt. Seien Sie großzügig, tolerant und hilfsbereit. Eine Trennung oder ein Todesfall in der Familie sind möglich. Sie machen eine Erbschaft und haben ein Gefühl von Überfluß und Sicherheit. Ein guter Einfluß für künstlerische Bemühungen.

Juli (Sieben als persönliche Monatszahl) – Schwere geistige, mediale und religiöse Einflüsse. Sie müssen Ihren Willen loslassen und das Schicksal seinen Lauf nehmen lassen. Überlegen Sie, wo Sie stehen und wohin Ihr Weg führen soll. Fangen Sie jetzt nichts Neues an, sondern unternehmen Sie entweder Schritte, um ein Projekt zu Ende zu führen oder um es von alleine sterben zu lassen. Ruhen Sie sich aus, meditieren Sie, und machen Sie eine lange Reise.

August (Acht als persönliche Monatszahl) – Es bieten sich vermehrt geschäftliche Gelegenheiten – Vermarktung, Pensionierung, Bonus. Strengen Sie sich an, um ein Projekt zu Ende zu führen. Arbeiten Sie mit internationalen Agenturen, großen Firmen, Wohltätigkeitsorganisationen; verfolgen Sie kulturelle Interessen, Projekte im Verlagswesen, in Forschung und Lehre. Das Resultat wird sich wahrscheinlich nächsten Monat zeigen. Größere Geldbeträge, vielleicht eine Erbschaft. Sie werden eine wichtige Lebensentscheidung treffen; verlassen Sie sich auf Ihre Urteilskraft.

September (Neun als persönliche Monatszahl) – Ein ausschlaggebender Monat. Es ist ein sehr starker Einfluß vorhanden, um die Dinge zu Ende zu führen. Sie schließen jetzt Ihren gesamten neunjährigen Zyklus ab. Vielleicht fühlen Sie sich verwirrt und wissen nicht, was als Nächstes auf Sie zukommt. Entspannen Sie sich, und kämpfen Sie nicht dagegen an. Lassen Sie die Dinge sich von selbst lösen, und seien Sie sich darüber im klaren, daß alles so kommt, wie es kommen muß. Eine längere Reise täte Ihnen gut. Seien Sie tolerant und umgänglich. Fangen Sie nichts Neues an.

Oktober (Eins als persönliche Monatszahl) – Der Glanz einer neuen Idee, der Wunsch nach einem Neubeginn. Machen Sie jetzt Pläne für Ihre Zukunft, und lernen Sie neue Menschen kennen. Nehmen Sie eine andere Arbeit an, oder ziehen Sie um, wenn nötig. Sie fühlen sich jetzt klarer und selbstsicherer.

November (Zwei als persönliche Monatszahl) – Warten Sie ab, wie Ihre Ideen von letztem Monat sich entwickeln. Seien Sie geduldig. Es gibt immer noch etwas abzuschließen. Dieser Monat gehört den Beziehungen; schicken Sie Ihrer Mutter, Schwester oder Frau eine Karte. Kümmern Sie sich um Ihre Gesundheit.

Dezember (Drei als persönliche Monatszahl) – Denken Sie an alles Gute und Schöne, das Sie in den letzten neun Jahren erlebt haben. Benutzen Sie Ihre Vorstellungskraft und Ihre Intuition, um abzutasten, welche Phase Ihnen jetzt bevorsteht. Schauen Sie nach vorne.

KAPITEL 13

Ihr persönlicher Tag

Was ist heute für ein Tag?

Von Zeit zu Zeit steht uns ein »großer Tag« bevor, ein Tag, an dem wir heiraten wollen, um Kredit bitten, eine Reise antreten oder ein Vorstellungsgespräch führen. Wie können wir dazu beitragen, daß daraus ein Erfolg wird? Sehen wir uns diesen besonderen Anlässen gegenüber, ist der Moment gekommen, um Ihren persönlichen Tag auszurechnen.

So berechnen Sie Ihren persönlichen Tag

1. Schreiben Sie den betreffenden Tag und Monat auf, und setzen Sie die einstellige Zahl für Ihr *persönliches Jahr* anstelle des gegenwärtigen Jahrs.
2. Addieren Sie alle Zahlen, und reduzieren Sie sie auf eine Stelle. Das ist Ihre »persönliche Tageszahl«.

Nehmen wir an, Ihr persönliches Jahr sei die Acht. Sie möchten wissen, ob der 5. Juni 1998 ein guter Tag ist, um zu heiraten.
Schreiben Sie:

$$5. \text{ Juni}$$
$$8 = 5 + 6 + 8 = 19 = 1$$

Das ist ein ausgezeichneter Tag, um ein wichtiges Projekt zu beginnen oder eine Entscheidung zu treffen!

Die Aspekte Ihrer persönlichen Tage

Nachstehend finden Sie allgemeine Hinweise dazu, was sie an jedem persönlichen Tag erwarten dürfen.

Eins – Ein großartiger Tag für wichtige Entscheidungen, neue Bewegungen und Bündnisse, um eine neue Stelle anzutreten und eine zweckgebundene Reise zu unternehmen. Seien Sie ehrlich und bestimmt, und geben Sie Ihr Bestes. Ein guter Tag für eine größere Operation.

Zwei – Ein guter Tag für stille Beschäftigungen, Freundschaften, Abmachungen und Treffen. Warten Sie geduldig, lernen Sie, und seien Sie besonders kooperationsbereit. Konzentrieren Sie sich auf die Einzelheiten. Nur keinen Zwang ausüben. Gut für eine ruhige Eheschließung. Vermeiden Sie chirurgische Eingriffe.

Drei – Ein lustiger Tag, geeignet, um jemanden um Gefälligkeiten zu bitten. Veranstalten Sie ein Fest. Machen Sie eine kurze Geschäftsreise. Gut für chirurgische Eingriffe. Spekulieren Sie, oder versuchen Sie Ihr Glück sogar auf der Rennbahn. Hüten Sie sich vor Ausschweifungen!

Vier – Gut für geschäftliches Planen, aber nicht, um zu reisen. Suchen Sie Ihren Anwalt auf, unternehmen Sie finanzielle Transaktionen oder Investitionen, doch nur, wenn Sie alle Verträge ganz verstanden haben. Heiraten Sie ruhig, aber erwarten Sie gewisse Komplikationen. Medizinische Behandlungen und Routineeingriffe sind in Ordnung.

Fünf – Ein großartiger Tag, um öffentlich zu reden, für Netzwerke, Partys und Beförderungen. Brechen Sie spontan zu einer Reise auf. Seien Sie sich möglichen Veränderungen oder Überraschungen bewußt. Nicht der beste Tag für eine Hochzeit (besser für eine Affäre).

Sechs – Gute Heiratsaussichten, großartig für eine Familienfeier oder um ein Adoptivkind willkommen zu heißen. Scheidungsverfahren sind begünstigt. Vermeiden Sie hitzigen Streit über Kleinigkeiten. Nicht ideal, um zu reisen. Es kann sein, daß Sie Geld erben. Es ist eine gute Idee, sich ärztlich untersuchen zu lassen. Vermeiden Sie das Alleinsein nicht.

Sieben – Gut für Spaziergänge am Meer. Bringen Sie am Morgen zehn Minuten damit zu, Ihre Gedanken zu ordnen. Vermeiden Sie chirurgische Eingriffe, erwarten Sie Verzögerungen. Nehmen Sie keine entschlossene Haltung ein, und seien Sie nicht depressiv oder dem Selbstmord nah, nur weil Ihr Auto nicht starten will.

Acht – Ein guter Tag, um Besitz zu kaufen und zu verkaufen; alle finanziellen Angelegenheiten stehen unter einem guten Stern – solange Sie wissen, was Ihre Verträge besagen. Reisen Sie fürs Geschäft, aber fahren Sie heute nicht in den Urlaub. Seien Sie besonders gut angezogen, und geben Sie sich so professionell wie möglich. Legen Sie Ihre Gründe für eine Gehaltserhöhung dar.

Neun – Ein wunderbarer Tag, um mit Freunden zusammenzusein; gut auch, um minderbemittelte Menschen zu besuchen oder Krankenbesuche zu machen. Vertagen Sie eine größere Operation. Gut für eine lang ersehnte Heirat oder für Langstreckenflüge. Seien Sie besonders großzügig, tolerant und liebevoll an diesem Tag, und vermeiden Sie es, sich bei Problemen aufzuhalten, bei denen Sie nichts ändern können. Sind Sie deprimiert, sagen Sie sich, morgen ist ein anderer (Einser-)Tag!

KAPITEL 14

Zahlenkombinationen

Jetzt, da Ihr eigenes Numeroskop komplett ist, fragen Sie sich bestimmt, wie Ihre Zahlen mit denen von anderen Menschen zusammenpassen. Sie werden nun in der Lage sein, die einzelnen Positionen des Numeroskops der Menschen zu berechnen, die Ihnen nahestehen – Ihres Gatten, Partners, Verwandten, Mitarbeiters, Chefs – und dessen Lebensweg, Schicksalszahl, Herzenswunsch – was immer – mit Ihrem eigenen zu vergleichen. Ich empfehle Ihnen das sehr als reichhaltige Informationsquelle.

Um Ihnen einen Anhaltspunkt zu geben, welche Kombinationen grundsätzlich zusammenpassen und welche sich nicht füreinander eignen, folgen nun einige allgemeine Vergleiche.

Eins + Eins = Zwei Individualisten, die sich rund um ein gemeinsames Ideal kennengelernt haben. Beide haben feste Meinungen, was zu hitzigen Auseinandersetzungen führen kann. Keiner von beiden geht gerne Kompromisse ein, es sei denn, es finden sich im Numeroskop an prominenter Stelle Zweier oder Dreier. Dieses Paar ist für seinen besonderen Flair oder Lebensstil bekannt. Beide arbeiten außer Haus und sind Profis.

Eins + Zwei = Große Übereinstimmung. Ist der Mann die Eins, dominiert er die Beziehung. Bei einem Liebespaar kommt es zu einer traditionellen Rollenverteilung.

Eins + Drei = Ein aktives und umgängliches Paar. Die Eins hat wahrscheinlich ein festes Ziel vor Augen und bittet die Drei, sich diesem Zweck unterzuordnen. Die Eins hat vielleicht die bessere Ausbildung. Dieses Paar könnte zusammen Luxus- oder Freizeitartikel verkaufen. Sie führen hitzige Debatten, die sie am nächsten Tag vergessen haben. Keinen langweiligen Augenblick. Interessante, geschäftstüchtige Menschen mit einem künstlerischen Einschlag.

Eins + Vier = Eine bessere Kombination für ein Geschäft als für eine Ehe. Damit diese Beziehung funktioniert, muß jeder die Talente des anderen respektieren. Die Eins weist Fähigkeiten auf, die der Vier Eindruck machen. Andererseits hält die Vier die Eins vielleicht für zu frivol, zu idealistisch oder zu unpraktisch. Die Eins sieht die Vier möglicherweise als zu konservativ, vorsichtig oder schlimmstenfalls als Nörgler. Die Eins reagiert defensiv, wenn man sie wegen ihrer Methoden kritisiert. Beide wollen die Beziehung dominieren, weil beide stur sind.

Eins + Fünf = Ein äußerst dynamisches Paar, das vielen Veränderungen unterliegt. Eine ausgezeichnete Kombination für eine geschäftliche Verbindung, sofern beide über ihren eigenen Verantwortungsbereich verfügen und dieser von Anfang an klar definiert ist. Beide brauchen viel Freiheit; es kann zu außerehelichen Beziehungen kommen (wahrscheinlich durch die Fünf). Könnte ein Künstlerduo sein. Starke romantische und sexuelle Bande, hitzige Auseinandersetzungen. Die Fünf wird sich redlicher verhalten, wenn sie dem Idealismus der Eins auf täglicher Basis ausgesetzt ist.

Eins + Sechs = Eine gute Kombination für ein vielseitiges Familienleben und finanzielle Sicherheit. Beide Partner sind direkt, verantwortungsbewußt und loyal. Die Eins neigt nicht dazu, sich anderweitig zu vergnügen, sofern die Sechs sie oft genug lobt und ihr viel Aufmerksamkeit schenkt. Auf dieses Paar sind viele neidisch. Es hilft ihren Kindern, aber auch anderen, sich im Leben zurechtzufinden. Da beide gerne dominieren, sollten sie sich über ihre Werte im klaren sein und sich einigen können. Sie interessieren sich für utopische Gemeinschaften.

Eins + Sieben = Äußerst wählerische Leute, gebildet und kultiviert. Dieses Paar hat sich zum Beispiel an der Uni oder in einem Museum kennengelernt. Sie ziehen gebildete Freunde vor, und das Beste ist ihnen gerade gut genug. Damit der Haussegen nicht schief hängt, braucht es eine Haushälterin oder Putzfrau.

Eins + Acht = Zwei Akademiker. Am Anfang der Beziehung bestehen große Zweifel, ob die zwei miteinander auskommen können. Wenn beide einen so starken Willen haben, braucht es klare Vorstellungen von der Beziehung, damit sie Kompromisse eingehen können. Während beide sehr ehrgeizig sind, ist die Eins nicht mit den Methoden der Acht einverstanden und möchte, daß die Acht sich selbständig macht. Dieses Paar gönnt sich teure Ferien und führt ein aufwendiges Heim. Die Karriere steht oft an erster Stelle, doch wenn dieses Paar Kinder hat, wird es ihnen eine gute Ausbildung ermöglichen.

Eins + Neun = Unterschiedliche Charaktere, doch viel Liebe und Leidenschaft. Der Erfolg dieser Beziehung hängt davon ab, wie die beiden mit ihren Gefühlsausbrüchen umgehen, die häufig auftreten dürften. Die Eins sieht Probleme gerne als Hürden, die es zu nehmen gilt, und erwartet, daß alles mit Vernunft gelöst werden kann. Die Neun glaubt aber nicht daran, daß die Vernunft im Leben die Hauptrolle spielt, sondern wird als Gefühlsmensch von Kräften bewegt, die sie nicht ganz versteht. Wohingegen die Eins die Dinge hinterfragt und nach Tatsachen Ausschau hält, hat die Neun es schwer bei Auseinandersetzungen, wo es um Fakten oder um die Wirklichkeit geht. Die Neun fragt, aber sie findet keine Antwort. Dieses Paar hat vielleicht nicht dieselbe Konfession. Die Eins lernt Toleranz, die Neun, wie man sich entscheidet.

Zwei + Eins = (Siehe Eins + Zwei)

Zwei + Zwei = Ein Paar, das manches mit denselben Augen sieht. Falls sie heiraten, werden sie jedoch wahrscheinlich vor Langeweile sterben und auch die geringfügigste Kleinigkeit als Anlaß zum Streit nehmen. Sie waren in einem vergangenen Leben wahrscheinlich schon einmal verheiratet und brauchen diese Erfahrung nicht noch einmal. Diese Kombination erweist sich als harmonisch für das Geschäftsleben, doch wer kümmert sich um den Vertrieb?

Zwei + Drei = Eine ausgezeichnete Verbindung für eine handwerkliche oder künstlerische Geschäftsbeziehung. Dieses Paar konzentriert sich auf Sicherheit, Sparsamkeit und ihr Bankkonto. Man geht sich leicht auf die Nerven. Die Drei gibt sich verantwortungsbewußt, während die Zwei sich Gefühlsausbrüchen hingibt. Also nörgelt die Zwei an der Drei herum und macht ihr Vorwürfe. Die Drei reagiert darauf, indem sie nicht sehr oft nach Hause kommt. Romantische Illusionen zu Beginn der Beziehung können zu einer plötzlichen Heirat führen.

Zwei + Vier = Ein sehr stabiles Paar mit festgelegten Rollen. Jeder hat gerne das Gefühl, der andere trage nicht genug zu den Finanzen bei. Die Zwei wünscht sich mehr Zärtlichkeit, als die Vier zu bieten hat. Als gute Eltern sind sie umfassend versichert und arbeiten hart, um für gemeinsame Ziele zu sparen. Es besteht kein großer Drang nach außerehelichen Beziehungen. Da beide den Wunsch haben, an der Beziehung zu arbeiten, ist eine Scheidung unwahrscheinlich.

Zwei + Fünf = Ein Paar, das besser daran täte, eine Affäre zu haben, als eine Ehe einzugehen. In der Beziehung und im Geschäft beherrscht die Fünf die Zwei, deren romantischen Illusionen verlorengehen. Die Fünf fühlt sich mit der Zeit ruhelos und von den Forderungen der Zwei erstickt. Die Fünf mag ein lebhaftes, lautes Gesellschaftsleben, während die Zwei ruhige Abende mit langjährigen Freunden vorzieht. Die Zwei führt oft das zu Ende, was die Fünf begonnen hat.

Zwei + Sechs = Ein übereinstimmendes und fürsorgliches Paar. Diese beiden sollten jedoch nicht zuviel Zeit zusammen verbringen, da jeder die Macken des anderen verstärkt. Beide könnten den anderen zu pflegen haben. Dieses Paar braucht ein eigenes Haus und kocht gern. Außergewöhnliche Eltern, die vielleicht auch fremde Kinder annehmen. Eine ausgezeichnete Verbindung für eine Partnerschaft in einem Dienstleistungsbetrieb.

Zwei + Sieben – Ein merkwürdiges, isoliertes Paar. Beide bewegen sich vorsichtig und gehen Veränderungen aus dem Weg. Kinder müssen wohlerzogen und ruhig sein, um in diesem Haushalt zu bestehen, wobei die Zwei den Großteil der Kindererziehung übernimmt und am häufigsten »psssst« sagt, während die Sieben an ihren unvermeidlichen Projekten arbeitet. Die Sieben stört sich an den Gefühlsausbrüchen der Zwei, während die Zwei die ruhigen Zeiten der Sieben unweigerlich persönlich nimmt, was zu einigem Schmollen führt. Die Zwei wünscht sich mehr Zärtlichkeit, als die Sieben zu bieten hat. Ihr Heim ist entweder sehr geschmackvoll eingerichtet oder aber die reinste Hütte.

Zwei + Acht = Gute langfristige Übereinstimmung. Die Acht ist stark und fähig und sorgt für Unterstützung und Sicherheit. Die Zwei ist fürsorglich, teilt gerne, ist zärtlich, sensibel und geduldig. Beide geben sie dem anderen viel Unterstützung auf genau entgegengesetzte Weise. Die Zwei bewundert das Selbstvertrauen der Acht, während die Acht die Zwei als gefühlsmäßig offen und gebend sieht (was der Acht schwerfällt). Die Zwei muß aufpassen, daß sie ihre Wünsche denen der Acht nicht zu oft unterordnet. Es könnte eine ausgezeichnete Geschäftsverbindung sein.

Zwei + Neun = Eine sehr passive oder überraschend leidenschaftliche Kombination. Die Neun dominiert wahrscheinlich, obwohl keiner von beiden ständig die Führung übernehmen will. Am Anfang der Beziehung können romantische Illusionen vorherrschen, wobei Gefühlsausbrüche das Schlechteste in beiden hervorbringen. Es ist eine ausgezeichnete Kombination für einen Pfarrer und seine Frau, für zwei Therapeuten, Künstler oder Schauspieler. Es kann sich auch um ein homosexuelles Paar handeln.

Drei + Eins = (Siehe Eins + Drei)

Drei + Zwei = (Siehe Zwei + Drei)

Drei + Drei = Eine äußerst explosive Mischung. Zu viel Aufregung und Spontaneität für eine ausgeglichene Beziehung. Träume über »was sein könnte« stehen mehr im Vordergrund als alltägliche Pflichten. Beide geben ihr Geld jeden Monat schnell aus, weil jeder den anderen übertrumpfen möchte. Können beide gut reden.

Drei + Vier = Eine übereinstimmende Kombination, falls die Vier nicht zu langweilig ist für die Drei. Die Drei spielt den Star, während die Vier für Stabilität sorgt. Sie sollten jeden Tag über finanzielle Ziele und Prioritäten sprechen und brauchen ein ausgeglichenes Gesellschaftsleben. Die Drei muß Freundschaften und Interessen außerhalb der Beziehung pflegen können, um sich ausgefüllt zu fühlen, als Frau jedoch möchte sie möglicherweise nicht außer Haus arbeiten, sondern viel Zeit der Kindererziehung widmen. Die Vier schätzt sich glücklich, mit der Drei verheiratet zu sein.

Drei + Fünf = Aufsteiger, die zusammen viel Erfolg haben könnten mit einem Geschäft, das sie von zu Hause aus führen, vor allem, wenn es sich dabei um Verkauf oder Werbung handelt (vielleicht Partys mit Sexspielzeugen oder der Verkauf von Kosmetika). Könnten Innenarchitekten sein. Müssen aufpassen, wie sie ihr Geld ausgeben und/oder sparen. Nicht sehr interessiert an der Verantwortung einer Elternschaft. Phantastische Gastgeber mit einem regen Gesellschaftsleben. Eine leidenschaftliche sexuelle Verbindung. Außereheliche Affären sind möglich.

Drei + Sechs = Eine potentielle Mutter-Kind-Beziehung, obwohl die Romantik beiden wichtig ist. Die Sechs schafft emotionale Sicherheit, während die Drei dazu neigt, sich treiben zu lassen und die Dinge aufzuschieben (was die Sechs rasend macht). Diese Leute führen ein schönes und farbenfrohes Heim. Sie sind ausgezeichnete Gastgeber und lieben Museen, Kinos und Gruppenreisen. Sie hätten viel Erfolg als Grundstücksmakler oder Besitzer eines Restaurants. Sie sollten wenigstens ein Fahrzeug für Freizeitaktivitäten besitzen, und sie lieben es, wenn ihre Kinder ihre Freunde mitbringen.

Drei + Sieben = Passen nicht wirklich zusammen. Dieses Paar stellt »den Wirrkopf und den Intellektuellen« dar. Sie sind wahrscheinlich zu verschieden, um zusammenzubleiben, wenn der erste Reiz einmal vorüber ist, denn ihre Werte sind zu verschieden. Das kann aber auch zu einem interessanten Ausgleich führen – unterbrochen von »Szenen« und stillem Schmollen. Die Drei möchte, daß die Sieben öfter Anteil nimmt, wohingegen die Sieben die Drei laufend erziehen will. Viele Möglichkeiten für einen ungewöhnlichen Lebensstil.

Drei + Acht = Sehr passend, wenn die Acht für das Geld sorgt und es der Drei erlaubt, kreativ zu sein. Gegensätze ziehen sich bekanntlich an, wobei jede Hälfte dieses Paars etwas beisteuert, von dem der andere wünscht, er hätte es. Hier finden wir den reichen Mann und das Fotomodell. Die Acht muß lernen, seine Eifersucht zu beherrschen. Gute geschäftliche Aussichten. Die Acht sollte sich um das Budget kümmern. Die Drei schafft eine liebevolle gesellschaftliche Umgebung, was sich als nützlich für die Karriere der Acht erweist.

Drei + Neun = Vielleicht ein Schauspielerpaar. Hochtrabende Gefühle, ein dramatisches Leben. Individuell genommen, sind beide außergewöhnlich. Die Neun bringt der Drei spirituelles Bewußtsein. Aktive Gastgeber, die eine große Vielfalt an Freunden mögen.

Vier + Eins = (Siehe Eins + Vier)

Vier + Zwei = (Siehe Zwei + Vier)

Vier + Drei = (Siehe Drei + Vier)

Vier + Vier = Ein sehr stures Paar mit einer konservativen Einstellung. Es kommt zu Konflikten rund um den Finanzhaushalt, wobei beide Partner etwas eigenes Geld zur Verfügung haben sollten. Es könnte sich um Bauern oder Bauleute handeln. Sie müssen ihren Urlaub lange im voraus planen. Strenge Eltern mit altmodischen Ansichten. Eine gute geschäftliche Kombination, sofern beide Partner ordentlich sind, doch eignet sich keiner von beiden, wo es um die Risikobereitschaft geht (es sei denn, es sind in anderen Positionen Fünfer vorhanden).

Vier + Fünf = Ein interessantes Paar, aber keine einfache Beziehung. Diese Partner gehen sich gerne auf die Nerven. Die Vier ist nicht zufrieden, wenn sie die Situation nicht beherrscht, und die Fünf unterwirft sich keinerlei Einschränkungen. Der Vier paßt die impulsive Art der Fünf nicht, während sie die Fünf bald langweilt (und ihre Gewohnheit auf Partys zu flirten, bestimmt nicht aufgeben wird). Falls Gegensätze einander anziehen, hat dieses Paar eine gute Chance.

Vier + Sechs = Ein stabiles und übereinstimmendes Paar. Beide sind traditionsbewußt. Die Vier fühlt sich vielleicht leicht unter Druck gesetzt von dem Bedürfnis der Sechs nach Zärtlichkeit und Trost, doch wird sie ihren Partner respektieren. Ausgezeichnete, doch strenge Eltern, die gerne zusammen ihre Kinder erziehen (obwohl die Vier behauptet, sie arbeite zu sehr, um viel Zeit mit den Kindern verbringen zu können). Die beiden haben ein bequemes Zuhause.

Vier + Sieben = Diese beiden sind wahrscheinlich kein Paar, da diese beiden Zahlen gleich distanziert und steif sind. Sind sie verheiratet, leben beide wahrscheinlich ihr eigenes Leben und sind geizig mit ihrem Geld. Ernst und strebsam, haben sie nur selten Gäste, doch die wenigen Feste, die sie geben, sind perfekt organisiert. Strenge Eltern. Die Kirche könnte eine wichtige Rolle spielen.

Vier + Acht = Ein äußerst hart arbeitendes Paar. Es könnte ein Konflikt auftreten zwischen den kargen Gewohnheiten der Vier und dem protzigen Geschmack der Acht. Es wird ihnen selten an etwas mangeln. Sie kaufen nur das Beste, damit es lange hält, doch geben sie nicht viel für ihre Freizeit oder für Kleinigkeiten aus. Als Eltern glauben sie an eine strenge Disziplin und haben große Ambitionen für ihre Kinder, die das Haus möglicherweise früh verlassen. Dieses Paar geht nicht sehr zärtlich miteinander um und bleibt vielleicht nur deshalb zusammen, weil es nicht zugeben kann, sich geirrt zu haben.

Vier + Neun = Keine wirkliche Übereinstimmung. Die Vier räumt ständig hinter der Neun auf, die völlige Treue und Verzeihung erwartet. Die Neun wird der Vier mit der Zeit über den Kopf wachsen, doch ist sie von der Stabilität abhängig, die die Vier ihr bietet.

Fünf + Eins = (Siehe Eins + Fünf)

Fünf + Zwei = (Siehe Zwei + Fünf)

Fünf + Drei = (Siehe Drei + Fünf)

Fünf + Vier = (Siehe Vier + Fünf)

Fünf + Fünf = Ein leidenschaftliches, wildes und eifersüchtiges Paar mit einem künstlerischen Lebensstil. Sie leben nur für ihren Urlaub, wollen lieber keine Kinder und streiten sich häufig, doch vergessen sie diese hitzigen Auseinandersetzungen ebensoschnell wieder. Beide wollen im Mittelpunkt stehen.

Fünf + Sechs = Dynamisch, doch nicht wirklich zusammenpassend. Dieses Paar muß in puncto Wertvorstellungen und Lebensstil große Kompromisse eingehen. Die Sechs neigt dazu, mehr Verantwortung zu übernehmen, als sie sollte, was mit der Zeit zu Vorwürfen führt. Die

Sechs ist sehr häuslich und muß sich mit der Tatsache abfinden, daß die Fünf immer in Bewegung ist. Die Sechs nimmt es übel, daß sie es ist, die die Kinder immer zum Arzt fährt oder auf Elternabende geht. Sie will auch nicht so oft mit der Fünf schlafen.

Fünf + Sieben = Zwei ungewöhnliche Leute, die beide ihre Freiheit brauchen sowie Zeit, um ihre individuellen, sehr unterschiedlichen Interessen zu verfolgen. Die Fünf ist umgänglich und steht mitten im materiellen Leben von Geschäft und Öffentlichkeit. Die intellektuelle Sieben interessiert sich für die Forschung und spezifische Tätigkeiten, wozu sie gerne allein ist. Beide haben originelle Ansichten, doch ist die Fünf vielleicht zu schnell für die Sieben. Ihre sexuelle Verbindung kann eine exzentrische sein. Jeder Partner neigt dazu, den Ausgleich in seinen individuellen statt in gemeinsamen Interessen zu suchen.

Fünf + Acht = Ein Paar, das sich sehr auf den Erfolg und materielle Errungenschaften bezieht. Als Grundstücksmakler oder Filmproduzenten und -vertreiber unschlagbar. Das Stadtleben ist für sie ein Muß – wobei sie vielleicht sogar in zwei verschiedenen Städten leben! Die Fünf muß sich davor hüten, die Acht öffentlich bloßzustellen. Beide haben geschäftliches Geschick. Die Acht verleiht der Fünf Prestige, und die Fünf gibt der Acht ein Gefühl von Aufregung und Abenteuer. Dieses Paar muß sich vor dem Alkohol in acht nehmen.

Fünf + Neun = Eine unwahrscheinliche Kombination, es sei denn, diese beiden führten ein Leben im Sinn des New Age oder nach künstlerischen Maßstäben. Sie reisen beide sehr gern (und könnten sich sogar dem Roten Kreuz anschließen). Als beliebtes Paar umgeben sie sich mit interessanten und talentierten Leuten. Mit Geld können Sie ohne professionelle Hilfe weniger gut umgehen. Beide gehen gerne Risiken ein, reagieren spontan auf das Leben und glauben an eine »offene Ehe«. Vulkanische Möglichkeiten, wenn beide getrunken haben.

Sechs + Eins = (Siehe Eins + Sechs)

Sechs + Zwei = (Siehe Zwei + Sechs)

Sechs + Drei = (Siehe Drei + Sechs)

Sechs + Vier = (Siehe Vier + Sechs)

Sechs + Fünf = (Siehe Fünf + Sechs)

Sechs + Sechs = Dieses Paar nimmt vielleicht Kinder auf. Beide sind am glücklichsten, wenn sie dienen können und anderen nützlich sind. Es kann sein, daß beide Mühe haben, zu einem Kompromiß zu finden, obschon beide einander spiegeln. Beiderseits besteht ein Hang zum Anschuldigen und Nörgeln (doch wird das als ein Fehler des anderen gesehen und an sich selbst nicht wahrgenommen).

Sechs + Sieben = Nicht wirklich übereinstimmend. Eher frustrierend, da die Sechs Zärtlichkeit und Hilfsbereitschaft braucht, während die Sieben nicht zu Kompromissen neigt. Ursprünglich idealisieren sie die Eigenschaften, die sie ineinander sehen, doch dann läßt der Zauber nach. Damit diese Ehe Erfolg haben kann, müssen diese Menschen reifen oder bereits einmal verheiratet gewesen sein. Jeder hat seine bestimmten Vorstellungen über die Kindererziehung. Die Sieben braucht Zeit für sich (in der Garage, im Hof, beim Joggen oder beim Studium). Die Sechs sollte nicht versuchen, der Sieben zu erzählen, wie sie ihr Geschäft führen soll.

Sechs + Acht = Eine große Übereinstimmung. Dieses Paar verfügt über ein schönes Heim, Sicherheit und viel Komfort. Sie sind aktiv in ihrer Gemeinde und verfolgen beide ihre Karriere. Gute Aussichten für eine langfristige Beziehung. Ausgezeichnete Eltern oder Nachbarn. Diese Eheleute oder Geschäftspartner können einander kaum mehr überraschen.

Sechs + Neun = Obwohl die Sechs die Neigung der Neun nicht schätzt, die Dinge aufzuschieben, ist zwischen ihnen dennoch viel Liebe und Zärtlichkeit. Sie haben dieselben künstlerischen und philosophischen Ansichten. Großartige Eltern; die Sechs sorgt für die nötige Strenge den Kindern gegenüber, während die Neun für faszinierende Erlebnisse zuständig ist. Die Sechs muß verstehen, daß man eine Neun nicht einschränken kann. Beide lieben gutes Essen, gute Weine, ihre Familie und ein bequemes Heim.

Sieben + Eins = (Siehe Eins + Sieben)

Sieben + Zwei = (Siehe Zwei + Sieben)

Sieben + Drei = (Siehe Drei + Sieben)

Sieben + Vier = (Siehe Vier + Sieben)

Sieben + Fünf = (Siehe Fünf + Sieben)

Sieben + Sechs = (Siehe Sechs + Sieben)

Sieben + Sieben = Ein merkwürdiges Paar, das in einer Blockhütte oder einer Einsiedelei lebt. Sie interessieren sich mehr für ihre Arbeit als füreinander und müssen sich quasi telepathisch verständigen können. Ihr Zuhause reflektiert ihre exzentrische Ader durch ungewöhnliche Sammlungen oder antike Einrichtungsgegenstände.

Sieben + Acht = Ein außergewöhnlich tiefgründiges und reifes Paar, das in Akademikerkreisen verkehrt und selbst ertragreiche Karrieren verfolgen dürfte. Fühlen sich einander karmisch verbunden. Ihre Kinder schicken sie lieber in ein Internat. Ihr Heim zeugt von Geschmack, Qualität und Formsinn. Geld kommt durch Investitionen. Kein zärtliches Paar.

Sieben + Neun = Ein Paar, das von den spirituellen Werten angezogen ist, die sie ineinander sehen. Während auf einer höheren Ebene großer Respekt besteht, trüben persönliche Marotten den Alltag. Es kann sein, daß die Ehe aus Trägheit aufrechterhalten wird. Vielleicht handelt es sich auch um eine bisexuelle Verbindung; sie haben das Gefühl, sich in einem früheren Leben bereits gekannt zu haben. Sie umgeben sich entweder gerne mit einem ruhigen Luxus oder aber wohnen in einer einfachen und kahlen Umgebung. Die Menschen kommen zu ihnen, um sich raten zu lassen. Keine geschäftliche Verbindung, es sei denn, es sind reiche Kunst- oder Antiquitätensammler.

Acht + Eins = (Siehe Eins + Acht)

Acht + Zwei = (Siehe Zwei + Acht)

Acht + Drei = (Siehe Drei + Acht)

Acht + Vier = (Siehe Vier + Acht)

Acht + Fünf = (Siehe Fünf + Acht)

Acht + Sechs = (Siehe Sechs + Acht)

Acht + Sieben = (Siehe Sieben + Acht)

Acht + Acht = Ein starkes Paar, aber können diese beiden Leute zusammen leben? Beide brauchen eine Karriere oder Arbeit, die sie fordert, was die unglaubliche Energie in dieser Beziehung erschöpfen könnte. Damit diese Verbindung Erfolg hat, müssen beide sehr reif und willens sein, Kompromisse einzugehen. Mit wenig Freizeit fordert dieses Paar viel von seinen Kindern. Sie sollten keine Kinder adoptieren, da sie vielleicht nie in der Lage sein werden, ein fremdes Kind wirklich zu akzeptieren. Sie müssen ihre zärtlichen Gefühle füreinander bewußt pflegen.

Acht + Neun = Bestenfalls eine sehr ausgewogene und liebevolle Ehe. Sind sie weniger reif, dürften diese beiden Mühe haben zu unterscheiden, was ihnen wirklich wichtig ist, und nicht miteinander kommunizieren können. Die Neun wird immer mehr Mitgefühl aufbringen und leichter verzeihen können als die Acht. Die Acht wird stets das Gefühl haben, die Neun hätte »etwas Besonderes«, eine besondere Art, die Welt zu verstehen, doch hält sie ihr gerne vor, daß sie vage oder »abgefahren« ist. Sie könnten gute Eltern abgeben, doch werden ihre Kindern sie für inkonsequent halten, was die Disziplin anbelangt. Dieses Paar könnte entweder viel Geld verdienen oder immer Geldsorgen haben – vor allem wenn Glücksspiele ein Thema sind. Extreme und heftige Ausbrüche sind möglich, doch handelt es sich im großen und ganzen um ein erfolgreiches Paar mit einem großen Freundeskreis, darunter Menschen mit Geld und Status. Dieses Paar gäbe ausgezeichnete Organisatoren für einen guten Zweck ab. Die Arbeit könnte sie zusammenführen.

Neun + Eins = (Siehe Eins + Neun)

Neun + Zwei = (Siehe Zwei + Neun)

Neun + Drei = (Siehe Drei + Neun)

Neun + Vier = (Siehe Vier + Neun)

Neun + Fünf = (Siehe Fünf + Neun)

Neun + Sechs = (Siehe Sechs + Neun)

Neun + Sieben = (Siehe Sieben + Neun)

Neun + Acht = (Siehe Acht + Neun)

Neun + Neun = Dieses Paar wurde von seiner Sache nach einem gemeinsamen Ideal zusammengebracht, wie eine spirituelle Reise, eine soziologische Untersuchung oder ein Theaterprojekt. Es sind so viele tiefe Gefühle vorhanden, daß es beinahe überwältigend ist. Dieses Paar wird es schwierig finden, verheiratet zu bleiben, weil es von den Ereignissen auseinandergerissen wird. Die beste Ehe kommt vielleicht im späteren Leben zustande. Verwirrende Situationen oder ungelöste Konflikte, die aus der Vergangenheit mit in die Verbindung gebracht werden, können zu Mißverständnissen führen. Sie reisen öfters ins Ausland und könnten ein ziemlich unkonventionelles Paar sein, das vielleicht abgehauen ist, um keine große Trauung über sich ergehen lassen zu müssen.

Danksagungen
(mit einem Hinweis zu deren wichtiger Zahl)

Dank an Candice Fuhrman (1), die das Buch dank ihrer Vision und Entschlossenheit zu einer Wirklichkeit machte.

Dank an Ruth Dreyer (5), Numerologin und Weltreisende, die die Tür öffnete.

Dank an Dr. Juno Jordan, Dr. Julia Seton, Austin Coates und an alle Erforscher und Liebhaber der Zahlen, die dieses Wissen begründen halfen.

Dank an Charles Fuhrman (2), der diesem Buch visuell zum Sprung ins Leben verhalf.

An meine Tochter Sigrid Adrienne (11/2), die meine Assistentin war, mein Echo und meine Lehrerin.

An meinen Sohn Gunther Rohrer (9), für seine unfehlbare Kraft und seinen Humor.

Besonderer Dank geht an alle meine Freunde, besonders an OB (9) und Zenobia (8) Wetzell und an Eleanor Coppola (5) dafür, daß sie seit Jahren zuhören, wie ich von in Zahlen übersetzten Ereignissen rede.

Und schließlich danke ich meinem Mann Charles Perez (5), der mich gelehrt hat, daß die Gnade der Liebe alle numerischen Gegensätze überwindet.

An den Leser

Die nachstehenden Numeroskope sind für Sie. Sie können sie ausschneiden und benutzen, um Ihre eigenen Zahlen auszurechnen sowie diejenigen der Menschen, auf die sie neugierig sind. Bitte machen Sie Kopien davon, wenn sie Ihnen ausgehen. Eine witzige und interessante Art, dieses Buch zu benutzen, ist, eine Party zu veranstalten, jedem Gast ein Numeroskop zu geben und ihn es ausfüllen zu lassen. Dann können sie einander der Reihe nach die Bedeutungen vorlesen.

Haben Sie Fragen oder Kommentare zu diesem Buch, würde ich gerne von Ihnen hören. Sie können mich unter folgender Adresse erreichen:

Carol Adrienne
6331 Fairmount Ave
Suite 422
El Cerrito, Ca 94530
Fax: (001) 5 10/5 28 22 95
E-Mail: cadrienne@spiralpath.com

Das Numeroskop

Name (Ihr vollständiger Name, wie auf Ihrer Geburtsurkunde)

Geburtsdatum
Wichtig: Alle zweistelligen Summen müssen auf eine einstellige
Zahl reduziert werden (z. B. 15 = 1 + 5 = 6)

Umrechnungstabelle

1	2	3	4	5	6	7	8	9
A	B	C	D	E	F	G	H	I
J	K	L	M	N	O	P	Q	R
S	T	U	V	W	X	Y	Z	-

Lebensweg
Addieren Sie die Zahlen
Ihres Geburtstags
(Tag + Monat + Jahr)

Schicksalszahl
Benutzen Sie obige Um-
rechnungstabelle, um jedem
Buchstaben Ihres Namens
einen Zahlenwert zuzu-
schreiben. Addieren

Herzenswunsch
Addieren Sie die Zahlenwerte
der Vokale
in Ihrem Geburtsnamen

Persönlichkeitszahl
Addieren Sie die Zahlenwerte
der Konsonanten in Ihrem
Namen

Verwirklichung
Addieren Sie Ihre Schicksals-
und Lebenswegzahlen

Gewohnheiten als Chancen
Zählen Sie die Anzahl der
Buchstaben in Ihrem
vollständigen Namen, und
reduzieren Sie sie auf eine
einstellige Zahl

Körperliche Ebene
Zählen Sie die Anzahl der
4 und 5 in Ihrem Namen

Verstandesebene
Zählen Sie die Anzahl der
1 und 8 in Ihrem Namen

Gefühlsebene
Zählen Sie die Anzahl der
2, 3 und 6 in Ihrem Namen

Intuitive Ebene
Zählen Sie die Anzahl der
7 und 9 in Ihrem Namen

Verteilung der Zahlen in Ihrem Namen Zählen Sie, wie oft jede Zahl in Ihrem Namen erscheint	1	2	3	4	5	6	7	8	9	Karmische Lektion Zahlen, die in Ihrem Namen nicht vorkommen	

Höhepunkte
(Benutzen Sie die reduzierten Summen Ihres Geburtsdatums)

$$\overline{\text{Tag}} + \overline{\text{Monat}} + \overline{\text{Jahr}}$$

1. Addieren Sie $\quad \overline{\text{Tag}} + \overline{\text{Monat}} \quad =$

2. Addieren Sie $\quad \overline{\text{Tag}} + \overline{\text{Jahr}} \quad =$

3. Addieren Sie Zeile 1 + Zeile 2 $\quad =$

4. Addieren Sie $\quad \overline{\text{Monat}} + \overline{\text{Jahr}} \quad =$

Herausforderungen
(Benutzen Sie die reduzierten Summen Ihres Geburtsdatums. Beim Subtrahieren ziehen Sie immer die kleinere Zahl von der größeren ab)

$$\overline{\text{Tag}} + \overline{\text{Monat}} + \overline{\text{Jahr}}$$

1. Subtrahieren Sie $\quad \overline{\text{Tag}} - \overline{\text{Monat}} \quad =$

2. Subtrahieren Sie $\quad \overline{\text{Tag}} - \overline{\text{Jahr}} \quad =$

3. Subtrahieren Sie Zeile 1 – Zeile 2 $\quad =$

4. Subtrahieren Sie $\overline{\text{Monat}} - \overline{\text{Jahr}} \quad =$

Übergangsphasen
(Die Dauer der Höhepunkte und Herausforderungen)

36 minus Lebensweg = $\overline{\text{Ende 1. Lebensphase}}$

1. Geburt bis $\overline{\text{Ende 1. Lebensphase}} + 1 \quad =$

2. $\overline{\text{Anfang 2. Lebensphase}} + 8 = \overline{\text{Ende der 2. Lebensphase}} + 1 =$

3. $\overline{\text{Anfang 3. Lebensphase}} + 8 = \overline{\text{Ende 3. Lebensphase}} + 1 =$

4. $\overline{\text{Beginn 4.Lebensphase}}$ bis zum Tod

	Höhepunkte	Herausforderungen	Lebensphasen
Erste			
Zweite			
Dritte			
Vierte			

Notizen:

Das Numeroskop

Umrechnungstabelle

1	2	3	4	5	6	7	8	9
A	B	C	D	E	F	G	H	I
J	K	L	M	N	O	P	Q	R
S	T	U	V	W	X	Y	Z	-

Name (Ihr vollständiger Name, wie auf Ihrer Geburtsurkunde)

Geburtsdatum
Wichtig: Alle zweistelligen Summen müssen auf eine einstellige
Zahl reduziert werden (z. B. 15 = 1 + 5 = 6)

Lebensweg Addieren Sie die Zahlen Ihres Geburtstags (Tag + Monat + Jahr)	
Schicksalszahl Benutzen Sie obige Um- rechnungstabelle, um jedem Buchstaben Ihres Namens einen Zahlenwert zuzu- schreiben. Addieren	
Herzenswunsch Addieren Sie die Zahlenwerte der Vokale in Ihrem Geburtsnamen	
Persönlichkeitszahl Addieren Sie die Zahlenwerte der Konsonanten in Ihrem Namen	
Verwirklichung Addieren Sie Ihre Schicksals- und Lebenswegzahlen	
Gewohnheiten als Chancen Zählen Sie die Anzahl der Buchstaben in Ihrem vollständigen Namen, und reduzieren Sie sie auf eine einstellige Zahl	
Körperliche Ebene Zählen Sie die Anzahl der 4 und 5 in Ihrem Namen	
Verstandesebene Zählen Sie die Anzahl der 1 und 8 in Ihrem Namen	
Gefühlsebene Zählen Sie die Anzahl der 2, 3 und 6 in Ihrem Namen	
Intuitive Ebene Zählen Sie die Anzahl der 7 und 9 in Ihrem Namen	

Verteilung der Zahlen in Ihrem Namen Zählen Sie, wie oft jede Zahl in Ihrem Namen erscheint	1	2	3	4	5	6	7	8	9	Karmische Lektion Zahlen, die in Ihrem Namen nicht vorkommen	

Höhepunkte
(Benutzen Sie die reduzierten Summen Ihres Geburtsdatums)

$$\overline{\text{Tag}} + \overline{\text{Monat}} + \overline{\text{Jahr}}$$

1. Addieren Sie $\quad \overline{\text{Tag}} + \overline{\text{Monat}} \quad = $

2. Addieren Sie $\quad \overline{\text{Tag}} + \overline{\text{Jahr}} \quad = $

3. Addieren Sie Zeile 1 + Zeile 2 $\quad = $

4. Addieren Sie $\quad \overline{\text{Monat}} + \overline{\text{Jahr}} \quad = $

Herausforderungen
(Benutzen Sie die reduzierten Summen Ihres Geburtsdatums. Beim Subtrahieren ziehen Sie immer die kleinere Zahl von der größeren ab)

$$\overline{\text{Tag}} + \overline{\text{Monat}} + \overline{\text{Jahr}}$$

1. Subtrahieren Sie $\quad \overline{\text{Tag}} - \overline{\text{Monat}} \quad = $

2. Subtrahieren Sie $\quad \overline{\text{Tag}} - \overline{\text{Jahr}} \quad = $

3. Subtrahieren Sie Zeile 1 – Zeile 2 $\quad = $

4. Subtrahieren Sie $\overline{\text{Monat}} - \overline{\text{Jahr}} \quad = $

Übergangsphasen
(Die Dauer der Höhepunkte und Herausforderungen)

36 minus Lebensweg $= \overline{\text{Ende 1. Lebensphase}}$

1. Geburt bis $\overline{\text{Ende 1. Lebensphase}} + 1 \quad = $

2. $\overline{\text{Anfang 2. Lebensphase}} + 8 = \overline{\text{Ende der 2. Lebensphase}} + 1 = $

3. $\overline{\text{Anfang 3. Lebensphase}} + 8 = \overline{\text{Ende 3. Lebensphase}} + 1 = $

4. $\overline{\text{Beginn 4.Lebensphase}}$ bis zum Tod

	Höhepunkte	Herausforderungen	Lebensphasen
Erste			
Zweite			
Dritte			
Vierte			

Notizen:

Das Numeroskop

Umrechnungstabelle

1	2	3	4	5	6	7	8	9
A	B	C	D	E	F	G	H	I
J	K	L	M	N	O	P	Q	R
S	T	U	V	W	X	Y	Z	-

Name (Ihr vollständiger Name, wie auf Ihrer Geburtsurkunde)

Geburtsdatum
Wichtig: Alle zweistelligen Summen müssen auf eine einstellige Zahl reduziert werden (z. B. 15 = 1 + 5 = 6)

Lebensweg Addieren Sie die Zahlen Ihres Geburtstags (Tag + Monat + Jahr)	
Schicksalszahl Benutzen Sie obige Um- rechnungstabelle, um jedem Buchstaben Ihres Namens einen Zahlenwert zuzu- schreiben. Addieren	
Herzenswunsch Addieren Sie die Zahlenwerte der Vokale in Ihrem Geburtsnamen	
Persönlichkeitszahl Addieren Sie die Zahlenwerte der Konsonanten in Ihrem Namen	
Verwirklichung Addieren Sie Ihre Schicksals- und Lebenswegzahlen	
Gewohnheiten als Chancen Zählen Sie die Anzahl der Buchstaben in Ihrem vollständigen Namen, und reduzieren Sie sie auf eine einstellige Zahl	
Körperliche Ebene Zählen Sie die Anzahl der 4 und 5 in Ihrem Namen	
Verstandesebene Zählen Sie die Anzahl der 1 und 8 in Ihrem Namen	
Gefühlsebene Zählen Sie die Anzahl der 2, 3 und 6 in Ihrem Namen	
Intuitive Ebene Zählen Sie die Anzahl der 7 und 9 in Ihrem Namen	

Verteilung der Zahlen in Ihrem Namen Zählen Sie, wie oft jede Zahl in Ihrem Namen erscheint	1	2	3	4	5	6	7	8	9	Karmische Lektion Zahlen, die in Ihrem Namen nicht vorkommen	

Höhepunkte
(Benutzen Sie die reduzierten Summen Ihres Geburtsdatums)

$$\overline{\text{Tag}} + \overline{\text{Monat}} + \overline{\text{Jahr}}$$

1. Addieren Sie $\quad \overline{\text{Tag}} + \overline{\text{Monat}} \quad =$

2. Addieren Sie $\quad \overline{\text{Tag}} + \overline{\text{Jahr}} \quad =$

3. Addieren Sie Zeile 1 + Zeile 2 $\quad =$

4. Addieren Sie $\quad \overline{\text{Monat}} + \overline{\text{Jahr}} \quad =$

Herausforderungen
(Benutzen Sie die reduzierten Summen Ihres Geburtsdatums. Beim Subtrahieren ziehen Sie immer die kleinere Zahl von der größeren ab)

$$\overline{\text{Tag}} + \overline{\text{Monat}} + \overline{\text{Jahr}}$$

1. Subtrahieren Sie $\quad \overline{\text{Tag}} - \overline{\text{Monat}} \quad =$

2. Subtrahieren Sie $\quad \overline{\text{Tag}} - \overline{\text{Jahr}} \quad =$

3. Subtrahieren Sie Zeile 1 – Zeile 2 $\quad =$

4. Subtrahieren Sie $\overline{\text{Monat}} - \overline{\text{Jahr}} \quad =$

Übergangsphasen
(Die Dauer der Höhepunkte und Herausforderungen)

36 minus Lebensweg $= \overline{\text{Ende 1. Lebensphase}}$

1. Geburt bis $\overline{\text{Ende 1. Lebensphase}} + 1 \qquad =$

2. $\overline{\text{Anfang 2. Lebensphase}} + 8 = \overline{\text{Ende der 2. Lebensphase}} + 1 =$

3. $\overline{\text{Anfang 3. Lebensphase}} + 8 = \overline{\text{Ende 3. Lebensphase}} + 1 =$

4. $\overline{\text{Beginn 4.Lebensphase}}$ bis zum Tod

	Höhepunkte	Herausforderungen	Lebensphasen
Erste			
Zweite			
Dritte			
Vierte			

Notizen:

Das Numeroskop

1	2	3	4	5	6	7	8	9
A	B	C	D	E	F	G	H	I
J	K	L	M	N	O	P	Q	R
S	T	U	V	W	X	Y	Z	-

Name (Ihr vollständiger Name, wie auf Ihrer Geburtsurkunde)

Geburtsdatum

Wichtig: Alle zweistelligen Summen müssen auf eine einstellige Zahl reduziert werden (z. B. 15 = 1 + 5 = 6)

Lebensweg Addieren Sie die Zahlen Ihres Geburtstags (Tag + Monat + Jahr)	
Schicksalszahl Benutzen Sie obige Umrechnungstabelle, um jedem Buchstaben Ihres Namens einen Zahlenwert zuzuschreiben. Addieren	
Herzenswunsch Addieren Sie die Zahlenwerte der Vokale in Ihrem Geburtsnamen	
Persönlichkeitszahl Addieren Sie die Zahlenwerte der Konsonanten in Ihrem Namen	
Verwirklichung Addieren Sie Ihre Schicksals- und Lebenswegzahlen	
Gewohnheiten als Chancen Zählen Sie die Anzahl der Buchstaben in Ihrem vollständigen Namen, und reduzieren Sie sie auf eine einstellige Zahl	
Körperliche Ebene Zählen Sie die Anzahl der 4 und 5 in Ihrem Namen	
Verstandesebene Zählen Sie die Anzahl der 1 und 8 in Ihrem Namen	
Gefühlsebene Zählen Sie die Anzahl der 2, 3 und 6 in Ihrem Namen	
Intuitive Ebene Zählen Sie die Anzahl der 7 und 9 in Ihrem Namen	

Verteilung der Zahlen in Ihrem Namen Zählen Sie, wie oft jede Zahl in Ihrem Namen erscheint	1	2	3	4	5	6	7	8	9	Karmische Lektion Zahlen, die in Ihrem Namen nicht vorkommen

Höhepunkte
(Benutzen Sie die reduzierten Summen Ihres Geburtsdatums)

$$\overline{\text{Tag}} + \overline{\text{Monat}} + \overline{\text{Jahr}}$$

1. Addieren Sie $\quad \overline{\text{Tag}} + \overline{\text{Monat}} \quad$ =

2. Addieren Sie $\quad \overline{\text{Tag}} + \overline{\text{Jahr}} \quad$ =

3. Addieren Sie Zeile 1 + Zeile 2 $\quad$ =

4. Addieren Sie $\quad \overline{\text{Monat}} + \overline{\text{Jahr}} \quad$ =

Herausforderungen
(Benutzen Sie die reduzierten Summen Ihres Geburtsdatums. Beim Subtrahieren ziehen Sie immer die kleinere Zahl von der größeren ab)

$$\overline{\text{Tag}} + \overline{\text{Monat}} + \overline{\text{Jahr}}$$

1. Subtrahieren Sie $\quad \overline{\text{Tag}} - \overline{\text{Monat}} \quad$ =

2. Subtrahieren Sie $\quad \overline{\text{Tag}} - \overline{\text{Jahr}} \quad$ =

3. Subtrahieren Sie Zeile 1 – Zeile 2 $\quad$ =

4. Subtrahieren Sie $\overline{\text{Monat}} - \overline{\text{Jahr}} \quad$ =

Übergangsphasen
(Die Dauer der Höhepunkte und Herausforderungen)

36 minus Lebensweg = $\overline{\text{Ende 1. Lebensphase}}$

1. Geburt bis $\overline{\text{Ende 1. Lebensphase}}$ + 1 $\quad$ =

2. $\overline{\text{Anfang 2. Lebensphase}}$ + 8 = $\overline{\text{Ende der 2. Lebensphase}}$ + 1 =

3. $\overline{\text{Anfang 3. Lebensphase}}$ + 8 = $\overline{\text{Ende 3. Lebensphase}}$ + 1 =

4. $\overline{\text{Beginn 4.Lebensphase}}$ bis zum Tod

	Höhepunkte	Herausforderungen	Lebensphasen
Erste			
Zweite			
Dritte			
Vierte			

Notizen:

Das Numeroskop

Name (Ihr vollständiger Name, wie auf Ihrer Geburtsurkunde)

Geburtsdatum

Wichtig: Alle zweistelligen Summen müssen auf eine einstellige Zahl reduziert werden (z. B. 15 = 1 + 5 = 6)

Lebensweg Addieren Sie die Zahlen Ihres Geburtstags (Tag + Monat + Jahr)	
Schicksalszahl Benutzen Sie obige Umrechnungstabelle, um jedem Buchstaben Ihres Namens einen Zahlenwert zuzuschreiben. Addieren	
Herzenswunsch Addieren Sie die Zahlenwerte der Vokale in Ihrem Geburtsnamen	
Persönlichkeitszahl Addieren Sie die Zahlenwerte der Konsonanten in Ihrem Namen	
Verwirklichung Addieren Sie Ihre Schicksals- und Lebenswegzahlen	
Gewohnheiten als Chancen Zählen Sie die Anzahl der Buchstaben in Ihrem vollständigen Namen, und reduzieren Sie sie auf eine einstellige Zahl	
Körperliche Ebene Zählen Sie die Anzahl der 4 und 5 in Ihrem Namen	
Verstandesebene Zählen Sie die Anzahl der 1 und 8 in Ihrem Namen	
Gefühlsebene Zählen Sie die Anzahl der 2, 3 und 6 in Ihrem Namen	
Intuitive Ebene Zählen Sie die Anzahl der 7 und 9 in Ihrem Namen	

Verteilung der Zahlen in Ihrem Namen Zählen Sie, wie oft jede Zahl in Ihrem Namen erscheint	1	2	3	4	5	6	7	8	9	Karmische Lektion Zahlen, die in Ihrem Namen nicht vorkommen	

Höhepunkte
(Benutzen Sie die reduzierten Summen Ihres Geburtsdatums)

$$\overline{\text{Tag}} + \overline{\text{Monat}} + \overline{\text{Jahr}}$$

1. Addieren Sie $\overline{\text{Tag}} + \overline{\text{Monat}}$ =

2. Addieren Sie $\overline{\text{Tag}} + \overline{\text{Jahr}}$ =

3. Addieren Sie Zeile 1 + Zeile 2 =

4. Addieren Sie $\overline{\text{Monat}} + \overline{\text{Jahr}}$ =

Herausforderungen
(Benutzen Sie die reduzierten Summen Ihres Geburtsdatums. Beim Subtrahieren ziehen Sie immer die kleinere Zahl von der größeren ab)

$$\overline{\text{Tag}} + \overline{\text{Monat}} + \overline{\text{Jahr}}$$

1. Subtrahieren Sie $\overline{\text{Tag}} - \overline{\text{Monat}}$ =

2. Subtrahieren Sie $\overline{\text{Tag}} - \overline{\text{Jahr}}$ =

3. Subtrahieren Sie Zeile 1 – Zeile 2 =

4. Subtrahieren Sie $\overline{\text{Monat}} - \overline{\text{Jahr}}$ =

Übergangsphasen
(Die Dauer der Höhepunkte und Herausforderungen)

36 minus Lebensweg = $\overline{\text{Ende 1. Lebensphase}}$

1. Geburt bis $\overline{\text{Ende 1. Lebensphase}} + 1$ =

2. $\overline{\text{Anfang 2. Lebensphase}} + 8 = \overline{\text{Ende der 2. Lebensphase}} + 1 =$

3. $\overline{\text{Anfang 3. Lebensphase}} + 8 = \overline{\text{Ende 3. Lebensphase}} + 1 =$

4. $\overline{\text{Beginn 4.Lebensphase}}$ bis zum Tod

	Höhepunkte	Herausforderungen	Lebensphasen
Erste			
Zweite			
Dritte			
Vierte			

Notizen:

Das Numeroskop

Umrechnungstabelle

1	2	3	4	5	6	7	8	9
A	B	C	D	E	F	G	H	I
J	K	L	M	N	O	P	Q	R
S	T	U	V	W	X	Y	Z	-

Name (Ihr vollständiger Name, wie auf Ihrer Geburtsurkunde)

Geburtsdatum
Wichtig: Alle zweistelligen Summen müssen auf eine einstellige
Zahl reduziert werden (z. B. 15 = 1 + 5 = 6)

Lebensweg Addieren Sie die Zahlen Ihres Geburtstags (Tag + Monat + Jahr)	
Schicksalszahl Benutzen Sie obige Um- rechnungstabelle, um jedem Buchstaben Ihres Namens einen Zahlenwert zuzu- schreiben. Addieren	
Herzenswunsch Addieren Sie die Zahlenwerte der Vokale in Ihrem Geburtsnamen	
Persönlichkeitszahl Addieren Sie die Zahlenwerte der Konsonanten in Ihrem Namen	
Verwirklichung Addieren Sie Ihre Schicksals- und Lebenswegzahlen	
Gewohnheiten als Chancen Zählen Sie die Anzahl der Buchstaben in Ihrem vollständigen Namen, und reduzieren Sie sie auf eine einstellige Zahl	
Körperliche Ebene Zählen Sie die Anzahl der 4 und 5 in Ihrem Namen	
Verstandesebene Zählen Sie die Anzahl der 1 und 8 in Ihrem Namen	
Gefühlsebene Zählen Sie die Anzahl der 2, 3 und 6 in Ihrem Namen	
Intuitive Ebene Zählen Sie die Anzahl der 7 und 9 in Ihrem Namen	

Verteilung der Zahlen in Ihrem Namen Zählen Sie, wie oft jede Zahl in Ihrem Namen erscheint	1	2	3	4	5	6	7	8	9	Karmische Lektion Zahlen, die in Ihrem Namen nicht vorkommen	

Höhepunkte
(Benutzen Sie die reduzierten Summen Ihres Geburtsdatums)

$$\overline{\text{Tag}} + \overline{\text{Monat}} + \overline{\text{Jahr}}$$

1. Addieren Sie $\qquad \overline{\text{Tag}} + \overline{\text{Monat}} \qquad =$

2. Addieren Sie $\qquad \overline{\text{Tag}} + \overline{\text{Jahr}} \qquad =$

3. Addieren Sie Zeile 1 + Zeile 2 $\qquad =$

4. Addieren Sie $\qquad \overline{\text{Monat}} + \overline{\text{Jahr}} \qquad =$

Herausforderungen
(Benutzen Sie die reduzierten Summen Ihres Geburtsdatums. Beim Subtrahieren ziehen Sie immer die kleinere Zahl von der größeren ab)

$$\overline{\text{Tag}} + \overline{\text{Monat}} + \overline{\text{Jahr}}$$

1. Subtrahieren Sie $\qquad \overline{\text{Tag}} - \overline{\text{Monat}} \qquad =$

2. Subtrahieren Sie $\qquad \overline{\text{Tag}} - \overline{\text{Jahr}} \qquad =$

3. Subtrahieren Sie Zeile 1 – Zeile 2 $\qquad =$

4. Subtrahieren Sie $\overline{\text{Monat}} - \overline{\text{Jahr}} \qquad =$

Übergangsphasen
(Die Dauer der Höhepunkte und Herausforderungen)

36 minus Lebensweg $= \overline{\text{Ende 1. Lebensphase}}$

1. Geburt bis $\overline{\text{Ende 1. Lebensphase}} + 1 \qquad =$

2. $\overline{\text{Anfang 2. Lebensphase}} + 8 = \overline{\text{Ende der 2. Lebensphase}} + 1 =$

3. $\overline{\text{Anfang 3. Lebensphase}} + 8 = \overline{\text{Ende 3. Lebensphase}} + 1 =$

4. $\overline{\text{Beginn 4.Lebensphase}}$ bis zum Tod

	Höhepunkte	Herausforderungen	Lebensphasen
Erste			
Zweite			
Dritte			
Vierte			

Notizen:

HEYNE
BÜCHER

Shakti
Gawain

08/9698

H e y n e - T a s c h e n b ü c h e r

Das Celestine Phänomen

Bücher, die die Kraft haben, unser Leben zu verändern

08/9670

Heyne-Taschenbücher